# Pitch. El arte de vender ideas

IMPULSA

# Danny Fontaine
# Pitch. El arte de vender ideas

Traducción de Anna Valor Blanquer

IMPULSA

Título original: *Pitch. How to Captivate and Convince Any Audience on the Planet*


Primera edición: marzo de 2026


Ediciones Península,
Diagonal 662-664
08034 Barcelona
edicionespeninsula@planeta.es
www.edicionespeninsula.com

REALIZACIÓN PLANETA - fotocomposición
Depósito legal: B. 24.546-2026
ISBN: 978-84-1100-468-8

*Printed in Spain* - Impreso en España

PEFC Certificado
Este libro procede de bosques gestionados de forma sostenible
PEFC
PEFC/14-38-00305
www.pefc.es

*Para Sareta, Dylan, Zach y Ziggy*

# Índice

## Acto III
## FINALIZACIÓN

# Introducción

## El placer de convencer

Año 1979. A una agencia de publicidad novel acaba de presentársele una oportunidad que puede cambiar el destino de su negocio. Uno de sus fundadores es Peter Marsh, un inconformista que pasó del circuito de la interpretación *amateur* al mundo de la publicidad, donde es conocido por su gusto por la teatralidad. Marsh sabe que su agencia, ABM, tiene el talento creativo para llevar a cabo el trabajo que se ofrece, pero también es consciente de que solo los han invitado a presentar su candidatura para rellenar.

El cliente es British Rail, la empresa pública que en los setenta sigue operando casi todo el transporte ferroviario a cielo abierto de Gran Bretaña. Esta empresa se enfrenta a una multitud de retos, en particular al creciente número de quejas por los retrasos, el trato inapropiado de los empleados a los usuarios y el estado ruinoso de sus trenes y estaciones. Necesitan una renovación de marca, una campaña de publicidad nunca vista, con la esperanza algo optimista de que eso vuelva a ganarse los corazones de la población británica. Nada, una tarea sencillita.

En ese momento, Saatchi & Saatchi reina en el mundo de la publicidad. Es la agencia más grande, conocida y rentable de Gran Bretaña. En pocas palabras, si contratas a Saatchi & Saatchi, estás comprando el éxito asegurado, aunque sea a precio de oro. Saatchi & Saatchi es el Goliat del sector y en ABM saben bien que ellos son el David. Para tener alguna oportunidad de conseguir el trabajo, Peter Marsh tendrá que hacer algo totalmente rompedor. Necesita un pitch* tan cautivador y convincente que British Rail se olvide de que Saatchi & Saatchi existe...

Todos, en algún momento, nos hemos sentido el David en una situación. Esto puede ocurrir al entrar en una sala de juntas, temblando de miedo y con ganas de vomitar, ante la perspectiva de transmitirle nuestra idea a un Logan Roy de *Succession* pero en la vida real. Sin embargo, también lidiamos con situaciones de pitch en muchas esferas de la vida que no son las ventas. Creo que puedo decir sin temor a equivocarme que todos nos hemos encontrado, por lo menos, en una de estas situaciones:

- Una entrevista de trabajo.
- La presentación de una idea o de nuestra manera de hacer las cosas en el trabajo.
- Un discurso en una boda, cumpleaños, funeral u otro acontecimiento.
- Una presentación en clase.

* Un *pitch* es un discurso con el que se pretende convencer a alguien de algo, por lo general, de que participe —económicamente o de otra forma— en una idea o proyecto. *(N. de la t.)*

- La búsqueda de apoyo para una causa solidaria o política.
- Un discurso motivador para que un equipo rinda más.
- Un intento de persuadir a un amigo, pareja o familiar para ver una película o pedir una comida concreta a domicilio.

Da igual si eres arquitecto o fontanero, dueño de una pequeña empresa o CEO de Apple: si interactúas con otra persona y tienes un mínimo deseo de persuadir, impresionar o entretener, estás haciendo un pitch.

En cualquiera de esas situaciones podemos sentir miedo y agitación, estar abrumados por la sensación de urgencia, por la presión, por dar la talla, por la incertidumbre de los resultados, y tener la sensación de que, de algún modo, lo que ocurre es que somos inferiores a nuestro público. Y eso no es ningún placer.

Este libro quiere cambiar eso, en parte porque todos queremos disfrutar de lo que hacemos, pero también porque disfrutar es contagioso. Si queremos que nuestro público se lo pase bien, tenemos que pasárnoslo bien nosotros, pero de verdad. Es un dos por uno de disfrute. Hoy es el día en que vas a dejar de hacer tus presentaciones igual que el resto del mundo y vas a esforzarte por encontrar formas únicas, creativas e inesperadas de transmitir ese disfrute.

Vale, volvamos a Peter Marsh.

Ha llegado el día del pitch y el presidente de British Rail, Peter Parker (ninguna relación con Spider-Man) y su equipo de altos cargos llegan puntuales a las oficinas de ABM en Londres. Tocan al timbre y esperan tres minutos enteros hasta que les abren la puerta. Resueltos, se acercan al mostrador de la recepcionista para anunciar su llegada, pero tienen que volver a esperar a que ella termine una llamada personal. Al final, cuelga algo disgustada por que la hayan estorbado: «¿Sí?».

«Venimos a ver a Peter Marsh, somos de British Rail», dice Parker, visiblemente molesto por la falta de pompa y circunstancia a su llegada.

La recepcionista estudia sus notas y luego señala despreocupada una pequeña zona de espera antes de volver a descolgar el teléfono.

Parker y sus hombres (y, sí, para sorpresa de nadie, todos son hombres) se sientan y observan a su alrededor. Las sillas están asquerosas. Hay revistas viejas tiradas por ahí y vasos de café sucios amontonados sin ningún orden. Los ceniceros de la mesa rebosan de colillas rancias que impregnan el ambiente con un hedor repugnante.

En ese momento, un hombre de traje que lleva un paraguas entra al edificio y, tras una breve conversación con la recepcionista, toma uno de los asientos cercanos. Cuando echa un vistazo a la mugrienta zona de espera, sus ojos se encuentran con los de Parker e intercambian una mirada de desaprobación.

El reloj avanza segundo a segundo y los hombres siguen esperando. Cinco minutos después de la hora a la que estaba prevista la reunión, Parker se levanta y vuelve a acercarse a la recepcionista. «Por favor, ¿podría decirme cuándo se reunirá el señor Marsh con nosotros?» No intenta esconder la frustración en su voz. La recepcionista sigue hablando por teléfono, ahora aguantando el auricular con la barbilla para poder centrarse en pintarse las uñas. Levanta la vista un segundo para dirigirle a Parker una mirada gélida y vuelve a la llamada.

Parker se sienta de nuevo, pero, a poca distancia, el caballero de traje se ha hartado. Se levanta deprisa y sale de las oficinas. Al cabo de un minuto, Parker salta. Les hace un gesto a sus compañeros para indicarles de que es hora de marcharse y, sin dirigirle ni una palabra a la mediocre recepcionista, se dirige a grandes zancadas hacia la puerta principal, decidido a salir de ese antro de una vez por todas.

Justo en ese momento, Peter Marsh abre la puerta de dos hojas que hay al lado de la recepción y entra en la sala como una exhalación. «Caballeros —dice—, acaban de experimentar aquello con lo que lidian sus clientes a diario. Ahora veamos qué podemos hacer para arreglarlo.»

Parker comprende lo ocurrido y una sonrisa va tomando forma poco a poco en su rostro. En lugar de seguir hacia la puerta, le da un apretón de manos a Marsh y lo sigue hacia la sala de juntas para escuchar su pitch de principio a fin.

ABM ganó el encargo —el mayor de la historia del Reino Unido—, que los catapultó a ser la agencia de publicidad líder del país. Las ideas y los diseños creativos que mostraron en la sala de juntas tuvieron un gran peso, pero fue aquel momento clave en las oficinas lo que captó su atención: Marsh había conseguido que su público sintiese algo. Los había llevado desde su torre de marfil de directivos al marco mental de los clientes que usaban sus servicios, y eso había tenido un profundo impacto a nivel emocional. Marsh sabía que, cuando algo nos afecta de ese modo, nuestros instintos nos llaman a escuchar y a respetar a la persona que ha provocado ese impacto y a confiar en ella.

Eso es a lo que debería aspirar cualquiera que esté trabajando en un pitch: tanto si hacemos una presentación ante un grupo de inversores de expresión inescrutable como si intentamos convencer a nuestra pareja de que deberíamos rascarnos el bolsillo y reservar el Airbnb con jacuzzi, tenemos que conseguir que nuestro público sienta algo; así es como creamos un cambio de paradigma, un momento de epifanía. Hay muchas formas de hacerlo y no hace falta tener un pasado de intérprete *amateur*. El primer paso es dejar de pensar en un pitch como si fuera un montón de diapositivas de PowerPoint y abrir la mente a la idea de que un pitch puede tomar cualquier forma que podamos soñar. Y así es también como un pitch puede pasar de ser un acontecimiento que nos da miedo a una experiencia en la que nos morimos por participar.

La definición del verbo *to pitch* en el Oxford Learner's Dictionary es: «Intentar persuadir a alguien de que compre algo, te dé algo o haga un trato de negocios contigo».

Ya está. No se menciona en ningún momento un PowerPoint ni un tiempo de una hora con presentaciones personales al principio, explicaciones técnicas en profundidad y turno de preguntas al final. Tampoco se menciona que se tenga que colocar uno detrás de un podio o sentado en una sala de juntas. En un pitch lo importante es la persuasión, por cualquier medio, de una persona a otra.

Nuestra tendencia natural a la hora de hacer un pitch es reproducir lo que ha hecho todo el mundo desde que se inventaron los proyectores de diapositivas. Pensamos que, si le dedicamos las horas suficientes, creamos el contenido suficiente y tenemos suerte, ese día habremos hecho todo lo posible por convencer al público. La realidad es que, cambiando la mentalidad, podemos conseguir un impacto mucho mayor y perder mucho menos tiempo desarrollando pilas y pilas de contenido.

Para mí, un pitch es la parte más emocionante de cualquier negocio, es una caja de Pandora de creatividad, experimentación y aventuras. Es nuestra oportunidad de crear vínculos afectivos y construir relaciones con otras personas. Es un espacio en el que contar historias, entretener y hacer disfrutar. Podemos usar la tecnología, el teatro, el atrezo y el relato. Podemos entregarnos a la imaginación y jugar como niños.

Llegados a este punto, puede que haya suscitado en ti una importante dosis de escepticismo. Al fin y al cabo ¿puede todo esto ser así en cualquier sector y situación? La respuesta es sí. Llevo años preparando equipos y haciendo pitches para acuerdos multimillonarios, y he utilizado estos métodos con éxito para superar a mis competidores repetidas veces ante algunos de los públicos más serios del mundo: instituciones financieras, departamentos gubernamentales, bufetes de abogados y muchos otros sectores muy regulados y estereotípicamente «serios». Del mismo modo, también he usado estas técnicas en todas las situaciones que he mencionado antes. He logrado nuevos puestos de trabajo y ascensos, he conseguido traer a mi pódcast a grandes personalidades como Simon Sinek, Nancy Duarte y Rory Sutherland, he pronunciado discursos y brindis y he liderado equipos de alto rendimiento de lo más motivados.

A veces la gente me pregunta si se trata de un comportamiento manipulador, de modo que vamos a dejarlo claro: no.

La manipulación es un comportamiento dañino o controlador a fin de conseguir algo para uno mismo en detrimento de otra persona. Este libro es justo lo contrario y propone formas de persuadir a los demás proporcionándoles una experiencia emocionante, placentera y emotiva, una experiencia que se alegrarán de haber vivido y que nosotros habremos disfrutado mucho.

Funciona porque todos somos humanos. Una empresa no es más que un grupo de personas, por muy grande que sea, y todas esas personas tienen sentimientos y emociones. Como norma general, la gente prefiere —y con diferencia— que una experiencia la entretenga y la emocione a pasarse horas sentada mientras le leen las palabras que aparecen en pantalla. Sí, un pitch es más que simple entretenimiento, pero, cuando usamos el entretenimiento de forma consciente como mecanismo de persuasión, la actividad pasa a ser profundamente influyente y significativa. No digo que no tengamos que incluir la información detallada menos atractiva sobre nuestras ideas y propuestas en un pitch; sin embargo, hay ciertas formas de hacerlo que mantienen la atención y el interés del público, mucho más que una simple transacción de información.

Para lograr el éxito tenemos que ser atrevidos, tenemos que ser valientes y vulnerables. Hacer las cosas de una forma del todo nueva puede ponernos de los nervios, pero, si estamos dispuestos a intentarlo, empezaremos a ver los resultados de ganar más pitches, de persuadir a más gente y de incrementar considerablemente nuestro disfrute al hacerlo. Y no hace falta que te fíes de mi palabra. En este libro encontrarás muchas historias de pitches, algunas para mostrarte el poder y el éxito que conlleva hacer así las cosas y otras para ilustrar lo que no se debe hacer en el momento de un pitch. No hay escasez de ejemplos que demuestren la validez de este enfoque.

En este libro está todo lo que necesitas saber para dominar el arte del pitch. He intentado ser lo más lógico posible a la hora de disponer los capítulos para que podamos emprender un viaje a través del ciclo vital completo de un pitch. Como cualquier gran historia, este libro tiene tres actos. Empezaremos por la Formulación, que nos preparará bien para crear un pitch de primera. El segundo acto es el Refinamiento, en el que reuniremos nuestras ideas y las convertiremos en un pitch hecho y derecho. El tercer acto es la Finalización, que nos llevará hasta el pitch mismo, así como a los días posteriores.

Puedes usar este libro como quieras, por supuesto, pero mi consejo es que lo leas primero todo en orden, ya que muchos de los temas nos llevan de un capítulo al siguiente de forma lógica. Luego, cuando estés trabajando en el pitch, consulta los capítulos relevantes conforme lo vayas necesitando. Lo más importante es que pruebes estas indicaciones por ti mismo y veas qué te funciona. La única forma de llegar a una conclusión definitiva es llevar a cabo los experimentos.

Muchas de las anécdotas de este libro vienen del mundo de los negocios, aun así también destacaré cómo pueden usarse en otras situaciones. Con eso en mente, en casi todo momento he usado la palabra *público* en lugar de *clientes* o *compradores* porque, sea cual sea el contexto, la persona que recibe el pitch, presentación, discurso, lección o entrevista de trabajo es nuestro público.

Además de anécdotas de leyendas de la persuasión, también he incluido ejemplos de mi propia experiencia. Debido a la confidencialidad de estos tratos, he tenido que cambiar algunos detalles, pero las lecciones que se pueden extraer de ellos son las mismas.

Mi gran esperanza es que este libro vaya más allá de enseñarte a hacer un pitch; quiero que disfrutes más en la vida y que tengas la confianza de ser tú mismo, así como los recursos para reducir el estrés y la ansiedad en las situaciones importantes. Deja, pues, a un lado las ideas preconcebidas y las inhibiciones, y abre la mente al placer de convencer.

Ah, y una cosa más. ¿Recuerdas al tipo del paraguas del pitch de ABM? Pues trabajaba para Peter Marsh. Su trabajo consistía en sentarse al lado del equipo de British Rail y luego levantarse e irse justo cuando creía que estaban a punto de perder la paciencia. Así, Marsh sabría en qué preciso momento tenía que abrir esas puertas. ¿Ves lo divertido que puede ser un pitch? Venga, empecemos.

# Acto I

## FORMULACIÓN

# 1

# Los principios del pitching

Simon Sinek es un orador motivacional mundialmente conocido, autor de *best sellers* y titán del mundo empresarial, pero, antes de convertirse en ninguna de esas cosas, era, según sus propias palabras, «un tipo con una idea». Se curtió en agencias de publicidad y estudió etnografía y, a los treinta y tantos, quiso escribir un libro. «No había creado un gran negocio —me dijo—. No había escrito nada. No había dado ni una TED Talk.» No tenía ninguno de los galones por los que puede que lo conozcamos hoy, pero creía con pasión en su idea —que para tener éxito primero debemos empezar por los motivos subyacentes de por qué hacemos lo que hacemos— y sabía que, si conseguía convencer a un editor, podría cambiar el mundo. A través de un conocido, consiguió una reunión con «el dios de las publicaciones de negocios», un hombre famoso por el éxito de los libros que publicaba, pero también conocido por tener una personalidad complicada. Era la oportunidad de Sinek.

Llegó a las oficinas preparado, a la hora y con el pitch de sesenta minutos bien ensayado y memorizado. Las cosas se torcieron enseguida. En cuanto entró en la sala, el editor vociferó: «A ver, ¿qué hay? Solo tengo media hora, así que ya puede ser bueno». Sinek estaba nervioso, pero siguió adelante. «De acuerdo —dijo, reestructurando mentalmente el discurso—. Bueno, vayamos al grano.»

Sinek tiró el plan original por la borda y se centró en el hombre que tenía delante. Se olvidó de que era un dios que tenía el poder de cumplir sus sueños o destrozarlos. Solo eran dos personas en una sala y Sinek quería compartir algo que lo ilusionaba de verdad. «Le hablé como si fuera parte de un público —me dijo—. Le hablé como a un amigo.» En lugar de centrarse en lo que podía decir para convencer e impresionar al editor y asegurarse el contrato de edición, se centró en lo que podía aportar al mundo, en el material que tan bien conocía, en la idea que llevaba años albergando.

Tras unos veinte minutos más o menos, el editor empezó a dar muestras de nerviosismo. Sinek se detuvo para preguntar si todo iba bien y el editor lo informó de que tenía que irse para recoger a su hijo. Recordemos que Sinek ya había reducido su pitch a la mitad y ahora lo estaban cortando incluso antes. Puede que otra persona se hubiera ofendido, que hubiera insistido en contar con el tiempo que se le había prometido y hubiera acabado el pitch. Sin embargo, Sinek se mantuvo tranquilo y amable. «Tiene las prioridades bien ordenadas —dijo—. No se preocupe, vaya a por su hijo.» El editor le dio las gracias y se fue.

Al cabo de tres días, a Sinek le ofrecieron el contrato editorial de *Empieza con el porqué* que catapultó su carrera.

A pesar de los muchos años de larga y exitosa carrera que lleva a la espalda, cuando le pregunté a Simon Sinek por el mejor pitch que ha hecho nunca, él eligió este encuentro con el editor malhumorado, un momento en el que había dejado a un lado su plan y había hablado de corazón.

Lo que Sinek demostró en aquel momento fue que un pitch no consiste en la ejecución perfecta de una presentación prefabricada; consiste simplemente en crear una situación, un momento especial. No hay una fórmula reproducible e infalible para crear un «pitch perfecto» que pueda ganarse a cualquier público en cualquier momento y cualquier situación. Eso es así porque no tratamos con verdades absolutas, sino con el complejo y cambiante mundo de las personas y sus pensamientos, emociones y comportamientos individuales. Dos personas pueden recibir el mismo pitch de dos modos completamente distintos, igual que es posible que a alguien le encante *Titanic* y que otra persona la deteste. No hay nada que podamos cambiar de la película para hacer que pase a encantarles a todas las personas que la detestan. Eso no quiere decir que no existan técnicas identificables y reproducibles que los guionistas de Hollywood usen para ganarse al público, pero, con todo eso, sigue habiendo supuestos taquillazos que terminan en fiasco y pequeñas joyas que tienen un gran éxito inesperado.

Crear un pitch es igual. Sin embargo, la ventaja que tenemos sobre las personas que hacen películas es que, en lugar del público general, tenemos uno pequeño a quien podemos adaptar el pitch. Además, como en Hollywood, poseemos toda una serie de métodos e infraestructuras que podemos usar para crear un contenido atractivo. Nos adentraremos en profundidad en ellos en los próximos capítulos. No te hacen falta todas las herramientas que aparecen en este libro para todos y cada uno de los pitches, pero puedes usar las que necesites de mil maneras para crear algo adecuado para tu público.

Antes de abrir esa caja de herramientas, hay unos cuantos principios del pitching que debemos tener claros. De hecho, con esos principios se pretende mostrar que nuestro enfoque de un pitch —la mentalidad con la que lo abordamos— es más importante que buscar la perfección de los detalles. Piensa en estos principios como en un manifiesto: once reglas que deberían aplicarse y consultarse antes de y durante el transcurso de un pitch. Te mantendrán centrado en la idea general, lo cual es especialmente útil si en algún momento sientes que te estás enmarañando en los detalles del contenido del pitch.

Métodos, infraestructuras y herramientas pueden (¡y deben!) evolucionar, adaptarse y cambiar, pero estos principios son lo más parecido a algo atemporal:

### *I. Una presentación de PowerPoint no es un pitch*

La definición de *pitch* no contiene las palabras *PowerPoint*, *Keynote*, *diapositivas* o *presentación*. Recuerda que un pitch es persuadir a alguien para que haga o compre algo, POR CUALQUIER MEDIO. Cantar sobre la leche, hacer *parkour* en la sala de juntas o contar una escena de *Conan el bárbaro* (luego volveremos a todo eso)* son formas de lo más

* A la cuestión de cantar sobre la leche no se volverá. Fue un número extraordinario de Peter Marsh que le consiguió a ABM otro encargo histórico de la publicidad británica. Les estaban haciendo un pitch a la Milk Board (una organización gubernamental dedicada a estabilizar el mercado de los lácteos) y se les ocurrió la canción *Milk's gotta lotta bottle*, que cantaron varias veces durante el pitch vestidos de lecheros. *(N. de la t.)*

válidas de pitch, tanto como, simplemente, leer palabras de una hoja de papel. No digo que los pitches no puedan o no deban recurrir a una presentación de diapositivas de algún tipo; lo que digo es que pueden recurrir a casi cualquier cosa y no deberíamos asociar un pitch con un software concreto. Las herramientas que usamos son una forma de ejecutar nuestras ideas, no son la solución en sí mismas. En el capítulo 9 hablaremos sobre cómo nuestro pitch tiene que funcionar incluso cuando la tecnología falla.

## *2. El único límite de un pitch son tus ideas*

Muy bien, ahora ya pensamos más allá del PowerPoint, pero ¿qué significa eso? ¿Cuáles son los parámetros de un pitch? Pasar de la mentalidad de «crear una presentación de diapositivas» a «crear cualquier cosa de este mundo» es un salto bastante grande. Veremos muchas formas de que se nos ocurran grandes ideas, ideas potentes y relevantes, y lo importante es que no existen límites respecto a lo grandes que pueden ser. Un pitch es una oportunidad de probar formas nuevas de hacer que las cosas no formen parte de los procesos habituales de tu organización. Creo que un pitch es el laboratorio olvidado por la burocracia. Me explico:

Si formas parte de un negocio que presta servicios o vende productos, hay unas normas: manuales de marca, buenas prácticas, regulaciones, contratos, controles de calidad, gobiernos corporativos... En pocas palabras, solemos estar restringidos por muchas capas de burocracia. Eso mantiene la coherencia y el orden, pero mata las ideas locas y emocionantes. Y tanto si somos emprendedores por cuenta propia como si vamos a una entrevista de trabajo o estamos preparando un discurso, todos tenemos muy interiorizada la idea de las normas sociales que se basa en lo que el resto de la gente suele hacer en una situación u otra.

En lugar de eso, veamos el pitch como un laboratorio científico independiente que lleva a cabo experimentos de psicología humana. Es un espacio libre para ser atrevido, diferente e inmersivo. Estamos creando una situación pensada para llegar al público y lo que hagamos en esa sala durante más o menos una hora seguramente nunca volverá a ver la luz del día, aunque su recuerdo pueda durar toda una vida.

En algún momento, abordaremos los problemas logísticos como el presupuesto, las habilidades y el material, pero, con una mentalidad de crecimiento y un poco de pensamiento lateral, hasta esas cosas se pueden superar. No seas derrotista. Experimenta. Juega. Y piensa a lo grande, tanto como puedas.

### *3. Piensa antes de actuar*

Me lo encuentro a todas horas: los equipos reciben un *brief* y enseguida se separan y empiezan a trabajar. A menudo, ni siquiera están seguros de en qué están trabajando, pero están convencidos de que, si trabajan lo suficiente, pueden tener la oportunidad de ganar. Sin embargo, la cantidad no es la respuesta.

Cuando recibas un *brief* para un pitch, léelo, asimílalo y luego haz otra cosa. Encuentra una tarea que no tenga nada que ver con el pitch y que sea poco exigente en lo mental, como salir a pasear o hacer un puzle, y deja que el *brief* se cueza a fuego lento en tu subconsciente durante un tiempo. No solo es un agradable descanso para la mayoría de las personas antes de embarcarse en un intenso periodo de trabajo, sino que hay evidencias que demuestran que se trata de un potente catalizador para las ideas creativas. En un estudio llevado a cabo en 2012 llamado «Inspirados por la distracción», Jonathan Baird identificó el concepto con el maravilloso nombre de *mind-wandering* ('el vagar de la mente') y demostró lo importante que es esta actividad para el trabajo creativo. A los participantes se les dio una tarea creativa y luego se los dividió en cuatro grupos: uno hizo un descanso y llevó a cabo una tarea exigente, otro hizo un descanso y llevó a cabo una tarea poco exigente, otro se limitó a descansar y el último no tuvo descanso. Tras el descanso, el grupo que había ejecutado la tarea poco exigente que permitía que la mente vagase mostró la mejora más significativa en la creatividad, más que los que habían descansado y nada más. El estudio concluía que dejar que la mente yerre mientras se hacen tareas simples facilita la «incubación», durante la cual el subconsciente sigue trabajando en el problema y nos lleva a alcanzar soluciones más creativas. Hacer un pitch es una actividad de lo más creativa, así que prueba a dejar que tu mente vague antes de meterte de lleno en ello. Los resultados pueden ser mágicos.

### *4. Crea anomalías*

Aunque nuestro subconsciente puede ayudarnos a ser más creativos, paradójicamente también puede bloquearnos por completo a la hora de recibir ideas cuando formamos parte del público. Llevamos a cabo nuestras rutinas diarias pensando muy poco en lo que estamos haciendo y, tanto en el sentido biológico como en el evolutivo, es algo intencionado. Nuestro subconsciente es un piloto automático que se encarga de cosas que ya hemos hecho antes, como ponernos los calcetines, coger una taza de café o andar sin caernos. Los estudios nos dicen que el 95 por ciento de las decisiones que tomamos se toman de forma subconsciente. Esto permite que nuestro cerebro consciente se centre en cosas importantes o nuevas, pero, en un pitch, supone un reto importante.

La gente suele tener unas expectativas bastante acertadas de cómo se desarrollará un acontecimiento basándose en sus experiencias pasadas. Puede que nuestro público haya presenciado cientos de presentaciones, haya visto cientos de PowerPoints o haya oído cientos de discursos después de una cena. La mayoría habrán sido tan parecidos que el cerebro del público no se molesta en prestarle atención al material que les presentamos; todas las presentaciones se mezclan en una masa gris informe. Y no es de extrañar. La principal prerrogativa del público, sobre todo en una presentación de negocios, es salir de la sala y volver a su taza de té y su inagotable contenido de redes sociales.

Para crear pitches geniales, tenemos que ser disruptivos. Debemos traspasar lo mundano y lo que ya se ha hecho antes y crear momentos de verdad inesperados que atraigan la atención consciente de nuestro público y forjen nuevos recuerdos. No queremos que nuestra presentación sea el motivo por el que la mente de otro empieza a vagar. Debemos crear anomalías, algo poco ortodoxo, inesperado y memorable para que el cerebro de nuestro público despierte y nos preste atención.

### *5. Empieza cada pitch nuevo como un nuevo pitch*

Un error recurrente es empezar un pitch cogiendo una presentación, propuesta, discurso o cualquier otra cosa que ya está hecha, clicando en «guardar como» y luego reescribiendo sobre el material viejo. Esto puede parecernos una estrategia para acelerar el proceso, pero:

- No lo es. Es probable que te lleve más tiempo leer y cambiar un pitch antiguo que simplemente empezar uno nuevo.
- Mata la creatividad: estamos siguiendo de forma automática algo anterior, ¡muchas veces incluso cuando la última vez no tuvo éxito! Estamos perdiendo una parte completa del proceso que fomenta las ideas nuevas y alocadas.
- No estará personalizado para el público, para el entorno, para el momento.

Además de ser personalizado, todo pitch debería parecerle novedoso al público, que siempre será capaz de saber si el material está obsoleto. En el mundo de los negocios, incluso aunque el producto o servicio siga siendo el mismo, si tienes un público distinto, toda tu atención y tu esfuerzo deben centrarse en el público que tienes delante, en la oportunidad que se te presenta ahora, en el momento presente. Lo mismo ocurre cuando das una clase a dos grupos de estudiantes distintos o cuando solicitas dos puestos de trabajo distintos: tienes que crear material nuevo o hacerlo evolucionar y personalizarlo para cada pitch.

### *6. No pienses como si tuvieras las de ganar*

Cuando empecé a hacer pitches, trabajaba para agencias digitales pequeñas y relativamente desconocidas. Que nos considerasen siquiera parte de un proceso de selección ya era un logro enorme y ganar un pitch era un esfuerzo hercúleo: grandes disrupciones, relatos increíbles, experiencias inmersivas y tremendas jugadas llenas de emoción. No ser el favorito para ganar algo es muy duro.

Entonces pasé a consultoras más grandes con miles de trabajadores y logros que la mayoría de la gente reconocería a un kilómetro de distancia, pero, cuando la reputación te precede, a veces puede instalarse cierta complacencia. Cuando te piden que participes en todos los procesos y terminas ganando solo algunos, te acostumbras a esas estadísticas y todo pasa a ser cosa de números. Mientras tanto, hay alguien que se está llevando la mejor parte de esos acuerdos siendo muy disruptivo y planteando relatos increíbles, experiencias inmersivas y tremendas jugadas llenas de emoción. Todas las herramientas de alguien que no es el favorito.

En este libro aprenderemos cómo aplicar estas cosas a nuestro pitch, pero más que eso, debemos tratar cada pitch como si no tuviéramos las de ganar. Yo he ayudado a empresas a tener más éxito tratando cada pitch como lo hacía para agencias más pequeñas. Estos procesos no son pura estadística, son algo que hay que ganarse. Hacer menos pitches y ganar más, esa es la proporción áurea. Para ganar tienes que querer ganar. Un pitch es o todo o nada. Incluso si eres el favorito y tienes una gran reputación, incluso si todo apunta a que vas a ganar, procura que cuando ganes sea porque te has comportado y has pensado como si no tuvieras las de ganar.

### *7. Encuentra tu verdadero factor diferencial*

Todas las empresas, personas, ideas, productos y servicios de éxito tienen algo único... o son los más baratos. Hay veces que son ambas cosas, pero no se puede tener éxito a largo plazo sin ser diferente o el más barato. Se trata de condiciones *sine qua non*. Si no eres diferente y no eres el más barato, ¿por qué iban a elegirte?

Pero encontrar un factor diferencial es difícil. A veces pensamos que somos distintos y únicos porque hacemos afirmaciones como:

«Con nosotros estás en las mejores manos».

«Tenemos el mejor equipo del sector.»

«Tenemos un servicio al cliente excepcional.»

«Tenemos pasión/experiencia/dedicación/innovación...»

Y la lista sigue.

Estas cosas son superficiales y subjetivas y cualquiera puede decirlas, y las dice. Tener una buena opinión de ti mismo no es un factor diferencial. Si de verdad contigo están «en las mejores manos», ten pruebas fehacientes para respaldar esa afirmación. Si de verdad tienes «el mejor equipo», asegúrate de que, cuando el público te vea en el pitch, no les quepa ninguna duda.

Un buen ejercicio es anotar todas las cosas que os hacen únicos a ti y a tu propuesta. Luego escribe el nombre de tu competidor más cercano en la parte de arriba. ¿Crees que él también podría afirmar esas cosas ante el público?

La diferenciación no tiene por qué ser algo a lo grande. En un mercado competitivo, las pequeñas diferencias pueden hacerte ganar el pitch. Si todo el mundo afirma ser la empresa más segura, la mejor, la que tiene más pasión por algo, ¿qué me dices de que tú, además, dejas que tus trabajadores lleven a sus perros al trabajo un día al mes? Las cosas pequeñas cuentan, solo tienes que ponerte el reto de encontrarlas.

Busca bien en tu interior. ¿Qué es diferente de verdad en ti, en tu producto, tu servicio o tu idea?

### *8. Emociónate*

Un pitch es algo emotivo y no debes tener miedo de abrirte a ello. Muchas personas piensan que negocios y emociones son dos cosas que no deberían aparecer nunca en la misma frase, pero esas son las personas que no ganan un pitch. Trataremos el poder de las emociones y de las neuronas espejo en el capítulo 5, pero, como principio general, recuerda esto:

- Las emociones cambian opiniones.
- Las emociones crean recuerdos.
- Las emociones son contagiosas.

Si estás contento, emocionado o apasionado, el público se sentirá así también. Si estás incómodo, nervioso o aburrido, el público también lo estará. Hay varias formas de lidiar con los aspectos negativos de un pitch, como los nervios, y las trataremos en el capítulo 14, pero igual que disipamos lo negativo, también debemos sacar a relucir lo positivo de forma proactiva y consciente.

### *9. Sé auténtico*

Estudiaremos la psicología de la persuasión más adelante, pero huelga decir que no es lo mismo que la manipulación. Sí, puedes engañar a alguien para que compre tu producto, pero así solo conseguirás una única venta, una relación agriada y un cliente decepcionado y enfadado. A no ser que seas un charlatán ambulante de principios del siglo xx, no es un buen resultado. Por decir una obviedad: queremos clientes satisfechos a los que les gustemos de verdad nosotros y nuestras ideas, y que quieran seguir buscándonos. La mayoría también queremos relaciones sinceras y positivas con las personas con las que tratamos. Esto lo conseguimos mediante la autenticidad. Admite las cosas que no se te dan bien. Sé vulnerable. Sé sincero. Haz todo lo que puedas por ayudar a tu cliente con su negocio como si fuera el tuyo.

Simon Sinek le hablaba a su público sobre las áreas de marketing para las cuales no deberían contratarlo. Paradójicamente, eso solo conseguía que quisieran contratarlo todavía más para las áreas que sí que se le daban bien gracias a la confianza que generaba su sinceridad. Y, como ya hemos visto, cuando se desinhibió y le habló al gran editor que tanto miedo daba como a un amigo, su autenticidad y pasión sellaron el trato. No intentes imitar la idea que tienes de un gran orador, sé tú mismo.

### *10. Recibe el fracaso con los brazos abiertos*

Si probamos algo nuevo, por definición, no podremos garantizar que tenga éxito. Si no intentamos nada nuevo, nunca podremos progresar ni cambiar cómo son las cosas. Esto se ha demostrado muchas veces. ¿Recordáis Blockbuster? ¿Kodak? ¿BlackBerry? Son solo tres empresas de una larga lista que se negaron a aceptar los cambios y sufrieron las consecuencias. Lo nuevo puede asustar, pero abrir la mente a la idea de hacer de forma novedosa cosas que antes han tenido éxito es el único modo que tenemos de progresar. Que no te dé miedo el fracaso, recíbelo con los brazos abiertos. Fallar es aprender y, cuanto más fallemos, más formas descubriremos de tener éxito.

No tienes por qué fiarte solo de mí, aquí tienes algunos de mis consejos favoritos de algunas de las personas de más éxito de la historia:

> Si quieres aumentar tu tasa de éxito, duplica tu tasa de fracaso.
>
> Thomas J. Watson,
> fundador de IBM

> Yo no he fracasado. Solo he encontrado 10.000 maneras que no funcionan de hacer las cosas.
>
> Thomas Edison

> Solo los que se atreven a fracasar estrepitosamente pueden alcanzar la grandeza.
>
> Robert F. Kennedy

¿Lo has pillado? Acepta el fracaso. Recíbelo con los brazos abiertos. Búscalo. Fomenta la prueba y error en tu equipo. Crea una cultura en la que fracasar sea seguro —¡en la que sea genial!—, porque solo entonces descubrirás cosas nuevas y maravillosas que no sabías que eran posibles.

### *II. La salud mental es más importante que el éxito*

Me gustan las listas de diez cosas, pero no puedo prescindir del principio número once. Hay una fina línea entre darlo todo en un pitch y terminar quemado. Puedo afirmarlo con seguridad porque yo he caminado por esa fina línea más veces de las que me gustaría. Un pitch puede ser estresante, suele requerir largos periodos de esfuerzo coordinado en los que aparecen la falta de confianza en uno mismo, la ansiedad y los nervios, pero, por muy grande que sea lo que podamos ganar, no merece que sacrifiquemos la salud mental o las relaciones con la familia y los amigos. Veremos formas de lidiar con el estrés que conlleva un pitch, pero, de momento, sigue este consejo: conoce tus límites. Descansa cuando lo necesites. Recuerda dormir y comer y beber. Fomenta una cultura positiva. Cuida de los demás y déjate cuidar. No intentes ser un héroe. Vela por ti y por tu equipo.

Si combinas la mentalidad de estos principios con la metodología y la infraestructura de los capítulos siguientes, podrás idear algunos de los pitches más potentes del mundo y te lo pasarás en grande haciéndolo. Recuerda, en el corazón de todo pitch exitoso, más allá de los datos y el desempeño en el momento, está el poder de la conexión humana y el deseo sincero de contribuir con algo significativo al mundo.

La pregunta que deberías hacerte es: ¿acaso vale la pena hacer un pitch?

# 2

# Participar o no participar, esa es la cuestión

Jeb Blount es una leyenda del mundo de las ventas. Ha escrito quince libros sobre ventas y es el dueño de Sales Gravy, una agencia de ventas y consultoría. Cuando las empresas tienen problemas con el tema de las ventas, a quien llaman es a él.

La Petite es una de las empresas de educación infantil más grandes de Estados Unidos. Su negocio consiste en vender instalaciones para el cuidado de los niños en oficinas de empresas para dar facilidades a los trabajadores con hijos. Es una idea increíble por muchas razones, pero tenían un problema enorme. Contrataron a Blount como vicepresidente de servicios corporativos y, cuando este se incorporó, descubrió que no habían vendido ni una sola instalación nueva desde hacía doce años, y no había sido por falta de oportunidades.

Como eran una de las pocas empresas del país que ofrecían ese servicio, respondían a hasta cinco solicitudes de propuestas cada mes, pero siempre quedaban los segundos. Las solicitudes de propuesta eran grandes y requerían que un equipo completo de personas trabajando sin parar escribiera una enorme cantidad de palabras.

Blount se puso a investigar a fondo para encontrar el problema, pero las propuestas parecían tener mucha calidad y ser convincentes y competitivas. No era capaz de encontrar un motivo claro por el cual las estadísticas les eran tan desfavorables.

Un día llegó una nueva solicitud de propuestas y el equipo de La Petite ya se había puesto directamente manos a la obra cuando Blount les hizo una pregunta: «¿Qué sabemos de este acuerdo aparte de lo que hay en la solicitud de propuestas?».

Resultó que nadie sabía nada. Cuando presionó, le respondieron que era imposible saber nada porque había instrucciones estrictas del equipo de Adquisiciones en el documento: no pueden llamarnos, no pueden reunirse con nosotros, no pueden hacer ninguna pregunta. El equipo no tenía relación con nadie y la única información de la que disponían estaba escrita en la solicitud. En cambio, el competidor había tenido una relación larga y cercana y había firmado varios acuerdos con el cliente.

Blount indicó al equipo que no mandasen la respuesta y, en lugar de eso, le hiciesen saber al posible cliente que no responderían a ninguna solicitud más a no ser que pudieran reunirse con el CEO. Lo miraron como si hubiera perdido la cabeza. Aunque no habían conseguido cerrar ningún trato, esa propuesta les parecía una locura.

Hicieron la llamada y el cliente se negó, pero La Petite se mantuvo firme. El cliente los necesitaba en el proceso, por lo que, al final, a regañadientes, accedió y el equipo de La Petite voló a Connecticut, se sentó con el CEO y tuvo una conversación maravillosa. Resultó que había cosas que quería que no estaban en la solicitud de propuestas porque la habían escrito personas que se dedican a escribir solicitudes. Y le gustó el equipo de La Petite lo suficiente para presentarlo al comité de padres que se encargaba de la toma de decisiones. La Petite, con su recién adquirida relación y comprensión del *brief*, aceptó presentar una propuesta y participar en el pitch. Esta vez se llevaron el encargo, y luego once más ese mismo año.

En palabras de Blount: «Solo nos faltaba la capacidad de gestionar nuestras emociones y decir: "No vamos a jugar a este juego si no tenemos las probabilidades más altas de ganar"».

A eso se reduce todo, a las probabilidades. Decir que sí a una oportunidad solo porque se te presenta puede ser una pérdida de tiempo enorme. De hecho, una parte importante de ganar un pitch es encontrar una oportunidad que de verdad tengas la ocasión de ganar o actuar de una forma concreta para aumentar tus probabilidades. Puede que nos parezca de sentido común, pero te aseguro que no es una forma común de pensar. En mi experiencia, las cosas suelen ser de otra manera.

## El proceso típico de un pitch

Los detalles del proceso de un pitch en el mundo de los negocios pueden variar de una situación a otra, según el contexto, el sector y los objetivos, pero, por lo general, la mayoría siguen una secuencia de acontecimientos bastante estándar y la mayoría de los equipos repiten los mismos comportamientos estándar. Esto es así tanto para una *start-up* buscando respaldo económico como para una ONG que necesita financiación, una consultora compitiendo en un proceso de contratación o un equipo de ventas que intenta cerrar un trato con un nuevo cliente. Es más o menos así: una persona u organización recibe una invitación para presentar su producto o servicio. Esa invitación a menudo llega de modo inesperado y forma parte de un proceso concursal para que el público del pitch decida con quién quiere trabajar. La invitación suele llegar del equipo de Adquisiciones, cuyo trabajo es procurar que el proceso sea justo y conseguir el mejor acuerdo para el comprador. Hasta ahí, bien.

El público dispone un marco temporal para el proceso hasta el momento de firmar el contrato. Ese marco temporal puede incluir de todo, pero, por lo general, tiene dos fases: una propuesta escrita (la que se solicita en la «solicitud de propuestas») y el pitch. A continuación, llegan las negociaciones y la firma del contrato.

La solicitud de propuestas suele estar conformada por toda una serie de preguntas que el público quiere que respondas: cómo los ayudarás, cuánto costará, por qué eres la mejor opción, etc. A menudo invitan a muchas organizaciones o personas a responder a la solicitud, pero solo llevan a los mejores a la fase del pitch. Lo malo es que todo ese proceso puede ser un plan pensado para bajar los precios y que les hagan el trabajo gratis. Eso es algo que debes recordar.

Empiezan los esfuerzos para competir por el premio final de firmar un flamante contrato nuevo con el público. Se reúne a gente a toda prisa para ocupar los puestos clave del proceso, como alguien que se encargue de las ventas, de las cuentas, alguien bien posicionado en la empresa, alguien que se encargue de la tecnología, del producto, alguien creativo y un experto en el sector. A veces puede ocurrir que se elija a cualquiera que esté libre en ese momento concreto, como en un partido de fútbol improvisado a la hora del almuerzo en el colegio. Si dices que sí a varias oportunidades en paralelo, eso puede suponer que termines asignándole a la gente papeles para los que, básicamente, no están preparados, como pedirle al portero de nuestra metáfora que sea delantero.

El *brief* se distribuye a toda prisa y puede que algunas personas del equipo ni siquiera se tomen el tiempo de leerlo todo. El trabajo se divide en partes según quién puede hacer qué y el equipo se separa para empezar a trabajar en la propuesta. Durante la primera semana, ese trabajo suele consistir en:

- Buscar propuestas anteriores y copiar el contenido en la nueva.
- Mandar correos para encontrar más gente que pueda ayudar a contestar preguntas.
- Pasarse horas en llamadas grupales o en salas de reuniones hablando de la oportunidad sin que nadie tome notas, sin planear acciones ni hacer ningún tipo de trabajo material.
- Pedir a empleados con puestos inferiores que investiguen enormes cantidades de información sin ningún tipo de estructura.
- Crear presentaciones de PowerPoint como monstruos de Frankenstein a partir de diapositivas de otras presentaciones.

La lista sigue. Esto es lo que yo llamo «trabajo de relleno». Es un trabajo que no ayuda en absoluto, pero con el que parece que estemos progresando porque hay mucho. Y hay mucho de verdad; con este trabajo, cada miembro del equipo puede producir montones de material.

Cuando el equipo se acerca a la última semana antes de la entrega de la propuesta, empiezan a juntar esos montones de material. Unos dos días antes de la entrega, puede que empiecen a leer la propuesta de arriba abajo (aunque también puede que no) y que encuentren que esta montaña de trabajo no tiene mucho sentido. Está desordenada, hay distintos estilos a la hora de escribir que contienen distintos tiempos verbales y distintos usos de la terminología, la ortografía y las abreviaciones. Hay repeticiones, ideas contradictorias, falta un diseño coherente y la propuesta es muy larga. Larguísima. Llegados a ese punto, los miembros del equipo suelen hacer una de estas dos cosas:

1. Se convencen a sí mismos de que en realidad no está tan mal y la entregan tal cual.
2. Entran en un frenesí de 48 horas e intentan cambiarlo y arreglarlo todo a la desesperada. Con esta opción, pocas veces se consigue hacer lo que se necesitaba.

Sea como sea, la propuesta se entrega y todo el mundo se congratula, salen a tomar una cerveza y esperan la noticia de si han pasado a la siguiente fase.

Lo creas o no, estos equipos a menudo pasan a la ronda final, principalmente porque el comportamiento que he descrito arriba es tan común que todos los equipos hacen lo mismo. Es trabajo del público deshacerse de quienes son de lo malo lo peor. Por eso progresar en un pitch no es tan difícil. El listón está bajo. Muy muy bajo.

Una vez hecha la selección, se notifica a los mejores equipos que tienen un tiempo muy breve para preparar el pitch propiamente dicho. El pitch suele durar entre una y dos horas. Algunas veces tiene un orden del día provisto por el público y otras no. En la mayoría de los casos, el público sugiere un orden del día al nivel de la propuesta del equipo: pide que se presenten demasiadas cosas, en un orden que no es lógico y con ideas contrapuestas. Sin cuestionárselo, el equipo se pone a trabajar de inmediato.

A menudo, en este momento la propuesta original del equipo se deja de lado. Nadie recuerda lo que decía y es demasiado larga para volver a leerla. En lugar de eso, pasan directamente al PowerPoint y cada miembro del equipo se pone a crear diapositivas como un loco. Es una repetición del proceso de propuesta que termina con una presentación hecha de retales para que los oradores improvisen por encima con la esperanza de que «ese día saldrá bien». Es una semana más de quedarse en el trabajo hasta tarde y de hacer trabajo de relleno.

El día del pitch, todo el mundo está nervioso, estresado y agotado. Recitan un discurso inconexo que se va por las ramas y supera el tiempo acordado. Hablan con diapositivas de fondo que contienen pequeños ensayos, tienen muy mal aspecto y muchas veces no guardan relación con lo que se está diciendo. El público queda poco impresionado y se aburre, pero eso no le resulta sorprendente. Se han cumplido sus expectativas de lo que tiene que ser un pitch. El equipo sale vivo de la sala, se va a tomar una cerveza y se felicita por haber hecho montones y montones de trabajo de relleno y por haber superado esta experiencia. Ahora está todo en manos del destino. Consigan el trato o no, ¡ya tienen una montaña de contenido caótico y aburrido preparada para el siguiente pitch! Al cabo de una semana, más o menos, les llega la noticia de que han quedado segundos. Pasan al siguiente pitch con las palabras de Dory en los oídos: «Sigue nadando, sigue nadando».

La mala noticia es que todo este proceso es una mierda. Es una mierda para los equipos que escriben las propuestas y hacen el pitch. Es una mierda para el público que tiene que leer las propuestas y escuchar el pitch. Todo el mundo lo pasa mal. Si has trabajado en algún tipo de situación en la que hay que hacer un pitch —mediante solicitud de propuestas o no—, estoy seguro de que algo de esto te resultará familiar. Incluso cuando nos preparamos para una entrevista de trabajo por nuestra cuenta, encontramos formas de procrastinar, de hacer montones de trabajo de relleno, y luego nos felicitamos por el simple hecho de superar la entrevista.

La buena noticia —una noticia fantástica— es que un pitch puede ser algo muy diferente. Podemos disfrutar del trayecto y del pitch y terminar seguros de nosotros mismos. Podemos ofrecerle al público una experiencia placentera y aumentar de forma drástica nuestras probabilidades de éxito. El único motivo por el que la mayoría de los equipos no eligen este camino es porque no saben que existe... o porque les parece demasiado difícil cambiar sus métodos actuales. Al fin y al cabo, algunas veces sí que ganan.

Pero un pitch no es una lotería. Es una cuestión de probabilidad y, más concretamente, de cómo puedes aumentar tus probabilidades de ganar. Repasaremos el proceso entero de elaboración de un pitch en los siguientes capítulos y encontraremos maneras de mejorar de forma radical cada una de las partes de nuestro pitch, pero todo empieza por averiguar las probabilidades que existen de ganar desde el principio, antes de que nadie forme un equipo, abra el PowerPoint o incluso acepte la invitación a mandar una propuesta. Se trata del proceso de evaluación y nos dice si tenemos una probabilidad del cero por ciento de ganar o si tenemos la ocasión de llevarnos el premio a casa. Puede que suene raro; al fin y al cabo, si alguien te está pidiendo que participes en el proceso, ¿por qué no iban a tenerte en cuenta a la hora de elegir? ¿Por qué ibas a tener un cero por ciento de probabilidades de ganar?

## Evaluación: ¿tus probabilidades superan el cero?

Cuando una persona o una empresa quiere comprar o contratar algo, suelen querer contar con varias opciones para tomar una decisión informada y basada en diversos factores. Seguramente tú mismo lo haces en muchas situaciones, desde pedir presupuestos a obreros hasta visitar varias webs para encontrar el mejor precio de un producto. Y, aunque el precio puede ser un factor determinante, también buscamos confianza, calidad, disponibilidad, afinidad con la marca, calidad, características y más.

A primera vista, esto nos parece de lo más razonable. Sin embargo, en el mundo del pitch, a veces hay motivos ocultos en juego relacionados con que (pese a que tú no lo sepas) el público ya tiene muy claro a quién va a darle el trabajo... y no es a ti. Por eso, la verdadera pregunta es por qué iba a querer alguien oír varios pitches —que suelen ser largos, tediosos y desorganizados— cuando ya saben a quién elegirán. Te lo cuento:

### *1. Porque están obligados*

Aunque una empresa sepa muy bien a quién quiere contratar o qué quiere comprar, suele ser necesario pasar por un proceso concursal. Es algo pensado para que las decisiones sean «justas» y para cumplir varios requisitos legales y de buenas prácticas. Por desgracia, eso puede significar que tu implicación es solo una forma de cumplir con un procedimiento de buenas prácticas.

### *2. La liebre*

Si solo se le pide precio a una empresa, esta puede poner el que quiera. En cambio, si hay otras partes involucradas, se genera competencia y el «ganador» predeterminado se verá obligado a bajar los precios. Mientras tanto, tú habrás desempeñado el papel de lo que se conoce como «liebre», el público te habrá incluido solo para conseguir el mejor trato posible gracias a tu competencia.

### *3. Estudio de mercado*

Otra situación frecuente es que un público tenga la idea de comprar, tal vez, un producto o servicio, pero antes le gustaría tener más información. La mejor forma de conseguirla

—con recomendaciones personalizadas y estudios sobre cuál podría ser la mejor solución incluidos— es pedirle a la gente que haga una propuesta para desempeñar ese trabajo. Después, simplemente, te dicen que han decidido no seguir adelante, a lo cual tienen derecho. Puede que lo hagan más tarde o que encuentren otras formas de hacerlo sin ti. Supone, en pocas palabras, que tú y tu equipo estáis trabajando gratis, alentados como el burro con la zanahoria por la posibilidad de firmar un contrato que no existe.

### *4. Un plan de contingencia*

Cuando una empresa ya tiene un proveedor de un producto o servicio, este será «el titular». Para mantener alerta al titular, el comprador a menudo pide a otros proveedores que hagan propuestas para optar a ese mismo trabajo. Esto puede hacer que el titular baje los precios, que mejore su servicio o, si el resto falla, puede darle a la empresa un plan B. En muchos casos, el titular mantiene el trabajo y tú has desempeñado, una vez más, el papel de mero peón en el proceso y quedas a la espera por si se da el improbable caso de que el titular no se ponga las pilas.

¡Cuántas triquiñuelas! Y la mayor trampa en la que caemos es convencernos a nosotros mismos de que las situaciones anteriores no se dan en las oportunidades concretas que se nos presentan. Por naturaleza, somos demasiado optimistas e, incluso cuando vemos las señales de alarma, encontramos formas de pasarlas por alto. Esto es porque nuestras emociones nos dominan de forma subconsciente. Si somos conscientes de ese dominio y lo usamos a nuestro favor, podemos crear pitches ganadores y eso lo veremos en profundidad muy pronto, pero, cuando nos ofrecen la oportunidad de hacer un pitch para conseguir un trabajo —incluso si se trata de una oportunidad de lo más halagadora y lucrativa—, debemos ser lo más racionales, fríos y calculadores posible, y basarnos en las evidencias. Necesitamos EVALUAR.

Para ayudarte a lograr esta mentalidad racional, aquí tienes doce preguntas que hacerte cuando llegue una oportunidad. Las primeras seis son sobre el público y las últimas son sobre ti.

## Preguntas 1-6: sobre el público

### *1. ¿Sabías que llegaría esta oportunidad?*

Cuando una gran oportunidad aterriza en tu mesa de la nada, es una enorme señal de alarma que tienes que considerar. Lo más probable es que te hayas topado con un público que lo que quiere es marcar como hecha una tarea en su lista de buenas prácticas, una liebre, un plan de contingencia o un estudio de mercado. Todas las señales apuntan a alguno de los temas que acabamos de tratar. Si tienes algún tipo de relación con el público, deberías haber oído hablar de esta oportunidad. En muchas ocasiones, cuando un público tiene a alguien en mente para ser el ganador, le pide que escriba el *brief* y la solicitud de propuestas que luego manda al resto. Siempre me ha parecido algo increíblemente injusto, pero ocurre y, si no has sido el que ha ayudado a escribirlo, tienes la suerte en contra.

Es posible ganar un pitch que sale de la nada; sin embargo, tendrás que ser espectacular o disruptivo. Este libro te ayudará a serlo, pero tienes que saber que, desde el principio en esta situación, las probabilidades de ganar son bajas.

### *2. ¿Tienes una buena relación con el público?*

Las personas se dejan llevar por las emociones a la hora de comprar y, nueve de cada diez veces, compran de las personas que mejor les caen, aunque no sean conscientes de ello. Se trata de molestos sesgos subconscientes y cuesta que un desconocido te caiga mejor que alguien a quien ya conoces. También cuesta confiar más en el desconocido. No es imposible y, de nuevo, puedes ganar pitches empezando así, pero tienes que encontrar formas de fortalecer las relaciones deprisa. Para conseguirlo, tiene que haber cierta disposición por parte del público, lo cual me lleva a la tercera pregunta.

### *3. ¿Hay alguna posibilidad de hablar con el público antes del pitch?*

Muchas veces, el proceso de propuestas es un asunto muy controlado y cerrado, dirigido por el estricto personal de Adquisiciones. A nivel personal, no tengo nada contra quienes trabajan en Adquisiciones, pero la función que desempeñan suele matar las esperanzas, los sueños y la creatividad. A menudo hacen el papel del guarda que no te deja entrar en un sitio. Si solo tienes relación con Adquisiciones, es imprescindible que te reúnas con las personas que realmente toman las decisiones, que hables con ellos, descubras los retos a los que se enfrentan en sus propias palabras y empieces a crear unos lazos afectivos. Eso es lo primero que debes pedir cuando te ofrecen una oportunidad. Pregunta: «¿Podríamos concertar una reunión con el CEO/el responsable del área técnica/el director de marketing/la persona que toma las decisiones para hablar de esta oportunidad antes de responder?». Si la respuesta es no, yo me retiraría. En parte porque será imposible crear una relación, pero también porque, si no quieren reunirse con la gente a quienes van a comprarles, no son el tipo de personas con las que quieres trabajar.

### *4. ¿Se pueden permitir contratarte?*

Una situación habitual en organizaciones que están usando un pitch para conseguir un estudio de mercado gratis es que se pongan en contacto con un gran abanico de personas u organizaciones para ver toda la gama de oferta que existe. Es como cuando quieres comprarte un coche de aquí a dos años y, para averiguar qué presupuesto necesitas, vas a probar todos los coches, desde un Peugeot hasta un Porsche.

Si la empresa tiene un presupuesto en mente, pocas veces lo hará público, ya que quiere que seas tú quien dé un precio primero. Si tu propuesta es a una empresa que cotiza en bolsa, esta está obligada a compartir sus informes económicos todos los años. Ahí se pueden ver sus ingresos, sus beneficios e incluso un desglose de cuánto ha gastado en diferentes áreas del negocio. Si tu producto o servicio cuesta considerablemente más que lo que suelen gastar, no pueden permitirse contratarte. Por ejemplo, una empresa con unos ingresos anuales de un millón de dólares no va a gastar dos millones en una transformación tecnológica, ni una empresa de construcción de viviendas con un presupuesto limitado va a seguir adelante con tus diseños arquitectónicos para una entrada abovedada con paneles de roble. Si no pueden permitirse contratarte, retírate.

Del mismo modo, si tienes una pequeña empresa y una compañía enorme parece interesarse por ti, también deberían saltarte las alarmas. Si la oportunidad es cinco veces más grande de lo que has hecho hasta el momento, es poco probable que te estén teniendo en cuenta de verdad para algo que no sea un precio bajo que usar contra tu competencia. No es un motivo para retirarse, pero sí para investigar mucho más.

### *5. ¿Estás cien por cien seguro de que estás tratando con quien va a tomar la decisión final?*

Esto es un gran chasco. Me ha pasado y es lo peor. Haces lo que tienes que hacer, construyes una relación cercana con el público, te dan *feedback* de tu propuesta y estableces lazos afectivos influyentes. Gastas un tiempo y un dinero valiosos en una propuesta respecto a la que el público se muestra muy positivo, pero al final descubres que ese público no tiene la autoridad de firmar el presupuesto. Debes asegurarte de que la gente con la que tratas de forma directa sea la que tomará la decisión en última instancia. Si no lo es, o bien tienes que cambiar la situación enseguida, o bien tienes que retirarte.

### *6. ¿De verdad necesitan tu producto o servicio ahora mismo?*

La gente compra cosas para resolver un problema real que tienen. Si no tienen un problema que tú puedas solucionar, no necesitan tu servicio o producto. Si eres ese vendedor agresivo que los avasalla hasta que compran de todos modos, el resultado es una sola venta y un cliente insatisfecho. Aparte de la evidente cuestión moral, nunca llegas a crear una relación duradera ni a lograr otra venta y te forjas una reputación malísima.

De un modo similar, incluso si alguien tiene una necesidad real, puede que ahora no sea el mejor momento para comprarte algo, ya sea porque hay otras prioridades, por la situación del mercado, por no contar con las personas adecuadas o por una multitud de otros factores internos y externos.

Si no te necesitan o si no te necesitan ahora mismo, retírate.

## Preguntas 7-12: sobre ti

Si la primera sección te ha salido bordada, puede que vayas por el buen camino para competir por una gran oportunidad. Las señales del público son buenas, pero —y es un gran pero— la única cosa peor que perder un pitch es ganar uno que resulte en una serie de meses de doloroso fracaso. Aquí tienes el segundo grupo de preguntas, esta vez centradas en ti. Requieren introspección y una sinceridad brutal. Recuerda: la meta no es convencerte a ti mismo de participar en el proceso, sino concluir de un modo objetivo que tienes muchas probabilidades de ganar.

### *7. ¿Tienes un elemento de diferenciación real respecto a la competencia?*

Tal vez eres la opción más barata en un grupo de opciones casi idénticas. En ese caso, puede que ganes. Sin embargo, eso significa que compites como producto de consumo y estás metido en una puja a la baja. Al final tendrás que rebajarte tanto para ser el más barato que no tendrás beneficios y no valdrá la pena el acuerdo. Para evitar esto, debes tener algo que te haga único. Podría ser una característica o un servicio únicos o algo relacionado con tu equipo o con tu experiencia, pero necesitas algo más allá del precio sobre lo que puedas decir con sinceridad: «Solo yo tengo esto y es lo suficientemente valioso para que un público me elija a mí antes que a otro».

### *8. ¿El encargo aportará valor y beneficios?*

Como acabo de mencionar, ningún negocio puede tener éxito si no se obtienen los beneficios suficientes, pero tampoco si no se crea un valor para la persona que paga por tu servicio. ¿Puedes aportar lo necesario para añadir valor real, para que el comprador gane con su inversión? Y, a su vez, ¿estás seguro de que tu negocio sacará beneficios de este trato? Debes hacer bien los cálculos antes de meterte en una situación ilusionante que hunda tu negocio o el de tu cliente.

### *9. ¿Puedes cubrir sus necesidades?*

En la pregunta seis hemos hablado sobre si nuestro público tiene una necesidad real y ahora tú tienes que responder si eres capaz de cubrirla. Es muy fácil entusiasmarse por oportunidades que dan dinero, pero puede que no sean del todo adecuadas para ti. Un gran calígrafo puede no ser un gran tatuador. A la inversa, decir que no a algunas partes de una petición también puede ser beneficioso para ti. Si no puedes hacer todo lo que piden, dilo, sé sincero, propón que busquen una alternativa, pero luego insiste en lo que se te da genial. Decir que sí y cruzar los dedos o exagerar tus capacidades suele terminar en un desastre absoluto. Esto se aplica tanto a un pitch de negocios como al postularte para un puesto en una entrevista de trabajo. Si no puedes hacer aquello para lo que te contratan, tienes muchas probabilidades de fracasar.

### *10. ¿Lo has hecho antes?*

Una parte importante de un pitch es la confianza y es difícil confiar en que alguien puede cumplir sus promesas si carece de experiencia. Si tienes un negocio nuevo y nunca has hecho algo así antes o si estás intentando abrirte paso en un nuevo espacio de forma estratégica, tendrás que superar ese escollo invirtiendo y trabajando a un precio muy bajo en proyectos más pequeños mientras acumulas experiencia. Sin embargo, si estás consolidado en un área y la petición es para un sector o contexto que no te son familiares y piensas: «No me importaría intentarlo, porque a lo mejor gano», da la impresión de que esa no es la oportunidad adecuada para ti.

### *11. ¿Aceptas el triángulo de hierro?*

El «triángulo de hierro», en este caso está formado por el alcance, el presupuesto y el tiempo. Cuando le prestamos un servicio a alguien, solemos necesitar que, por lo menos, uno de estos tres lados sea flexible o tener planes de contingencia para uno o más de uno. A veces nos cae del cielo una oportunidad que parece increíble de alguien que quiere demasiadas cosas por demasiado poco dinero y en demasiado poco tiempo. Y ¿qué hacemos? Decimos que sí para ganar el pitch, cruzamos los dedos y fracasamos. Si alguno de los tres lados del triángulo de hierro hace que el trabajo sea demasiado arriesgado para firmar un contrato, pide que se cambie. Si no se puede o no se quiere cambiar, retírate. Contempla cómo se lo queda otro y fracasa, sin una pizca de autosuficiencia, por supuesto.

### *12. ¿Están alineados vuestros valores?*

Todos tenemos valores y la mayoría de las organizaciones los han puesto incluso por escrito para que todo el mundo los vea. A menudo se difunden y se tratan dentro de la empresa. Y no son solo las organizaciones, todos tenemos valores como individuos y todos deberíamos atender a esos valores sin importar cuál pueda ser la recompensa económica. Si vuestros valores no encajan, es probable que te arrepientas de haber firmado el trato. ¿Tu agencia de diseño está cómoda trabajando para una casa de apuestas? ¿Tu academia de formación en liderazgo está contenta enseñando a los próximos peces gordos de la industria farmacéutica? Si no es así, retírate.

Decir que no a una oportunidad puede ser profundamente doloroso, sobre todo si es con alguien con quien te habría encantado trabajar, pero no te engañes. No. Te. Engañes. Si todas las señales apuntan al no, no te embarques en la aventura y recuérdate los enormes aspectos positivos de la situación: descartar esta oportunidad significa que tienes tiempo, recursos y energía disponibles para otras oportunidades que sí estás preparado para ganar.

También es muy importante reparar en que no es lo mismo decir que no que decir adiós. Muchas veces, el simple hecho de rechazar una oportunidad puede cambiarlo todo, incluido volver a encaminarte hacia cerrar el trato. Decir que no puede alterar el equilibrio de poder y desencadenar un nuevo comportamiento. Un «no» puede ser el catalizador que convierta los aspectos negativos de una oportunidad en nuevos aspectos positivos. Un «no» puede cambiar presupuestos, iniciar relaciones, alterar el alcance o la fecha límite de un encargo y, en última instancia, hacer que tus probabilidades pasen de cero a la oportunidad real de ganar. Decir que no le quita las riendas a la persona que propone el *brief* y os pone en situación de igualdad, tanto si después decides seguir adelante como si no.

A Jeb Blount y La Petite, desde luego, les funcionó.

## Tres excepciones para competir con probabilidades bajas

A veces, en contadas ocasiones, podemos seguir adelante en un proceso de pitch incluso cuando vemos las señales de alarma. La clave es hacerlo de forma consciente y no por una esperanza ingenua, un optimismo infundado o el autoengaño. Hay tres situaciones en las que puedes hacerlo:

1. Te hace falta experiencia en un contexto nuevo y tienes tiempo y dinero para invertir en ello. Tal como están las cosas, no podrás conseguir ningún encargo futuro en esta área porque tienes cero experiencia, de modo que te metes en esto con los ojos bien abiertos. Debes seguir los principios y procesos de este libro igualmente, pero estás dispuesto a prestar el servicio o vender tus productos asumiendo que vas a sufrir pérdidas y que la persona que te paga tendrá grandes beneficios. Se lo dices directamente: «Nunca hemos hecho esto, pero creemos que podemos hacerlo y vamos a ser el competidor más barato de este proceso con diferencia». El comprador correrá un riesgo mayor, pero tus precios bajos hacen que tu propuesta sea atractiva. En el mundo de los negocios, a eso lo llamamos «comprar el trabajo». A veces las grandes empre-

sas lo hacen para asegurarse de que ganan a la competencia y expandir su presencia, incluso si eso supone trabajar sin sacar beneficios o incluso perdiendo dinero durante muchos años.

2. Participas sin la intención de ganar, queriendo hacer un estudio de mercado propio sobre tu pitch. Tu objetivo es obtener todo el *feedback* posible para mejorar y ganar un pitch en el futuro. Puede que quieras probar un producto o idea nuevos o, simplemente, una nueva forma de presentarlos. En este caso, representarás tu papel en el proceso del público —aunque solo te hayan buscado como liebre o para cumplir con las buenas prácticas—, pero ellos también estarán representando uno en el tuyo.
3. Llevas a cabo una disrupción total y absoluta. Lo he visto funcionar alguna vez, pero es muy difícil. Si tus posibilidades de quedar el primero son prácticamente nulas, competir de una forma estándar no te servirá. Sin embargo, de vez en cuando funciona hacer una locura. Eso puede tomar la forma de un pitch que vaya más allá de lo diferente. Por ejemplo, Peter Coughter, autor de *The Art of the Pitch* [El arte del pitch] y especialista veterano en este arte, una vez me contó una historia sobre un pitch en el que participó para una campaña de publicidad con la NBA. Su empresa no era la favorita y tenían que hacer algo grande, de modo que descartaron la sala de juntas e hicieron todo el pitch en una pista de básquet. Colocaron al público en las gradas y les ofrecieron un espectáculo. Empezaron a desenrollar una bandera estadounidense gigante y luego sacaron a un niño de diez años

para que cantara el himno nacional. El público no lo vio venir y el equipo de Coughter se quedó con el encargo.

La disrupción también puede tomar la forma de una solución alternativa drásticamente distinta a lo que pide el *brief*. Por ejemplo, se busca construir una nueva autopista y tú propones un monorraíl. Cuando vas por un camino como este, ya no estás compitiendo al mismo nivel que los demás; la decisión pasa a ser entre tu idea y las variaciones de esta que proponen los otros.

## La vía proactiva

De momento, nos hemos centrado en las oportunidades que nos propone un público. Esas situaciones serán casi siempre competitivas, de ahí la necesidad de calcular nuestras probabilidades desde un primer momento. Sin embargo, existe otra situación que puede ser más ventajosa: la vía proactiva, esto es, cuando detectamos una necesidad y mandamos una propuesta al público antes de que este la pida. Requiere que invirtamos tiempo al principio para crear esta propuesta, abrirnos paso hasta la persona adecuada y conseguir que nos dedique tiempo para que le presentemos algo que no ha pedido. Suele resultar en una de estas tres cosas:

1. Al público le encanta. No habían pensado en lo que les propones y deciden seguir adelante contigo en un entorno no competitivo. Mejor imposible.

2. Al público le encanta, pero decide resolverlo en un entorno competitivo. En esta situación, tendrás ventaja y puede que incluso la ocasión de influir en la solicitud de propuestas, además de haber causado una impresión muy positiva en el público por ser quien les ha brindado esta oportunidad.
3. El público dice «no, gracias». Incluso si se da esta situación, puede que forjemos nuevas relaciones y nos coloquemos en una mejor posición respecto al público en el caso de que, algún día, necesite nuestros servicios. Podemos aprender del *feedback* que nos dé y crear una nueva versión de la propuesta y del pitch antes de llevarlos ante el siguiente público.

La vía proactiva también puede aplicarse fuera del mundo de las ventas. Por ejemplo, valora ponerte en contacto con una empresa para pedir el puesto de tus sueños en lugar de esperar a que el trabajo adecuado aparezca un día publicado entre las ofertas. En el peor de los casos, parecerás motivado y deseoso y, en el mejor, crearás un puesto de trabajo a medida en el que el empresario ni siquiera había pensado. Lo mismo ocurre con los discursos, charlas y presentaciones: si quieres la oportunidad, no tienes por qué esperarla.

## ¿Cuándo harás el pitch?

Si te has planteado todas estas preguntas y has decidido que sí, que esta es tu oportunidad, ¡enhorabuena! Estás listo para empezar a trabajar en tu pitch, pero, antes de pasar a eso, hay un último consejo que bebe de la potencia de la proactividad: si tienes la oportunidad de elegir cuál será el orden en el que presentarán el pitch cada una de las partes participantes o si puedes influir de alguna manera sobre ello, elige ir el último.

El motivo nos lo da un simple dato fruto del estudio de la persuasión. En *Yes! 60 Secrets from the Science of Persuasion* [¡Sí! 60 secretos de la ciencia de la persuasión], los autores —Goldstein, Martin y Cialdini— citan diversos estudios (sobre ganadores de Eurovisión y de *Factor X*, sobre candidatos a puestos de trabajo que tuvieron éxito e incluso sobre listas de palabras) que han mostrado que aquello o aquellos que aparecen más tarde en una serie suelen obtener más puntos, conseguir el trabajo o, simplemente, ser recordados. Esto se debe al sesgo de actualidad: la gente tiende a recordar y a verse más influenciada por la información más reciente que recibe. También puede deberse al hecho de que el público compara las primeras presentaciones con un ideal imaginario, mientras que las últimas las contrasta con la decepcionante realidad de lo que ha venido antes. Cuando hay varios pitches, presentaciones, discursos o entrevistas, la última es la más fresca en la mente del público, lo cual hace que destaque más y sea más persuasiva.

Por lo tanto, si te enteras de las posibles fechas y horas de cada pitch, pide la última. Y, si no puedes ir el último, ve el primero. Déjalos atónitos y asegúrate de que comparan a todo el mundo que vaya después de ti con tu actuación estelar.

## EN RESUMEN

He explicado a grandes rasgos las prácticas clandestinas que ocurren entre bambalinas en muchos pitches, pero no me malinterpretes: no todos los procesos están amañados ni el resultado de todos los pitches está decidido antes de empezar. La mayoría de las oportunidades son competitivas de verdad y las puede ganar cualquiera mediante una magnífica y placentera inmersión en los relatos y las emociones y este libro está pensado para ayudarte a lograr eso. Sin embargo, antes de lanzarte de cabeza a la primera oportunidad que se te presente, debes asegurarte de que no tienes todas las probabilidades en contra. Recuerda:

- No se trata de perseguir todas las oportunidades posibles con la esperanza de salir victorioso de una. Sé astuto y asegúrate de ir a por las oportunidades en las que tienes una gran probabilidad de ganar.
- Si piensas hacer el pitch de la misma forma y usar el mismo material una y otra vez, no esperes que los resultados cambien.
- Comprende los motivos por los que el público te ha pedido que hagas un pitch; no siempre será porque te vean como una opción.
- Hazte las doce preguntas de la evaluación y responde con una sinceridad brutal.
- Decir que no a una oportunidad en la que tienes todas las de perder puede ser la mejor manera de suscitar

un cambio en el público que altere el rumbo de la situación para que esta te sea favorable.

- Si vas a arriesgarte con una oportunidad en la que tienes muy pocas probabilidades de ganar, hazlo de forma consciente y por tus propios motivos razonados.
- Pide siempre que el tuyo sea el último pitch que ve el público.

Lo más importante es que seas sincero contigo mismo, por mucho que quieras que algo salga bien. Decidir si dedicas o no tu tiempo, energía y recursos a un pitch es un ejercicio lógico, no emocional. Si no puedes conseguir un trabajo, no pierdas el tiempo intentándolo.

Dicho todo eso, seguro que encontrarás que la balanza se inclina hacia el sí en muchas de las oportunidades y, como hizo Jeb Blount, sacarte algo de la manga en aquellas que parezcan imposibles. Por lo tanto, la siguiente pregunta es: «¿Y ahora qué?». Bueno, empezaremos por asegurarnos de que tenemos el líder y el equipo adecuados.

# 3

# El líder y el equipo adecuados

Ha pasado el tiempo suficiente para que pueda echar la vista atrás y reírme de lo que llamo con cariño «el pitch del infierno».

La empresa para la que trabajaba en aquel momento iba a hacer un pitch para conseguir un gran encargo digital de una organización conocida y muy respetada con sede en Londres. La solicitud de propuestas nos había caído del cielo y se centraba en una tecnología concreta con la que apenas teníamos experiencia. No teníamos ninguna relación con el público ni tampoco mucha idea de por qué —o incluso de si— éramos mejores que nuestra competencia. Y ¿qué hicimos? ¡Dijimos que sí, claro!

Como ahora ya sabéis, no fue muy buena decisión, pero esta historia no va de malas evaluaciones sino de lo que pasó a continuación, que me dejó una profunda cicatriz y me enseñó unas valiosas lecciones sobre la importancia de tener el líder y el equipo adecuados.

En aquel momento, había una lucha de poder entre dos ejecutivos que hacía poco que se habían unido a la empresa en la que yo trabajaba. Los dos eran líderes con experiencia, pero ninguno tenía ni tiempo para el otro ni respeto por él. Ambos creían que debían encabezar esta propuesta, de modo que su jefa, en su infinita sabiduría, decidió que habría un liderazgo conjunto.

Luego estaba el equipo. Se formó deprisa y estaba compuesto en buena medida por personas que en ese momento estaban libres (entre las cuales me encontraba yo) y por personas que ya estaban ocupadas, pero a quienes habían convencido para hacer el trabajo extra. Como no teníamos a nadie en Reino Unido con las habilidades técnicas necesarias, buscamos a un experto en Alemania, que accedió a trabajar en el pitch a tiempo parcial. Quien sería el gestor de proyectos sénior si nos daban el encargo y que, por lo tanto, tenía que estar muy implicado en el pitch, estaba demasiado ocupado para prestarle atención. Yo era nuevo en esto de preparar un pitch y no tenía ni idea de lo que hacía.

Y así fue como empezamos con el trabajo de relleno. En un abrir y cerrar de ojos se formaron dos bandos, cada uno aliado con uno de los líderes, y, en un plazo de dos semanas, nos reunimos como equipo una sola vez, con nuestro compañero alemán conectado por videoconferencia. Aquel «ensayo» fue tan acalorado y desorganizado que nunca se programó otro. A pesar de todo, no aflojamos hasta el día del pitch.

Como podréis imaginar, el pitch fue un desastre. Nuestro gestor de proyectos sénior estaba quemado y aquel día cayó enfermo. Nuestro compañero alemán llegó una hora tarde porque le habían retrasado el vuelo, y como no había entendido bien los horarios, tuvo que irse antes de que hubiéramos terminado (estuvo allí un total de treinta minutos). Los dos líderes presentaron por turnos un contenido pseudorracionalizado interrumpiéndose a menudo para demostrarle al público quién mandaba allí. Hasta las diapositivas parecían provenir de tres presentaciones diferentes; entre ellas, una llena de palabras alemanas.

Estábamos todos agotados, estresados, poco preparados, y la situación nos superaba. El público no dijo mucho. Se limitaron a observar con educación nuestra caótica actuación y a darnos un apretón de manos cuando nos fuimos.

Y luego el equipo se fue a tomar una cerveza en dos bares distintos. Y no, para que no quede ninguna duda, no nos dieron el trabajo.

## La importancia de un líder

El liderazgo es más importante que la jerarquía. De hecho, el rango que tiene alguien dentro de una organización o un equipo a menudo guarda poca relación con si se le da bien liderar o no.

Puede que te preguntes: «Entonces, ¿para qué necesitamos un líder en estos tiempos democráticos?». Pero no confundas *líder* con *jefe*, *gestor*, *superior* o cualquiera de esos términos. Un gran líder para el pitch marcará la diferencia entre ganar y perder. Vamos a dedicar un momento a valorar las alternativas:

### *1. No tener líder*

Esto puede resultar en pitches elaborados en grupo con un contenido hecho para contentar a varias personas, confuso, inconexo y a menudo incomprensible.

### *2. Tener un mal líder*

Esto puede resultar en un equipo desmotivado, pensando en rebelarse, y en una falta evidente de química delante del público, al que, con razón, ni se le ocurriría trabajar con este equipo.

### *3. Tener varios líderes*

Es una situación que se da con frecuencia cuando no se ha nombrado un líder abiertamente y varios miembros del equipo creen que son el líder *de facto*. O, todavía peor, como en la anécdota anterior, cuando se ha nombrado líder a más de una persona. Esto resulta en confusión, confrontación y medias tintas.

### *4. Tener un líder con falta de autoridad*

Madre mía, esta es otra de las que se dan con frecuencia y tienes que evitar a toda costa. Un equipo encabezado por un líder capaz e inspirador dedica una enorme cantidad de tiempo y esfuerzo para crear un pitch y luego ir mejorándolo versión a versión, pero, en el ensayo final, aparece un compañero de mayor rango que impone su autoridad y quiere cambiarlo todo.

Vale, necesitamos un líder, pero ¿qué hace que alguien sea un gran líder? Y, más concretamente, ¿qué hace que alguien sea un gran líder cuando estamos construyendo un pitch? Tanto si eres un líder como si estás buscando uno, podemos reducirlo a tres ideas principales:

## Un gran líder inspira

Un gran líder inspira a los demás a hacer el mejor trabajo de su vida o a ser la mejor versión posible de sí mismos. Motiva a los equipos con un equilibrio de energía, optimismo y realismo. Es empático, coge las riendas y genera una sensación de convicción a su alrededor.

Durante la preparación del pitch, se esfuerza por avanzar y tira del carro cuando las cosas se complican. Ofrece palabras de ánimo, motivación y positividad. Se arremanga y predica con el ejemplo, trabaja hasta tan tarde como el resto cuando hace falta y se toma descansos con el equipo para comer y recuperar fuerzas incluso ante plazos de entrega complicados. Está dispuesto a encargarse de una tarea o papel cuando nadie más quiere. Escucha al equipo y este confía en él. Aboga por la autonomía, pero apoya a quien lo necesite.

Durante el pitch, el líder debería tener el papel más importante, ya sea la apertura, el cierre o una sección en concreto.

Un pitch es un trabajo en equipo, de eso no hay duda, pero un líder inspirador transmitirá a todo el mundo la energía, la motivación y la fe necesarias para superar los momentos duros y crear algo mágico.

## Un gran líder sabe lo que hace

Un líder no solo inspira, sino que también sabe lo que hace. Debería comprender bien el *brief*, los desafíos a los que se enfrenta el público y la solución que él ofrece. Debería entender el contexto y el mercado y tener una visión y una estrategia de cómo ganar. No tiene por qué saberlo todo ni ser experto en todos los campos, pero tampoco debe ignorarlos por completo. Un gran líder debe ser capaz de planear, organizar y delegar tareas de forma clara. Es su trabajo velar para que todo el equipo comparta una misma visión, enfoque y plan. Reconoce cuándo y dónde hay falta de conocimientos, habilidades o experiencia en su equipo y trae a las personas adecuadas para cubrir esos huecos.

Una vez terminado el pitch, debe asegurarse de que se hagan informes y retrospectivas, así como de que los siguientes pasos estén bien planeados.

## Un gran líder es decidido y tiene autoridad

Un gran líder debe asumir la responsabilidad del pitch para lo bueno y para lo malo. Si alguien no está dando la talla, un gran líder le hará de mentor, lo aconsejará y lo apoyará, pero también tendrá el valor de sacarlo del equipo o cambiarlo por otra persona si todo eso falla. Debe estar dispuesto a recibir consejos de todos los miembros del equipo e incluso animar a que desafíen abiertamente sus ideas, pero también a ser la voz decisiva cuando recibe opiniones contradictorias. También debe ser capaz de intervenir y resolver cualquier desavenencia que ocurra. Un gran líder no siempre es popular a la hora de tomar decisiones de modo que también debe ser resiliente y poder separar sus emociones y relaciones personales de la toma racional de decisiones.

Durante la preparación del pitch debe proteger al equipo de otras tareas que requieran su tiempo. Debe infundir disciplina en el equipo para asegurarse de que el trabajo esté hecho a tiempo, pero también debe recompensar el esfuerzo.

Durante el pitch puede que incluso tenga que defender al equipo si el público se muestra hostil en algún sentido. Debe poder dar un giro a la conversación o volver a encarrilar el pitch.

Cuando el pitch no tiene éxito, debe aceptar la responsabilidad y, cuando sí lo tiene, debe repartir el mérito.

## Formar el equipo adecuado

Formar el equipo óptimo para un pitch no siempre es fácil porque hay múltiples factores que deben tenerse en consideración. Se necesita la mezcla adecuada de capacidad, conocimiento y experiencia para llevar a cabo con éxito todas las tareas necesarias y, luego, suscitar ese momento de sorpresa delante del público. El equipo debe tener opiniones, saber responder preguntas y tener la capacidad de desarrollar en poco tiempo una sensación de convicción y confianza en el público. También debe apasionarle el trabajo que hace.

Las personas concretas del equipo y los papeles que tienen varían según el contexto y no todos los miembros del equipo hacen falta en el pitch propiamente dicho. De hecho, a menudo se estipula el número de personas que pueden acceder a la sala, aunque hagan falta más durante la preparación. Las personas que están en el pitch siempre deberían ser miembros del equipo de preparación, de modo que, cuando pensemos en un equipo, debemos tenerlo en mente. Eso no significa que todo el mundo tenga que ser un orador nato, y en el capítulo 13 hablaremos de cómo se pueden pulir las habilidades para una presentación.

Aquí tienes una lista de los papeles comunes que puedes querer que se desempeñen en el equipo de un pitch y de las capacidades, conocimientos y experiencias que hacen falta para tener las mayores probabilidades de éxito. El líder del pitch también tendrá que hacerse cargo de, por lo menos, uno de estos papeles.

### *Alguien para las relaciones*

En el mundo de los negocios, puede ser un gerente de cuentas o un representante, pero también podría ser cualquiera que tenga una relación previa con el público. Debería tener una comprensión clara de lo que intenta conseguir el público y ser capaz de hablar con este de tú a tú. Puede que no entienda los entresijos de las conversaciones técnicas o comerciales, pero será capaz de hablar de todos los aspectos del pitch a un alto nivel. Lo más importante es que tenga ya una relación o conexión con el público, de modo que este confíe en que velará por sus intereses.

### *Un experto en producto o servicio*

Esta persona se centra en los detalles. Tiene una gran experiencia en el producto o servicio que va a ofrecer y es capaz de responder a cualquier pregunta, por muy técnica que sea, sobre cómo funciona ese producto o servicio, por qué funciona así y en qué se distingue del de la competencia. El público lo verá como alguien que lo supera en conocimientos en ese aspecto y sentirá una profunda confianza en ti porque tienes a un experto en la sala.

### *Una persona de números*

El precio de tu producto o servicio puede ser un factor significativo en un pitch y necesitas a alguien que lo entienda al detalle. Esta persona habrá calculado un precio que le va bien a tu público, que es rentable para ti y tu negocio y que también es competitivo. Debería saber el precio más bajo hasta el que estás dispuesto a llegar y sería ideal que tuviera habilidades y experiencia en negociación. En un acuerdo complejo, se trata de un trabajo a tiempo completo, pero, aunque lo estés haciendo todo tú solo, asegúrate de conocer las cuentas en profundidad. Todos hemos visto capítulos de *Dragons' Den* o de *Shark Tank* en los que los sueños se apagan en cuestión de segundos porque las personas no entienden sus propias cuentas. De nuevo, es una cuestión de que el público confíe en ti, en concreto, esta vez, en que tus cuentas son rigurosas.

### *Un estratega*

En este contexto, una estrategia es un plan para vencer a la competencia mediante algún tipo de diferenciación. Nosotros la necesitamos en un pitch, pero es algo que al público también le hace falta. Debemos demostrarles que nuestro producto, servicio o idea les permitirá jugar con ventaja respecto a la competencia. Con eso en mente, necesitamos a alguien en el equipo que entienda el negocio, el sector y, en ciertos casos, a los clientes del público. Esa persona será integral en la preparación de nuestro relato y una demostración de fuerza durante el pitch. Lo mejor que podemos hacer es mostrarle al público que entendemos su negocio más que ellos mismos; eso aumentará su confianza y su deseo de tenernos en su equipo.

### *Un diseñador*

«Diseñador» es un término genérico y las habilidades que necesitará esa persona dependerán mucho de lo que decidas hacer en el pitch. Puede que te haga falta alguien con experiencia y conocimientos en diseño gráfico, edición de vídeo, animación, diseño interactivo, diseño de impresión... Pero te decidas por lo que te decidas, necesitarás a alguien que consiga que lo que hagas quede fantástico. Si vas a crear algún tipo de *app* o de producto digital funcional también necesitarás a alguien con las habilidades técnicas para conseguirlo.

Dependiendo del tamaño de tu empresa, tu presupuesto y, por lo tanto, de cuántas personas puedas tener a tu disposición, puede que también tengas papeles especializados como el de investigador, diseñador UX, redactor, gestor de proyectos, asesor legal, especialista en marketing, *coach* para el pitch, planificador de eventos... La lista continúa, pero disponer de todos esos papeles no es, en absoluto, un requisito. Si tú eres todo tu equipo, no tengas miedo. Puedes hacerlo igualmente, pero es posible que necesites ciertas habilidades y que tengas que aprender lo necesario para asegurarte de que tienes todo lo que te hace falta y de que no vacilas ante las preguntas que te hacen sobre cualquier materia durante el pitch.

### *Un apunte sobre el rango*

El criterio principal del equipo deberían ser las habilidades, capacidades y experiencia, que pueden tener correlación con el rango dentro de la empresa o no. Dicho esto, a veces puede tener sentido pensar en la jerarquía para formar el equipo que llevará a cabo el pitch. Si vais a hacer la presentación delante de un público numeroso en un auditorio o si tu equipo es de una sola persona, tal vez no tenga importancia, pero, si sois cinco vosotros y cinco ellos en una sala de juntas, puede ser importante reflejar en tu equipo los papeles y puestos de responsabilidad del público. Por ejemplo, si ellos traen a su CEO, tal vez vosotros deberíais traer al vuestro. A veces puede ser necesario demostrarle al público lo importante que es para nosotros trayendo a nuestros peces gordos. Si es el caso, esa persona debe tener un papel y estar debidamente involucrada en la preparación del pitch y no asistir solo para figurar.

Además de la mezcla adecuada de habilidades y capacidad, también deberíais tener diversidad. Esto puede abarcar géneros, etnias y razas, capacidades y discapacidades, edades y trasfondos socioeconómicos y educativos. No se trata de cumplir cuotas. La diversidad aporta riqueza cultural, de perspectivas y de enfoques a la solución de un problema y hará que tu pitch sea mucho más atractivo para un público más amplio. Por no hablar de que es una faceta básica de la inclusión.

### *Química de equipo*

Contar con un gran líder y con las habilidades adecuadas no significa que tengas un equipo cohesionado. En un pitch, debes crear una fuerte conexión humana con el público, pero eso es igual de importante que crear esas conexiones dentro del propio equipo del pitch. Si el único tiempo que pasáis juntos es el de trabajo —sobre todo en una situación con restricciones temporales y, por momentos, estresante—, es posible que os falte algo de química de equipo. El público percibe la química o la falta de esta. El pitch no tan pulido de un equipo muy unido puede resultar mucho más atractivo que otro más pulido de un equipo sin química. Recuerda: el público no solo elige tu producto o servicio, sino que también está decidiendo trabajar contigo, con vosotros, a nivel humano, y, cuando terminen los noventa minutos del pitch, puede que trabajéis codo con codo durante muchos años.

Durante la preparación del pitch, buscad tiempo para hacer alguna actividad no relacionada con el trabajo. No todo el mundo se siente cómodo con cenas formales o saliendo a beber por la noche, por lo que será mejor encontrar una actividad que guste a todos: jugar al minigolf o al Mario Kart, una clase de cerámica, un paseo por el parque... Cualquier cosa. Reservad tiempo para esto durante la planificación y conoceos mejor como personas. Si tu equipo está disperso geográficamente, podéis hacer encuentros virtuales que no sean de trabajo.

## EN RESUMEN

Conseguir el líder y el equipo adecuados no siempre es fácil, pero siempre es un factor de gran importancia para el éxito tanto de la preparación como del pitch en sí mismo. Si tienes un gran pitch, pero tu competencia tiene un líder y un equipo mejores y con mejor química, tus probabilidades de ganar se verán reducidas considerablemente. Así que recapitulemos:

- Nombra a un solo líder que pueda motivar al equipo a hacer el mejor trabajo de sus vidas.
- El líder tiene que saber lo que hace y comprender en profundidad todos los aspectos del pitch.
- Asegúrate de que tu líder tiene autoridad y firmeza a la hora de tomar decisiones importantes.
- Reúne a un equipo con las capacidades, los conocimientos y la experiencia adecuados para cumplir todas las tareas y cubrir todos los papeles necesarios para el pitch.

- Valora si es importante reflejar en el equipo los puestos de responsabilidad de las personas que asistirán como público.
- Incorpora diversidad al equipo. He visto cómo se han perdido pitches —¡y con razón!— porque el equipo estaba formado tan solo por personas blancas o por hombres.
- Planea actividades en grupo fuera del trabajo para generar una química de equipo real.

Con todo esto preparado, vas por el camino de un gran pitch y no tendrás que sufrir un calvario como yo, pero, antes de que te pongas manos a la obra y empieces a crear contenido, debes tomarte el tiempo para hacer las indagaciones necesarias.

# 4

# Investigarlo todo

Carl Hewitt fue cofundador de la Hewitt Matthews Marketing Agency en Portsmouth, Inglaterra. Empezó el negocio a la tierna edad de diecisiete años para poder permitirse llevar a su madre de vacaciones y lo ha convertido en una empresa muy exitosa. Cuando nos conocimos, Carl tenía un repertorio entero de anécdotas de pitches y un montón de lecciones que había aprendido a las malas, lanzándose e intentando cosas. Volveremos a encontrarnos con Carl más adelante en el libro, pero ahora me interesa una historia que cuenta sobre dos amigos suyos que estaban en los inicios de su carrera en una agencia de publicidad.

Un día, les llegó un *brief* de última hora de su jefe: quería que se pasasen el fin de semana pensando ideas para una marca de medicamentos contra el ardor de estómago. El problema era que solo tenían diecinueve años y nunca habían tenido ardor. Accedieron a reunirse y a pasar el fin de semana dándole vueltas.

El sábado empezaron a leer la caja del medicamento, en la que aparecían las causas más frecuentes del ardor. En su enorme sabiduría, decidieron hacer todo lo que salía en la lista para poder experimentar el ardor por primera vez y probar el remedio como es debido. Empezaron comiendo patatas fritas grasientas, bebiendo cerveza y corriendo por el salón. Luego se comieron el curry más picante que encontraron, hicieron sentadillas, se dieron puñetazos el uno al otro en el estómago durante un rato y bebieron más cerveza. Al cabo de poco, habían conseguido tener un ardor incapacitante. Tomaron el remedio y monitorizaron su recuperación.

El domingo prepararon el pitch.

Llegó el lunes y le describieron su fin de semana al jefe y empezaron a mostrarle el trabajo creativo. El jefe dijo: «Parad, a ellos contadles solo lo que hicisteis el sábado».

Consiguieron el encargo.

Has formado tu equipo y ya tienes un líder (solo uno) inspirador. Antes de empezar a trabajar en lo que vas a mostrarle al público, tienes que comprender a la perfección quiénes son, qué buscan, qué puede habérseles pasado por alto y qué puedes ofrecerles tú. En otras palabras: tienes que echarle horas a la investigación.

Para muchas personas, la palabra *investigación* sonará de lo más aburrida. Es como que te digan: «No tendrás helado hasta que te hayas comido la verdura», aunque, en este caso, el helado es crear relatos, emociones y experiencias. Lo que ocurre es que un pitch solo funciona si tiene detrás un razonamiento. Solo podemos hacer cosas locas, alegres y creativas si son relevantes para nuestro público y para lo que queremos mostrarle. Sin un motivo, todo lo que hagamos será superficial, sensacionalista y superfluo. Si no conocemos y comprendemos a nuestro público, crear un pitch que conecte con él es imposible. Necesitamos esa verdura metafórica; necesitamos investigar. Y la buena noticia es que no tiene por qué ser aburrido.

## ¿Qué es la investigación?

La mayoría de la gente se quedaría satisfecha si le dijera que la respuesta a esta pregunta es buscar en Google o usar ChatGPT. Y, sí, buscar cosas en Google y usar la IA generativa forma parte de la investigación, pero, para crear un pitch atractivo de verdad, necesitamos ir más allá en cuestión de métodos, recursos, herramientas y estructura.

Para un pitch necesitamos reunir información de fuentes variadas, analizarla y extraer conclusiones que puedan usarse de distintas formas. Eso marcará el rumbo del pitch. Existen varias opciones en lo relativo a cómo abordarlo. Estos son los tipos de investigación más comunes:

**Investigación básica:** Tiene lugar cuando nos ponemos manos a la obra y buscamos «cosas» sin una idea clara de lo que intentamos conseguir. De vez en cuando puede proporcionarnos algunas ideas brillantes, pero suele ser una tarea más del trabajo de relleno. Pongamos que vamos a hacer un pitch sobre un producto dirigido a dueños de perros. La vía de la investigación básica sería buscar todo lo posible relacionado con perros y sus dueños con la esperanza de encontrar... algo.

**Investigación aplicada:** Se trata de una investigación que se centra en algo, por lo general, en resolver un problema concreto o responder a una pregunta. Es la búsqueda de algún tipo de respuesta, lo cual significa que debemos conocer la pregunta. En nuestro ejemplo del producto para perros, con la investigación aplicada podríamos querer saber si a los dueños de perros les importan lo suficiente sus mascotas como para comprarles un juguete de cien dólares por su cumpleaños.

**Investigación cuantitativa:** Como el nombre indica, este tipo de investigación se ocupa de las cantidades, es decir de los números y las pruebas estadísticas. Si abordásemos de forma cuantitativa la pregunta que nos hemos hecho en la investigación aplicada, podríamos descubrir que el 60 por ciento de los dueños de perros de Estados Unidos consideran que sus mascotas son sus mejores amigos. Esto es tan importante como raro, dado que muestra la cantidad de gente que puede que se gaste cien dólares en un juguete para su perro.

**Investigación cualitativa:** Y, como indica también su nombre, esta investigación trata la calidad de algo y, en cierto modo, no se puede medir con números. Son puntos de vista subjetivos conformados por las experiencias, los gustos personales y las tendencias culturales. Suele ser el resultado de indagaciones como las entrevistas a consumidores. Por ejemplo, puede que yo entreviste al dueño de un perro y que este me diga que nunca se siente solo porque su perro es su mejor amigo. Se trata de información que también es interesante porque nos da conocimientos personales y emocionales.

No existe necesariamente un método correcto de investigación, pero, en general, el tiempo que inviertas investigando será mucho más efectivo si te paras a pensar y trazas un plan antes de abrir el navegador. Prueba lo siguiente:

- Pregúntate a ti mismo qué datos serían pruebas fehacientes para tus argumentos y luego ve a ver si existen.
- Haz una lista de todas las preguntas para las que no tienes respuesta y luego búscala.
- Anota tus conjeturas e intenta demostrarlas (¡o refutarlas!).

Hay unos cuantos factores estándar en todo pitch que debemos tener en consideración en lo relativo a la investigación. Cada uno requiere que lo enfoquemos de forma algo distinta o con una herramienta diferente y cada resultado tiene un propósito específico.

## Temas generales del pitch y cómo investigarlos

### *I. Las personas del público*

Peter Coughter —el tipo al que hemos conocido antes, que hizo un pitch en una pista de básquet— lideraba un pitch a una de las agencias de publicidad más grandes de Washington D. C. Antes de la visita, Peter le pidió a su encargado de investigación que averiguase cosas sobre las cuatro personas a las que les harían el pitch y descubrió que los cuatro tenían un fuerte vínculo con el ejército de Estados Unidos.

Armado con ese conocimiento, abrió el pitch con un breve discurso.

Yo entrevisté a Peter y, según él, esto es lo que les dijo: «Hoy quiero hablar de mi película favorita, *Conan el bárbaro*. La escena que más me gusta de la película tiene lugar en el campamento de un general y en ella invitan a Conan a unirse al grupo. Conan se sienta a la izquierda del general y este, en un momento dado, se vuelve hacia su hijo, que está a su derecha y le pregunta: "¿Qué es lo mejor de la vida?". Y su hijo responde: "La extensa estepa, un caballo rápido, halcones en tu puño y el viento en tu cabello". Al general no le gusta demasiado lo que oye, de modo que se vuelve hacia Conan y le hace la misma pregunta: "Conan, ¿qué es lo mejor de la vida?". Conan dice: "Aplastar enemigos, verlos destrozados y oír el lamento de sus mujeres". Y así es como nos tomamos nosotros la publicidad».

Un poco extremo, pero funcionó en aquel momento y para aquel grupo de personas. Apelaba directamente a sus creencias e intereses, iba en la línea de sus valores y les entusiasmó. La agencia de Peter se llevó el contrato.

Investigar a los miembros del público es el primer paso de la lista por un buen motivo. Si haces la presentación delante de mucha gente, es poco probable que los investigues a todos, pero si vas a hacer un pitch y tienes los nombres de las personas que estarán en la sala contigo, es esencial que busques quiénes son y qué los emociona. Si no lo sabes, intenta enterarte. Gustar al público y la fuerza de tu conexión emocional con este son partes muy importantes de un pitch. Debes averiguar:

- qué problemas tienen que quieran resolver,
- qué les quita el sueño por las noches,

- qué los hace enfadar,
- qué los pone tristes,
- qué los hace felices,
- cuál es su visión del futuro perfecto,
- cuáles son sus aspiraciones y ambiciones personales,
- qué les gusta hacer en la vida.

Si consigues esta información, tendrás un repositorio que se puede usar de muchas formas distintas:

- Se pueden crear relatos que tengan que ver con ellos y los retos a los que se enfrentan.
- Se les pueden provocar emociones reales.
- Se les puede mostrar el futuro que desean.
- Se pueden crear temas y conceptos que les resulten familiares y en los que se vean reflejados.

Trataremos cómo hacer todo esto en los próximos capítulos.

## Cómo investigar a personas

En este punto es donde me parece que la investigación puede ser divertida, sobre todo porque puedes imaginarte que eres un investigador privado creando un dosier sobre alguien. Llámalo investigar, llámalo espiar o llámalo como quieras, pero, si buscas información que está publicada en abierto, no hay nada turbio.

Empieza por las redes sociales. La mayoría de las personas tienen algún tipo de presencia en una plataforma u otra y muchas también se descuidan y no ponen las cosas en privado. En qué plataforma están puede reflejar también su edad y su generación, de modo que asegúrate de no buscar solo en los lugares que usas tú. Con el riesgo de que este libro no envejezca bien, procura mirar en las plataformas más importantes.

Facebook e Instagram suelen mostrarnos el lado personal de la gente, mientras que X (antes Twitter) puede revelar un lado más público. Puede que encuentres sus *hobbies*, sus familias y qué hacen los fines de semana. Observa lo que publican, pero mira también de qué grupos y clubes forman parte y con qué publicaciones interactúan, así descubrirás lo que les hace gracia, lo que les da rabia y lo que los pone tristes. Si alguien es un ávido ciclista, puede que haya una metáfora brillante que puedas usar en el pitch, que esa persona entienda de inmediato y tras la que se muestre más receptiva. Y lo mismo con la jardinería, las novelas románticas o las pelis de terror. Veremos cómo crear conceptos y usar metáforas en el capítulo 10, y reunir estos datos es fundamental para ese trabajo. Cuanto más específicos, mejor.

Me parece que, aunque puede que mucha gente tenga una cuenta de TikTok, suele ser más para ver contenido que para publicarlo. Aun así, vale muchísimo la pena comprobarlo, porque, si publican vídeos, será un indicador de que están muy interesados en un tema en concreto.

LinkedIn es el sitio de confianza para tener una visión más profesional de alguien. Puedes hacerte una idea bastante sólida de la educación, los clubes y afiliaciones, la edad, las recomendaciones de otros y los intereses profesionales. De nuevo, observa lo que publican y las publicaciones con las que interactúan. También puedes ver si tenéis algún conocido en común y, en caso afirmativo, podría estar bien escribirle a esa conexión y pedirle que os presente.

También vale la pena buscar en YouTube además de hacer una búsqueda directamente en Google. Muchas veces te encontrarás con que la gente aparece en blogs o en webs de noticias o en el contenido de otras personas, como en entrevistas o pódcasts.

Cuanto más lo hagas, más rápido serás a la hora de encontrar a la gente y de crear un perfil de cada uno. Y con eso me refiero a crearles un perfil como los investigadores. Ya sea con un programa o imprimiendo las cosas y colgándolas en un corcho —la herramienta no importa—, recaba imágenes, citas, enlaces y hechos que ayuden a responder a las preguntas de más arriba y a crear el pitch que de verdad emocionará a esa persona.

Por último, pero no menos importante, recuerda que la mejor manera de todas para descubrir más acerca de las personas es hablar directamente con ellas. Como hemos leído en el último capítulo, deberíamos pedir siempre pasar algo de tiempo con nuestro público en las semanas o días previos al pitch. Eso te dará la oportunidad de hacer preguntas, probar ideas y fortalecer vuestra relación. Suponiendo que lo consigues, no uses ese tiempo para transmitirles una versión prematura del pitch, sino para hacer escucha activa. Hazles preguntas abiertas y piensa en las palabras que se dicen, no en lo que podrías responder tú. No interrumpas y no te distraigas. Deja pausas después de que hayan dejado de hablar en lugar de correr a hacer más preguntas. Y, además de a las palabras que oigas, presta atención al tono, las emociones y el lenguaje corporal de quienes hablan. Cuando lo hacemos, obtenemos los beneficios de tres resultados utilísimos:

1. Aprendemos cosas que nos ayudarán a dar forma a nuestro pitch y a desarrollarlo.
2. Escuchando y mostrando un interés real por las personas, caemos mejor. Como escribió el conocido pionero de la autoayuda Dale Carnegie: «Para ser interesante, muéstrate interesado».
3. Podemos suscitar un desliz. Cuando dejamos pausas de silencio en una conversación, la gente tiende a seguir hablando para llenarlas. Y, cuanto más hablan, más probabilidades hay de que nos digan algo que nos ilumine y que no querían decirnos. Es pura magia.

Prepárate las preguntas de antemano. Piensa en las cosas que de verdad te gustaría saber y que pueden ayudarte a formular el pitch más potente. Y, si todo lo demás falla, piensa en estos versos del poema «I Keep Six Honest Serving Men» ('Tengo seis honrados servidores') de Rudyard Kipling:

Seis honrados servidores
me enseñaron cuanto sé,
se llaman Qué, Cuándo, Dónde
y Cómo, Quién y Por Qué.

### *2. El mercado y la competencia*

Cuando pensamos que tenemos un gran producto o servicio, debemos poder demostrarlo. Tenemos que saber:

- Si hay un nicho de mercado real.
- Si tenemos un factor diferencial que nos haga únicos.

- Qué está haciendo la competencia.
- Cuáles son las mayores tendencias del mercado.

Si vas a presentar tu pitch delante de una empresa, también debes saberlo todo sobre su posición en el mercado:

- ¿Cuál es su estrategia?
- ¿Cómo están rindiendo?
- ¿A qué riesgos se enfrentan?

Si no conoces el mercado tanto como a tu público o —a poder ser— mejor, corres un mayor riesgo de que el pitch termine en desastre. Todo esto también es relevante si te estás preparando para una entrevista de trabajo.

## Cómo investigar el mercado y a la competencia

Tradicionalmente, esta investigación ha requerido mucho tiempo. Hay una gran variedad de información en cada mercado y cualquier empresa que cotiza en bolsa dispone de informes anuales (que suelen ser bastante largos), así como de objetivos bien documentados y estrategias para lograrlos. En esta ocasión, Google es tu amigo. El problema es que puedes pasarte días, semanas y meses leyéndolo todo.

Ahora que la IA generativa ha entrado en escena, tenemos una herramienta de investigación muy potente. Podemos preguntarle: «¿Cuáles son las diez tendencias principales que guían el comportamiento del consumidor en los supermercados escoceses?». Recurrirá a un enorme modelo extenso de lenguaje (o LLM, por sus siglas en inglés) que ha sido entrenado con un montón de datos de internet y nos proporcionará ideas e información. Tiene una potencia de investigación que aumentará la velocidad de tus hallazgos. En lugar de tener que asimilar la información y sacar tus propias conclusiones, estas herramientas te las dan en segundos. Sin embargo, esto tiene tres importantes inconvenientes de los cuales es imprescindible que seas consciente:

- No puedes tomarte la información que te dé la IA generativa al pie de la letra, ya que existe el riesgo de que sea incorrecta. Cuando encuentres información que te sea útil para el pitch, pídele a la IAGen que te indique la fuente de los datos y luego ve y compruébalos tú mismo antes de usarlos.
- Dependiendo de la herramienta de IAGen que uses, la información que obtengas puede llevar años desfasada. Eso significa que a la información que se usa para responder a mi pregunta sobre los supermercados escoceses podrían faltarle datos sobre acontecimientos recientes relevantes que cambiarían el resultado por completo.
- Muchas encuestas y análisis importantes no se incluyen en los resultados de la IAGen porque no están disponibles de forma gratuita para el público.

Para combatir estos inconvenientes, puedes crear tu propio repositorio con los documentos más relevantes y actuales y subirlo a una herramienta de IAGen Premium. La herramienta te permitirá escrutar esos documentos. Esta vía puede costar un poco más y requerir más tiempo, pero te dará resultados exactos y actualizados. Por ejemplo, podrías subir un informe anual de cien páginas acabado de publicar de un proveedor de electricidad y pedirle a la IAGen que resuma el informe. También podrías profundizar más y pedir cosas más concretas como los retos, las grandes apuestas o la visión de futuro. Incluso si estas cosas no aparecen de forma explícita, la IA generativa hará una propuesta muy bien fundamentada y tú te habrás ahorrado un montón de tiempo al no leer todas esas páginas.

También podemos usar este método para analizar a la competencia, pero vamos a pararnos ahí un momento para hacer una distinción importante. En un pitch, normalmente, debemos lidiar con dos tipos de competencia distintos.

En primer lugar, tenemos a la competencia de nuestro público. Imaginemos que le estamos proponiendo un servicio a una cadena de supermercados. Podría ser para sus necesidades informáticas, para limpiarles las oficinas, para encargarte de su publicidad o para muchas otras cosas. Para quedarnos con el encargo, debemos entender cuál es su lugar en el mercado y quién es su competencia. Debemos entender la amenaza que supone su competencia e hilar el modo en que nuestro servicio puede ayudar a superarla. Tal vez su competencia tenga mejores soluciones informáticas para la compra de nuevos productos en línea más deprisa. Tal vez sus oficinas estén más cuidadas, por lo que la mejor gente quiere trabajar allí. Tal vez su publicidad les haga quedarse con la mejor parte del mercado. Ya me entiendes. Todos los negocios tienen competencia y ayudar a nuestro público a vencer a esa competencia es un factor importante en un pitch. Una vez que has identificado quién es esa competencia, ya sea preguntándoselo al público directamente antes del pitch o mediante la investigación, puedes zambullirte en los informes anuales, artículos, entrevistas, blogs, comunidades de internet y foros como Glassdoor. Conoce su historia, su cultura, sus fortalezas y sus debilidades. Usa la IAGen para sacar conclusiones de grandes cantidades de datos de investigación, pero recuerda que leer tú mismo algunos de los datos también es importante. Leer información te proporcionará contexto y conocimientos. Te ayudará a entender mejor la situación global. Como apunte diré que he presenciado un pitch cuyo contenido estaba hecho en gran parte con IAGen. Todo parecía muy bonito hasta que el público hizo una pregunta y el equipo no comprendía en absoluto lo que estaba presentando. Qué incómodo.

El segundo tipo de competencia es la tuya. Si estás proponiendo un servicio informático a un supermercado, tienes que enterarte de cuáles son las otras empresas tecnológicas que también se postulan. Esta competencia puede ser mucho más difícil de investigar, sobre todo porque, para que el proceso sea justo, es algo que se mantiene en el más absoluto secreto. Si no es confidencial, investiga a tu competencia del mismo modo que acabamos de comentar. Si no se anuncia quiénes son tus competidores, lo mejor que puedes hacer es investigar a empresas que sabes que podrían hacerte la competencia. Encuentra unas cuantas empresas que sean fuertes y que deseas que no estén metidas en el proceso y empieza a investigar. Crea situaciones que rezas por que no se cumplan y luego encuentra maneras de ganar en esas situaciones. Así estarás listo para cualquier cosa. Más adelante hablaremos de esto y de cómo podemos prepararnos para cualquier pitch usando unas técnicas llamadas «interrogatorio» y «equipo rojo». Sin embargo, para eso debemos haber acabado la investigación.

### *3. Productos o servicios*

En muchas situaciones, tu pitch se dirigirá a una empresa y, por definición, eso significa que el público ante el que harás el pitch ya vende un producto o servicio. Es imprescindible que entiendas y conozcas lo que hacen al detalle:

- ¿Cuál es el producto o servicio?
- ¿Cómo funciona?
- ¿Para quién es?
- ¿Qué problema resuelve?
- ¿Qué cualidad maravillosa tiene? ¿Es único en el mercado?
- ¿Cuál es la peor parte? ¿Por qué la gente elige otra cosa?

La forma más fácil y directa de encontrar la respuesta a estas preguntas es probar tú mismo ese producto o servicio y también el de la competencia. Si tu pitch es para Uber en Inglaterra, súbete a un montón de Ubers, a unos cuantos taxis negros clásicos, a un coche de la empresa Addison Lee y a uno de una empresa de taxis locales, y documenta la experiencia. Si haces un pitch para una empresa de medicamentos para el ardor, provócate ardor y luego prueba el medicamento. Zambúllete. ¿Cómo te hace sentir el producto o servicio? No puedes presentar un pitch auténtico ante una empresa cuando la única información que tienes sobre lo que hacen la has leído.

Además, entérate de lo que sus clientes dicen de ellos. Analiza reseñas y foros o, mejor, haz tu propia investigación cualitativa y cuantitativa. Prepara encuestas y entrevista a personas reales. Los resultados combinados de estos dos tipos de investigación son una información muy valiosa para tu pitch y uno de los recursos de más impacto que puedes llevar a un pitch es un vídeo de un usuario real dando su opinión sobre un producto o servicio. Cuando la empresa ve a un usuario real hablando de los problemas, les llega de un modo distinto a las estadísticas. Poner un vídeo de un minuto puede ser más efectivo que una presentación que dure treinta.

Si quieres un ejemplo de lo decisiva que puede ser la investigación en un pitch, no hace falta indagar más allá del extraordinario ejecutivo de publicidad Matt Batten. Su fe en probar un producto antes del pitch ha hecho que conduzca coches deportivos por el campo para Toyota, que vuele a Hong Kong en primera clase para Virgin Airlines y que beba más vino del que le gusta recordar para quedarse con un encargo de Penfolds, pero lo que más me impactó a mí cuando lo entrevisté fue su pitch a Coca-Cola.

Cuando era el director creativo ejecutivo de la agencia de publicidad Wunderman Australia, Batten y su equipo se postularon para encargarse del trabajo creativo del programa de fidelización de Coca-Cola. Lo primero que hicieron fue apuntar a todo el personal de la agencia a ese programa y, en el transcurso de un par de semanas, el equipo trajo (y bebió) tantas botellas y latas de Coca-Cola como pudo para reunir los códigos y experimentar cómo era ser un miembro del programa.

Cuando lo hicieron, descubrieron que alrededor de un 70 por ciento de los códigos no funcionaban. Cuando hicieron el pitch ante el equipo de Coca-Cola, incluyeron su descubrimiento bomba en la presentación. Al principio, el público, formado por ejecutivos, estaba escéptico y para nada contento de que una agencia de publicidad cualquiera llamase fea a su criatura. Sin embargo, a continuación les mostraron las imágenes de un escritorio cubierto de botellas y latas de Coca-Cola y capturas de pantalla de los mensajes de error que habían saltado en el sistema de fidelización.

Batten y el equipo siguieron con la presentación y empezaron a meterse en el trabajo creativo mientras varios ejecutivos al fondo de la sala habían dejado de prestarles atención y escribían como locos en el ordenador. Aquella jugada podría haber sido un suicidio, pero, al cabo de unos minutos, uno de los clientes interrumpió educadamente el pitch de Batten para decir que le habían escrito al equipo de informática, que les había confirmado que no solo se trataba de un problema real, sino que llevaba meses ocurriendo. El equipo de Coca-Cola no estaba para nada al tanto. Decenas si no cientos de miles de transacciones de fidelidad no se habían registrado. Lo más probable era que el programa de fidelidad estuviera frustrando a los clientes, dañando la imagen de marca y, paradójicamente, erosionando la fidelidad.

Batten y el equipo consiguieron el encargo. Más tarde, Coca-Cola les dijo que el trabajo creativo era muy bueno, pero que había sido la investigación y la experiencia sincera y desvergonzada lo que había sellado el trato.

### *4. Investigación de marca*

Por último, pero para nada menos importante, está la investigación de marca. La marca de tu público (si es que tiene) puede abarcar el diseño visual, el tono, los valores y más. Si no la entiendes, puede que tu pitch resulte brusco, fuera de lugar, ingenuo o hasta narcisista. Es posible que decidas crear un pitch muy alejado de la marca de tu público, pero lo importante es que sea una decisión y no un accidente.

Empieza reuniendo imágenes y mensajes que publica la empresa del público. Observa su web y encuentra cualquier material de marketing que te pueda servir.

- ¿Qué colores usan?
- ¿Qué tipos de imagen usan? ¿Son patrones geométricos bruscos o fotos cálidas y acogedoras?
- ¿Qué tipo de eslóganes y mensajes usan? ¿El tono es amistoso, serio, humorístico o corporativo?
- ¿Tienen una lista de valores y una declaración de principios?

Reúnelo todo en un tablero digital. Repito que la herramienta que uses no importa —Photoshop, Figma, PowerPoint, Canva o lo que tengas a mano—, lo importante es que lo tengas todo en un sitio para que, con un vistazo, puedas sentir de qué tipo de empresa se trata, qué valoran y cómo quieren que los perciban. Debes tener todas estas cosas en mente cuando estés desarrollando tu mensaje y tu trabajo creativo. Esto no significa que tengas que cambiar tu identidad, tu esencia. Piensa que, de forma natural, no le hablarías del mismo modo a un niño, a una persona mayor, a un abogado y a un músico, aunque tú sigas siendo el mismo. Tienes que conectar con este público en concreto, no con cualquiera.

Luego pregúntate cómo quieres que te perciban a ti en este pitch. Me gusta hacer un ejercicio de gradación. Anota cualidades opuestas por parejas, una a la izquierda y una a la derecha. Dibuja una línea entre ellas y luego marca en qué punto de esa escala quieres mostrarte ante el público. Por ejemplo, podrías tener parejas como:

- Divertido / serio
- Cálido / formal
- Innovador / de eficacia comprobada
- Clásico / moderno
- Exclusivo / accesible
- Atrevido / sutil
- Auténtico / perfeccionado

Estas escalas deberían determinar tus decisiones sobre todos los aspectos del pitch, de modo que vuelve a consultarlas durante la preparación de la presentación.

Por último, empieza a crear tu propio tablón visual. Busca por internet, usa generadores de imagen por IA, busca en revistas o ve a hacer fotos de cosas que te inspiren. Llena la página de imágenes que te parezca que pueden tener el aspecto y transmitir la sensación adecuados —que tienen el «aura» adecuada— para este pitch. Encuentra diferentes tipos de imagen: fotografías, gráficos e ilustraciones. A veces cuesta saber qué funciona y qué no hasta que tenemos las opciones delante.

Y no te engañes a ti mismo pensando que no eres lo bastante creativo. Todos somos creativos, es solo que algunas personas practican la creatividad más que otras.

## EN RESUMEN

Espero que esta breve incursión en la investigación te haya mostrado lo potente, necesaria y divertida que puede ser. Si te saltas este paso para un pitch, será por tu cuenta y riesgo. Vamos a recapitular:

- Averigua qué tipo de investigación necesitas y elabora un plan.
- Escribe todas las preguntas para las que te gustaría tener respuesta y qué datos pueden reforzar tu pitch.
- Ahonda en las redes sociales y en las páginas web para encontrar más información sobre las personas que tendrás como público.
- Consigue pasar tiempo con los miembros clave del público antes del pitch, hazles preguntas abiertas y practica la escucha activa.
- Encuentra información sobre el mercado y la competencia de tu público y los tuyos propios.
- Usa la IAGen para extraer conclusiones rápidas, pero no te olvides de leer tú también la información.
- Cuando uses la IAGen, comprueba la fuente y la veracidad de la información que te devuelve.
- Si no sabes a quién tienes como competencia, elige el competidor más fuerte que exista. Recuerda tener siempre la mentalidad de no tener las de ganar.
- Si tu público es una empresa, prueba su producto o servicio tú mismo.

- Si tu público tiene competencia, prueba también el producto o servicio de la competencia.
- Lleva a cabo encuestas y entrevistas y, si es posible, graba las opiniones sinceras de los usuarios.
- Investiga la marca de tu público y crea un tablero visual con ella.
- Haz introspección para decidir cómo quieres que te perciban en unas escalas de cualidades.
- Encuentra elementos visuales que transmitan la imagen que quieres y que conecten con el público.

Si haces el trabajo que se propone en este capítulo, tendrás unos fundamentos de lo más sólidos para tu pitch. Puedes crear algo maravilloso y anclado en la lógica. También tendrás una gran ventaja respecto a algunos de los pitches de tu competencia, que simplemente tratarán de vender su producto, idea o servicio. Tú tendrás la información y las pruebas para presentar tu propuesta de un modo que de verdad conecte con el público.

Pero debo advertirte de que, aunque se trata del primer paso de la preparación, esta no es la primera información que darás ese día. Un gran pitch siempre debe empezar por la emoción.

# 5

# Primero la emoción y luego la información

La noche del 12 de junio de 1994, Nicole Brown Simpson y su amigo, Ronald Goldman, fueron asesinados. Nicole era la exmujer de una de las mayores estrellas de la Liga Nacional de Fútbol Americano, O. J. Simpson. Con eso bastó para que la noticia copase los titulares, pero lo que ocurrió a continuación consiguió que este caso se haya convertido en uno de los más infames de la historia. O. J. se convirtió en el sospechoso principal, pero, en lugar de entregarse, huyó en un Ford Bronco blanco y hubo una persecución por Los Ángeles en la que participaron coches y helicópteros de la policía. La espectacular persecución se retransmitió en directo por todo el mundo. O. J. terminó entregándose y el posterior juicio por asesinato se calificó como «el juicio del siglo». E hizo honor al nombre. Se retransmitió en directo por televisión, desde Nueva York a Nueva Deli pasando por Newcastle-upon-Tyne, tuvo enganchada a toda una generación y redefinió el arte de la defensa legal. También nos enseñó una lección importante sobre el arte del pitch.

Yo tenía doce años cuando empezó el juicio y, aunque hasta ese momento me había centrado en jugar al *Monkey*

*Island* en el Amiga 500, no tardé en convertirme en una de los millones de personas pegadas a la tele viendo cómo se desarrollaba el juicio a lo largo de nueve meses. Si alguien pensaba que en los juzgados solo se exponían argumentaciones jurídicas aburridas, en este juicio vio que no era así. En lugar de usar solo hechos y cifras y mucha jerga legal, este juicio estuvo lleno de relatos, personalidades, drama, terror y misterio.

La acusación —el estado de California— parecía tener un argumentario sin fisuras. Tenían pruebas de la escena, entre las cuales estaba la huella que coincidía con la de un zapato bastante especial (un Bruno Magli Lorenzo, talla 46) que O. J. Simpson tenía, un guante ensangrentado que coincidía con uno hallado en casa de Simpson y muestras de sangre que coincidían con las de las dos víctimas y la de Simpson. También tenían una cronología y un móvil. Estas pruebas eran tan potentes que, al principio del juicio, nadie creía que Simpson fuera a librarse de la cárcel.

El equipo de la defensa, encabezado por el enigmático Johnnie Cochran, fue por otro camino. En el momento del juicio, había una polémica pública relacionada con el racismo en el Departamento de Policía de Los Ángeles y, en concreto, con uno de los detectives encargados del caso de O. J. Simpson, Mark Fuhrman, que había hecho declaraciones racistas en varias ocasiones. Cochran y su equipo aprovecharon la polémica para publicitar un relato plausible según el cual habían incriminado a O. J. Contaron potentes historias de injusticia racial que conectaron con el jurado. También crearon momentos dramáticos. El más memorable fue cuando le pidieron a O. J. que se levantara para probarse el guante. Hizo lo que le dijeron y todo el mundo vio cómo le costaba ponérselo. La famosa frase rimada de Cochran «If it doesn't fit, you must acquit» ('Si el guante no entra, deben absolverlo') se quedó grabada en la mente de los miembros del jurado, así como de los espectadores.

Dejando los debates morales de lado, a O. J. Simpson lo absolvieron del asesinato ante una montaña de pruebas condenatorias. ¿Cómo? Gracias a la hábil y arriesgada estrategia de sus abogados y a su método de usar el relato y la teatralidad para crear vínculos emocionales con el jurado.

## El problema con la información

No se nos dan mal los pitches por falta de inteligencia. Algunas de las personas más inteligentes que conozco han hecho algunos de los peores pitches que he presenciado. Eso ocurre porque el secreto de la persuasión no son los argumentos inteligentes.

En la vida, nos topamos con personas que tienen opiniones y creencias distintas y hablamos, discutimos y debatimos en un intento de convencerlas de que nuestra opinión es la correcta y la suya es la equivocada. Lanzamos hechos contrapuestos sobre por qué nuestro equipo de fútbol es mejor que el del otro, por qué Grecia es un mejor destino vacacional que España y por qué nuestro partido político es el mejor para el país. El resultado más frecuente de estos debates es que ambos terminamos pensando igualmente que tenemos razón.

En un pitch ocurre lo mismo. Bombardeamos a nuestro público con información y hechos para transmitir que nuestro producto, servicio o idea es mejor que el de la competencia. Invertimos un esfuerzo importante en reunir los datos y luego desarrollar cada argumento de forma detallada. Si el público no tiene un sesgo anterior respecto a lo que quieren hacer o elegir, todos estos datos —horas y horas de datos— son muy difíciles de comparar y cuesta mucho decidirse por una de las opciones, sobre todo porque habrá diferentes equipos diciéndoles cosas muy parecidas. Y, si el público ya tiene una idea de con quién quiere trabajar, los datos y la información pueden incluso alejarnos más de ellos.

Eso se debe, en parte, a un fenómeno conocido en inglés como *backfire effect*, es decir, que te salga el tiro por la culata. Cuando usamos la lógica y los datos con alguien que tiene un punto de vista contrario al nuestro, solo lograremos que sus contraargumentos se vuelvan más enfáticos. Cuanto más intentemos persuadirlo, más a la defensiva se pondrá. Esto se debe sobre todo a que nos jugamos el ego. Necesitamos proteger nuestra seguridad y confianza en nosotros mismos para que no parezca que nos equivocamos. Equivocarse nos hace vulnerables y nos da una cura de humildad y nuestra oposición natural a estas cosas se manifiesta en varios sesgos subconscientes. Estos nos ayudan a protegernos de la vulnerabilidad, pero también se interponen entre nosotros y convencer al público. Hay tres sesgos en concreto que son muy relevantes en un pitch: el sesgo de confirmación, la disonancia cognitiva y la identidad social y de grupo.

### *Sesgo de confirmación*

Ocurre cuando, de forma subconsciente, buscamos cosas que respalden nuestro punto de vista e ignoramos las que no.

Somos seres emocionales y nuestros instintos, creencias y experiencias subjetivas tienen un gran poder a la hora de darle forma a nuestra realidad. Ser objetivo conlleva hacer un esfuerzo consciente; nos exige que cuestionemos y comparemos nuestros conocimientos y creencias con la información nueva y que aceptemos que lo que teníamos entendido hasta el momento puede tener fallos o estar incompleto. Cuestionar constantemente nuestras creencias es agotador y desconcertante. La opción mucho más fácil —y el modo en el que la mayoría de nosotros operamos— es la de ignorar en gran medida las cosas de la vida que no cuadran con nuestra forma de pensar y prestar atención a las cosas que la confirman.

A veces, cuando hacemos un pitch, los miembros del público ya tienen una idea formada de cuál es la mejor manera de hacer algo, de cuál es la solución o la empresa que quieren. Puede que nosotros pensemos muy diferente —y hasta que sepamos que se equivocan—, pero es probable que ellos ignoren cualquier dato contrario a su opinión, sin importar cuántas pruebas les presentemos. Si los desafiamos en un debate, se resistirán con más fuerza, y si un competidor les dice todo lo que quieren oír, tendrá una gran ventaja. Entonces, ¿deberíamos ponérselo fácil al público siendo complacientes? ¿Deberíamos evitar desafiar sus ideas? En absoluto, pero la clave del éxito está en cómo lo hacemos. Enseguida lo veremos.

### *Disonancia cognitiva*

La disonancia cognitiva tiene lugar cuando nuestro cerebro posee y comulga en parte con dos puntos de vista contrapuestos, lo cual provoca un malestar psicológico. Como no nos gusta el malestar, lo remediamos descartando uno de esos puntos de vista con un argumento pseudorracional.

A James le encanta tomar bebidas con cafeína poco saludables. Es plenamente consciente de que están llenas de calorías y azúcar, y de que podría estar buscándose un futuro con hipertensión y diabetes. Pensarlo le provoca un malestar grave, de modo que decide cambiar los *frappuccinos* por una botella de agua. Sin embargo, luego entra a la cafetería, huele el café y casi puede saborear el delicioso caramelo.

Ahora tiene dos poderosas fuerzas contrarias dentro, el pensamiento racional y los deseos emocionales, y nueve de cada diez veces gana la emoción. Para quitarse la culpa y los remordimientos, James anula su pensamiento racional diciéndose a sí mismo que «solo es una vez» y «me lo merezco». Por lo menos en esta visita a la cafetería ha resuelto sus conflictos internos.

En un pitch, si tu público tiene un deseo emocional de trabajar con la competencia, presentarles argumentos convincentes y lógicos tendrá como resultado la disonancia cognitiva. La solución más fácil que tienen para deshacerse del conflicto interno es responder a tus pruebas racionales con todo tipo de motivos por los que no eres tan bueno como la competencia. Da igual la importancia, relevancia e incluso la veracidad de esos motivos, porque les permitirán seguir su deseo emocional y resolver la disonancia cognitiva.

### *Identidad social y de grupo*

Las creencias y actitudes de la gente a menudo están ligadas a su identidad social, motivadas por los círculos de personas con los que se relacionan. Se trata de una carretera de doble sentido: nos atrae hacia las personas que comparten nuestras creencias y, a la vez, puede que esas personas luego influencien y cambien esas creencias. Un factor importante también es socializar con gente que encaje con cómo queremos que nos perciban. En pocas palabras, ir con los guais hace que nos sintamos guais.

La identidad de un grupo puede influir sobre cómo actuamos y las decisiones que tomamos. Por ejemplo, si te unes a los Ángeles del Infierno, es poco probable que decidas ponerte ropa de licra verde chillón, por mucho que te gustase antes. Incluso es posible que tu deseo de vestirte así mengüe. La identidad social del grupo puede trascender tus opiniones y ser muy influyente. Esta afiliación social puede venir de muchos sitios: de la música que escuchas, de tus *hobbies*, deportes, mascotas, creencias políticas, edad, lugar de residencia... Solemos tener algo en común con los grupos sociales en los que estamos y, por lo tanto, hay algún tipo de identidad de grupo compartida a la que todos, de forma consciente o inconsciente, nos ajustamos.

En un pitch, nuestro público puede tener una identidad de grupo relacionada con la cultura y la marca de la empresa. Si son una *start-up* joven e innovadora, puede que se sientan menos conectados con una organización muy conservadora o muy grande, y viceversa. La realidad de si tú eres joven y dinámico o viejo y conservador es casi irrelevante, porque la percepción que tienen de ti es su realidad. La percepción que tienen de ti como individuo —o de vosotros como grupo— es tan potente que puede tener más peso en la decisión que el hecho de que cuentes con el mejor producto, servicio o idea.

Algunos compañeros míos una vez hicieron un pitch para una marca de cerveza artesana de moda, algo punki. Les preocupaba que la marca fuera demasiado guay para ellos, de modo que aplicaron su trabajo creativo e hicieron unos tatuajes temporales que se pusieron para el pitch. Puede sonar un poco cursi, pero dio de qué hablar y consiguieron el trabajo.

Tomar una decisión no depende solo de lo que uno quiera, sino que es importante saber cómo afectará esa decisión a cómo lo ven los demás y lo bien que cuadra eso con la identidad de grupo. Intentar abordar algo así con argumentos lógicos es como intentar tumbar una pared con un plátano.

Con todas esas barreras, puede que a menudo nos sintamos bastante impotentes a la hora de hacer un pitch. A veces sabemos que tenemos la mejor solución, pero el público elige a otro de todos modos. Sin entender por qué no funciona ese enfoque, seguimos adelante, frustrados, creando presentaciones de diapositivas rebosantes de más información todavía y de argumentos racionales esperando que el próximo público sea objetivo, lógico y justo. Por desgracia y por causas ajenas a su voluntad, no lo será.

Pero esa impotencia no es real. Con los conocimientos y las herramientas adecuados, podemos superar todas esas defensas psicológicas. La solución es olvidar la lógica un segundo e, igual que los abogados defensores de O. J. Simpson, centrarnos en las emociones.

## El poder de las emociones

Lo que sentimos es mucho más poderoso, más inmediato y más convincente que lo que pensamos. Si algo nos da una buena o una mala sensación, es difícil ir contra eso. La mayoría de las decisiones que tomamos cada día se basan en nuestros instintos y en cómo nos sentimos, no en lo que pensamos de forma consciente y racional.

La estrategia crucial para convencer a alguien es interactuar con su subconsciente, es decir, hacer que sienta en lugar de debatir con datos racionales en un intento de hacer que piense.

Si conseguimos que nuestro público sienta algo, pasarán tres cosas muy importantes:

1. Esa sensación será más fuerte que su razonamiento y podemos superar los sesgos internos que se oponen a nuestros argumentos racionales.
2. El público nos recordará a nosotros y a nuestro pitch mucho más que si solo le damos datos y cifras, porque la emoción tiene un impacto mucho mayor en la creación de recuerdos.
3. Sentirán una conexión con nosotros, puesto que habremos vivido una situación emotiva juntos. Esa conexión afectará a cuánto quieren trabajar con nosotros y volver a vernos más adelante.

No digo que solo necesitemos emociones. Cambiar cómo se siente alguien respecto a un tema sin darle un argumento racional puede provocar disonancia cognitiva. Una vez que hayamos hecho que alguien se sienta diferente, deberemos ayudar a esa persona a racionalizar su decisión, solidificar los datos y las cifras, la información y las evidencias.

El secreto está en el orden: primero la emoción, luego la información.

## *¿Cómo provocamos emociones?*

Espero haberte convencido de que primero necesitamos emociones, pero la siguiente pregunta es cómo las logramos. ¿Cómo, especialmente en un contexto empresarial, podemos estimular a un público para que sienta cosas? Es una de mis preguntas favoritas en el contexto de un pitch, porque la respuesta es de una sencillez absurda: las emociones son contagiosas.

En 1992, unos científicos estudiaban las funciones neurológicas de los macacos en la Universidad de Parma, Italia. Los primates estaban conectados a monitores de actividad cerebral y, cuando llevaban a cabo una actividad, como coger un fruto seco, los científicos podían observar el comportamiento de las neuronas de su cerebro. Surgió un descubrimiento accidental cuando uno de los investigadores cogió un fruto seco bajo la mirada observadora de un primate y vio que en el cerebro del mono empezaban a activarse las mismas neuronas que cuando cogía un fruto seco, aunque no lo estuviera cogiendo él.

Las neuronas espejo son células que tenemos en el cerebro y son fundamentales para entender las acciones, la empatía y el comportamiento social. Cuando llevamos a cabo una acción, las neuronas se activan y, cuando observamos una acción, las mismas neuronas lo reflejan y también se activan, lo cual nos permite entender el comportamiento de los demás. Estudios posteriores han mostrado que este reflejo de la actividad neuronal también aparece en otras regiones del cerebro que están relacionadas con la cognición y la emoción.

Hoy en día, está ampliamente aceptado que las neuronas espejo desempeñan un papel muy importante en un fenómeno llamado contagio emocional. Cuando alguien nos muestra una emoción mediante una sonrisa, una lágrima, un temblor en la voz o el lenguaje corporal, nosotros también la sentimos. Las emociones son contagiosas.

El contagio emocional va más allá de las neuronas espejo e implica otros mecanismos cerebrales, especialmente en el sistema límbico —en el que se encuentra la amígdala cerebral— para el procesamiento de emociones, en el hipocampo para la formación de recuerdos emotivos, y en el hipotálamo para la regulación de las reacciones físicas frente a las emociones. También están involucrados la ínsula, el córtex prefrontal y el sistema nervioso autónomo, entre otros.

Pero no entraremos en esos conocimientos concretos aquí. Lo importante es saber que el contagio emocional existe y tiene unos efectos indudables. Si tenemos éxito en generar una emoción en nuestro público, podemos conseguir una reacción física. Podemos hacer que se les dilaten las pupilas, que se les acelere el corazón, que les entre calor, que sientan mariposas en el estómago, que les recorra la columna un escalofrío y les hormigueen los brazos. Si producimos estos efectos, habremos empezado a persuadir al público de que somos las personas con quienes deberían trabajar.

Volvamos a la pregunta: ¿cómo provocamos emociones en el público?

Como seguramente habrás adivinado, la respuesta es que nos emocionemos nosotros, que le mostremos al público nuestra pasión, que hablemos de cosas que dan miedo o alegría. Si lo sentimos nosotros, ellos también lo sentirán. El lenguaje corporal, las expresiones faciales, el tono... son todo cosas que, si nos permitimos mostrar emociones sinceras, no tenemos que aprender, ocurren solas. El efecto secundario añadido de esto es que les pareceremos auténticos y de confianza. No se trata de manipular a los demás para que sientan algo, sino de crear una experiencia emotiva compartida. Los estudios demuestran que este tipo de conexión emocional puede tener el mayor impacto cuando ocurre en grupo, por ejemplo, en el público de un concierto, una ceremonia religiosa o un pitch.

Crear una experiencia emocional compartida se puede conseguir de diferentes maneras. La narración, las experiencias inmersivas, los elementos visuales, el sonido y hasta el olfato, el tacto y el gusto pueden evocar emociones. En los próximos capítulos, vamos a indagar en planteamientos de lo más pragmáticos para conseguir todo eso en un pitch, pero antes es importante que echemos un vistazo a las herramientas emocionales que tenemos a nuestra disposición, porque no solo queremos provocar una emoción cualquiera, sino que vamos a elegir de forma consciente cuáles son las más relevantes y convincentes para nuestra situación específica.

Recuerda, nuestro objetivo es superar las ideas preconcebidas y los sesgos internos del público, y para eso nos hace falta la herramienta más precisa posible. A menudo, cuando pensamos en qué emoción queremos provocar en el público, solo se nos ocurren las más básicas, como alegría, miedo o tristeza, pero esas pueden ser herramientas bastante burdas. En realidad, tenemos toda una gama de emociones entre las que elegir. Por lo tanto, es útil tener una idea de qué tipo de emoción queremos que sienta el público exactamente, y para eso debemos ser capaces de nombrarlas.

### *Un bufé de emociones*

Las personas tenemos un montón de emociones. Concretar cuántas con exactitud ha sido motivo de disputa durante mucho tiempo, desde que Aristóteles dio su punto de vista en el siglo IV a. C. Las emociones son multidimensionales, personales y subjetivas y, además, se solapan mucho unas con otras. Por ejemplo, la alegría y la felicidad o el enfado y la ira. Dicho eso, para la preparación de un pitch no necesitamos la respuesta definitiva a cuántas emociones existen, solo nos hace falta una de las teorías, de modo que vamos a decir que son veintisiete.

En 2017, unos investigadores del Laboratorio de Interacción Social de Berkeley de la Universidad de California llevaron a cabo un estudio en el que mostraron 2.185 vídeos cortos que evocaban emociones a más de 800 personas. Tras analizar las respuestas, los investigadores hallaron que los vídeos provocaban de forma constante veintisiete variedades distintas de experiencia emocional. Y, aunque esta lista se puede disputar, a mí me parece un buen punto de partida. Aquí están las veintisiete: aburrimiento, admiración, adoración, alegría, alivio, amor, anhelo, ansiedad, apreciación estética, asco, asombro, calma, confusión, deseo sexual, diversión, dolor empático, enfado, entusiasmo, fascinación, horror, incomodidad, interés, miedo, nostalgia, satisfacción, sorpresa y tristeza.

Cuando pienses en qué emociones puedes suscitar en un pitch, no te limites a la alegría y el miedo, relee la lista y céntrate en las emociones concretas más relevantes para tu objetivo. ¿Puedes contar una historia sobre el futuro del público para crear entusiasmo? ¿Puedes basarte en tus propias experiencias con una marca de tu infancia para evocar nostalgia? ¿Y si usas un elemento visual para provocar tristeza y luego otro para divertir? ¿Cómo puedes transmitir calma con tu forma de hablar y moverte para que el público también la sienta?

No todo lo que aparece en la lista será adecuado para tu público (el deseo sexual, por ejemplo, puede ser extremo en un pitch), pero no sientas rechazo por las emociones negativas que aparecen y no te limites a esas veintisiete, son solo un punto de partida. ¿Recuerdas el pitch a British Rail? Peter Marsh quiso que su público se sintiera como se sentían los usuarios: enfadado, asqueado y frustrado. Al avivar esas emociones negativas, no solo consiguió hacer llegar su argumento, sino que también pudo aliviar al público luego proporcionándoles un respiro, sorpresa y diversión. El contraste entre las emociones buenas y malas es la herramienta más potente de nuestro arsenal, como veremos en el próximo capítulo.

Como apunte final sobre las emociones, hay tres reglas simples que deberías seguir si no quieres que te salga el tiro por la culata:

1. **No apuestes por la sensación sin fundamento.** Hacer reír o llorar a un público, si es irrelevante para el pitch, no te ayudará. Ver *Bambi* con ellos no los convencerá de que te elijan a ti a no ser que tengas una muy buena razón para ello. Si pretendes evocar una emoción solo por evocarla, el público te verá como falso y poco de fiar.
2. **No dejes al público con una emoción negativa.** A veces podemos querer asustar al público, confundirlo y hasta hacerlo enfadar, pero no los dejes en ese es-

tado al final del pitch, porque eso puede eclipsar tu mensaje positivo. En momentos de oscuridad, siempre debemos tener esperanza. Por lo tanto, asegúrate de que contrastas las emociones negativas y dejas al público sintiéndose de maravilla.

3. **No te pases.** Normalmente, el público no busca ni espera emocionarse y puede que le resulte raro experimentar emociones durante un pitch. Algunas personas también son más sensibles que otras. Los sustos, por ejemplo, pueden no gustar a todo el mundo. Decide en función de lo que sabes sobre el público y recuerda que un poco de emoción ya da para mucho.

## EN RESUMEN

Puede que tengas el mejor producto o servicio del mundo, pero limitarte a mencionar datos conseguirá, en el mejor de los casos, aburrir y, en el peor, poner al público en tu contra. Si quieres hacer cambiar de idea a alguien y lograr un impacto, debes empezar evocando una emoción. Luego, continúa con pruebas contundentes para que tanto la mente como el corazón del público te elijan a ti. Vamos a repasar lo que hemos tratado en este capítulo:

- Todos tenemos creencias que están protegidas por sesgos subconscientes y batallarlas con argumentos suele alejar a la gente todavía más de nuestra postura.

- Las emociones son más poderosas que el pensamiento racional y pueden superar los sesgos.
- Seguimos necesitando información para apelar a la mente racional, pero el secreto del éxito está en el orden: primero la emoción y luego la información.
- Podemos suscitar emociones en los demás sintiéndolas nosotros y expresándolas mediante el lenguaje corporal, las expresiones faciales, el tono, las acciones y el contacto visual.
- Podemos crear experiencias emotivas mediante los relatos, las experiencias y apelando a los cinco sentidos.
- Existen muchas emociones —por lo menos veintisiete— entre las que elegir, de modo que no te decidas siempre por las más obvias. Deberíamos elegir de forma consciente las emociones que intentamos suscitar según nuestra situación y el resultado deseado.
- Ten en mente que usar mal o usar demasiado una emoción en un pitch puede crear la percepción de falta de sinceridad.

Hace falta una dosis de valentía para apelar a las emociones en un pitch, pero la recompensa será grande. Dicho eso, no se trata solo de «emocionarse y emocionar». Para conectar de verdad con el público y crear un momento emotivo, memorable y cautivador, primero debemos dominar el poder del relato.

# 6

# El relato

En 2006, el emprendedor de éxito Blake Mycoskie decidió tomarse un descanso del ajetreo de Los Ángeles y visitar Argentina. Se pasó los días observando paisajes, embebiéndose de la cultura y aprendiendo a jugar al polo. Hacia el final del viaje, inició por casualidad una conversación en una cafetería con una mujer estadounidense. El objetivo del viaje de ella era bastante distinto al suyo: dirigía una ONG que recogía zapatos de segunda mano y los donaba a niños argentinos que los necesitaban. Lo invitó a acompañarla en uno de los viajes de entrega de zapatos y él aceptó intrigado.

Se pasó los días siguientes viajando por pueblecitos y siendo testigo de la terrible pobreza a la que se enfrentaba la gente. Se quedó pasmado ante la cantidad de niños que tenían que ir descalzos diariamente y vio las terribles ampollas, heridas e infecciones que sufrían. Aquella ONG estaba haciendo algo que les cambiaba la vida a los niños, pero ni se acercaba a poder proporcionar el número de zapatos que hacían falta.

Durante el viaje, Mycoskie empezó a llevar calzado tradicional argentino, unas alpargatas blandas e informales. La solución le pareció evidente. Llevaría la alpargata al mercado estadounidense y, por cada par de zapatos que vendiera, donaría otro a un niño argentino.

Mycoskie se puso manos a la obra de inmediato. Encontró un fabricante local con el que trabajar y adaptó el diseño y el estilo al mercado de consumo estadounidense. Volvió a Los Ángeles y contrató becarios por Craigslist para que lo ayudasen a poner en marcha la empresa. Hizo varios viajes a Argentina y, al cabo de poco, volvió a Estados Unidos con bolsas de viaje llenas de zapatos. A la empresa la llamó TOMS.

Entonces, armado con el producto, empezó a contárselo a sus amigos y familiares. A todos les encantó la historia, y también las alpargatas y empezaron a llegar pedidos. Visitó zapaterías de Los Ángeles y les contó la historia y estas hicieron pedidos. Se corrió la voz y la revista *Vogue* quiso entrevistarlo. Él les contó su historia y el mundo entero empezó a enamorarse de TOMS. Cuando necesitó inversores, contó su historia durante el pitch.

Mycoskie tenía un gran producto, pero tenía una historia todavía mejor —una historia real— sobre los terribles retos a los que se enfrentaban los niños y sobre cómo cada cliente podía cambiar las cosas. Si buscas lo suficiente, encontrarás que tú también tienes una historia, una que inspira a tu público y lo convence de tu misión y le proporciona los motivos por los que apostar por tu producto, servicio o idea es una de las mejores decisiones que tomará en la vida.

## El poder del relato

A las personas les encantan las historias. Eso es un hecho. Me da igual lo falto de emociones o frío que creas que es alguien; todo el mundo responde a un relato cautivador. A menudo me dicen cosas como: «Tendrás que usar una táctica diferente para este pitch, ¡estos tipos son técnicos!». Pues tengo una noticia para ti: hasta a los frikis de lo técnico y a las personas de negocios más inflexibles les gustan las historias y tienen emociones. Tanto si es una buena novela, una película, un cotilleo cuando te levantas del escritorio a por un vaso de agua o una anécdota en el bar, a todos nos gusta algún tipo de narración o relato y todos podemos contar historias que hemos escuchado. Fuera del trabajo, nos gastamos el dinero que hemos ganado con nuestro sudor en entradas para el cine, suscripciones a Netflix y audiolibros de Harry Potter. La narración es un lenguaje universal que nos conecta a todos, sea cual sea nuestra profesión o nuestro supuesto desapego emocional.

Por otro lado, tenemos las presentaciones, conferencias, clases y pitches. Puaj. En algún momento, la mayoría nos hemos visto obligados a tragarnos horas de información aburrida que nos parecía no terminar nunca. Sin embargo, esa disparidad no es necesaria. Contar historias en cualquiera de estos contextos tendrá un impacto profundo en el público, suscitará emociones, hará que lo que contemos sea memorable y mantendrá el interés.

Podemos contar todo tipo de historias en un pitch y usar varios marcos narrativos para estructurarlas de modo que creemos un contraste de emociones y nos embarquemos en un viaje junto al público. Antes de zambullirnos en las técnicas prácticas de narración, deja que desmonte algunos mitos que a menudo se esgrimen como argumentos en mi contra:

- **Mito 1: Los frikis de la tecnología no tienen emociones.**
  Ya he roto ese mito, pero vale la pena repetirme: todos tenemos emociones.
- **Mito 2: Es inapropiado contar historias en un contexto empresarial, sobre todo historias personales.**
  Puede que nos parezca inapropiado, raro o hasta un poco repelente, pero solo al principio. Si encuentras el valor para contar tus propias historias y mostrarte vulnerable, emocionarás a la gente y recibirás reacciones emotivas a cambio.
- **Mito 3: Tienes que ser un narrador nato.**
  Te aseguro que no. Aceptaría que alguien dijera que no sabe contar historias todavía, pero es algo que pronto aprenderás. También descubrirás que las personas introvertidas y las que se ponen nerviosas para las presentaciones pueden tener tanto impacto como las extrovertidas y seguras de sí mismas.
- **Mito 4: No todo el mundo tiene historias que contar.**
  No es así. Eso es mentira. Tienes, sin duda alguna, historias geniales y maravillosas que contar dentro de ti esperando a que las dejes salir.

Si sigues dudando, suspende tu incredulidad para este capítulo y recuerda que, si la mayoría de las personas creen en esos mitos, tú tendrás una ventaja importante haciendo justo lo contrario. Sé valiente, atrevido, rompe los moldes y vamos a emocionar al público con historias fascinantes.

## Escribir una historia fascinante

Contar historias no es un arte oculto. Sí, algunas personas son narradoras natas, pero el resto podemos aprender a hacerlo. Se han contado historias desde hace miles de años y ha habido innumerables personas que han dedicado su tiempo a analizar exactamente qué hace que una historia sea fascinante y cautivadora, desde Aristóteles hasta Stephen King. Este análisis también ha resultado en una infinidad de plantillas que se usan habitualmente en los guiones de Hollywood y los *best sellers*. No es cosa de genética ni de brujería y ni siquiera es un secreto. De hecho, una vez que conozcas las bases de esas plantillas, empezarás a verlas por todos lados y —te lo advierto—, puede que te arruinen casi cualquier película que veas.

Todo este análisis significa que hay un montón de marcos narrativos por ahí, lo cual puede parecer apabullante, pero no te asustes, porque cuantos más estudies, más encontrarás que se trata de los mismos principios con variantes. Desde ahí, puedes escoger cuáles te parece que te van bien. Echémosles un vistazo a algunos de los pioneros del análisis narrativo y a las estructuras que surgieron de su investigación. Cada una de ellas se puede usar para contar tu historia en un pitch, una presentación, un discurso o una entrevista. Empezaremos por Joseph Campbell.

### *El viaje del héroe de Joseph Campbell*

Es probable que el viaje del héroe sea uno de los conceptos narrativos más conocidos. Proviene del libro *El héroe de las mil caras*, de 1949, en el que Campbell explica cómo crear el argumento perfecto para un relato de aventuras mostrando que los mayores mitos pueden reducirse a los mismos elementos centrales. Expone las etapas del viaje del héroe, la estructura argumental, los arquetipos y las motivaciones de los personajes y destaca cómo cada mito cuenta con un personaje heroico central cuyo viaje proporciona un marco general para toda la acción. Desde entonces, este concepto se ha convertido en la base de muchas películas y libros (por no hablar de los miles de historias anteriores, a las que también se les puede aplicar esta estructura). Yo diría que la mayoría de los relatos siguen esta plantilla, ya sea de forma intencionada o no. Algunos ejemplos destacados son:

- *Star Wars: Una nueva esperanza*
- *Harry Potter y la piedra filosofal*
- *El rey león*
- *Matrix*
- *El mago de Oz*

Las tramas y los tipos de personaje de estas historias son casi idénticos, lo cual demuestra que usar la plantilla no significa que no puedas ser original o creativo. Se trata solo de una estructura, un patrón en el que colocar tus propias ideas.

El viaje del héroe es una secuencia de acontecimientos que suelen visualizarse como cíclicos, porque básicamente terminamos donde empezamos. La historia comienza con nuestro héroe y, por lo general, con un retazo de su vida cotidiana. Descubrimos que el héroe tiene una gran necesidad que cubrir o un fuerte deseo que hacer realidad. Pronto recibe algún tipo de llamada a la aventura, la cual rechaza y luego, poco después, acepta o se ve absorbido por la aventura de todos modos. Conoce a un mentor que le sirve de apoyo y de guía durante la historia y entra en un mundo nuevo, más oscuro, «especial». Ahí se enfrenta a tres pruebas, se crea enemigos y gana aliados, pasa por un suplicio y, en su momento más bajo, tiene una revelación (una apoteosis), puesto que el viaje lo ha transformado en una versión nueva y mejorada de sí mismo. Se da cuenta de que puede conseguir lo imposible, conquistar el mal y hacer realidad su deseo: Neo se da cuenta de que él es El Elegido, Simba acepta que es el verdadero rey y Luke confía plenamente en la fuerza jedi. También se enamora y tal vez se reconcilia con su padre o su madre. Finalmente, vuelve al mundo normal, pero ese mundo ahora es diferente por la aventura que ha vivido.

Este es un resumen muy abreviado, pero contiene algunos de los componentes fundamentales de una gran historia... y de un gran pitch.

## Componentes clave del viaje del héroe para un pitch

### 1. El héroe no eres tú, sino el público

Los pitches que se construyen en torno a lo maravilloso que es tu producto, servicio o idea no son atractivos para el público, del mismo modo que nos aburrimos si conocemos a alguien que solo habla de sí mismo. Sí, nos hace falta un poco de eso —el público necesita confiar en que eres la bomba—, pero el héroe principal del pitch y de tu narración deben ser ellos, el público. Será una historia sobre ellos y sus deseos.

**2. Tú eres el mentor**
El público no sabe cómo cubrir sus necesidades o hacer realidad sus deseos; si lo supiera, no estaría escuchando tu pitch. No saben cómo convertirse en jedis, salvar la Roca del Rey o volver a Kansas. Pero tú sí.

**3. Se enfrentarán a retos**
Y, cuando se enfrenten a retos, pruebas u obstáculos, serás tú, tu servicio o tu producto el que les permitirá superarlos.

**4. Tendrán una apoteosis**
En algún momento crucial de tu pitch, deben darse cuenta de que, con tu ayuda, tienen las respuestas que buscan para conseguir lograr lo que desean.

**5. Su mundo quedará transformado**
Los llevarás a la tierra prometida, pero no se trata de un lugar del todo nuevo, es su mundo actual transformado en una nueva utopía en la que su vida cotidiana habrá mejorado.

Estos ingredientes hacen que nuestros pitches sean atractivos. Provocan entusiasmo, suspense y camaradería y se centran en el público. Si formaras parte del público de un pitch, ¿qué preferirías oír, un rollo sobre un producto o un relato sobre cómo vas a cumplir tus sueños?

### *La cuenta atrás para la explosión (y otros recursos argumentales)*

Igual que estructuras completas de la trama, también tenemos a nuestra disposición recursos argumentales. Estos nos ayudan a llevar una historia en una dirección concreta y a hacer avanzar la acción. Uno de los recursos argumentales más conocidos es la cuenta atrás. Suele presentarse al principio de la historia y les da a los personajes hasta el final de esta para lidiar con algo. En su forma más simple, se trata de un reloj que corre marcha atrás. Cuando este reloj llega a cero, nuestro héroe se enfrenta a consecuencias funestas. Entre mis ejemplos favoritos están:

- *Dentro del laberinto*: Sarah tiene trece horas para salvar a su hermano pequeño de convertirse en un goblin resolviendo los puzles del laberinto.
- *Apollo 13*: la historia real de tres astronautas que deben superar una serie de retos antes de que se les acabe el suministro de oxígeno y energía.
- *Saw*: en todas las películas hay varias tareas cronometradas en las que las víctimas deben encontrar un modo de liberarse de métodos de tortura letales.

Estas películas suscitan emociones como la ansiedad, la anticipación y la inquietud. Cuando las cosas por fin salen bien en el último momento, la sensación de alivio es mucho más satisfactoria.

Cuando estamos en un pitch intentando convencer al público, también podemos introducir esa sensación de urgencia. Coloca una cuenta atrás para la explosión de una bomba que el público se muera por desactivar y así no tener que afrontar las consecuencias de no haber sido lo bastante rápido. Y, como el público es el héroe, también será decisión suya si actuar a tiempo o no. La idea es animarlos no solo a actuar, sino a actuar ya. Puedes lograrlo en el pitch preparando el camino desde el primer momento y planteando lo que hay en juego. ¿Qué amenaza espera al público en el horizonte si no contratan tu producto, servicio o idea? Dales un límite de tiempo y señala cómo se agravará la situación. Sugiere discretamente la solución al público, pero no les expliques cómo salvarse del peligro hasta el final del relato. Debes procurar que estén en vilo todo el tiempo posible antes del contraste de esa placentera sensación de alivio.

Crear tensión así hará que el público tome consciencia de la gran necesidad que tiene de lo que le ofreces y te ayudará a evitar esas funestas palabras al final del pitch: «Lo pensaremos».

Eso, amigo, es el beso de la muerte. El público no lo pensará. En la mayoría de las circunstancias, el resultado de un pitch es binario: si lo haces bien, el público estará listo para el producto, servicio o idea al momento. Si no consigues convencer, no lo comprarán nunca.

Aquí tienes cuatro utilísimos recursos argumentales más que puedes usar en las narraciones durante un pitch.

### I. El *cliffhanger*

Un *cliffhanger* consiste en parar una historia justo antes de darle al público la resolución crucial, por ejemplo, cuando el capítulo de una serie termina con el protagonista colgando (en inglés, *to hang*) de un precipicio (en inglés, *cliff*) de las puntas de los dedos y el narrador nos dice que «Continuará...». Sin embargo, a diferencia de nuestra telenovela favorita, no queremos terminar el pitch en un *cliffhanger*, porque existe la posibilidad de que no nos inviten a volver para la resolución. Lo que podemos hacer es crear un *cliffhanger* al principio del pitch contando media historia. Ya verás qué gusto cuando el público se incline en sus asientos para saber qué pasa a continuación y tú pares en el momento crítico. El público prestará atención a todas y cada una de las palabras que salgan de tu boca a continuación con la esperanza apremiante de que alivies el suspense, lo cual, por supuesto, harás al final del pitch. Podrías hacerlo en conjunción con la cuenta atrás llevando al público a una situación de peligro y luego cambiando de tema para hablar de algo completamente distinto como presentar a tu equipo. Eso también ayuda a crear un contraste entre la historia que hace que vuele nuestra imaginación con el mundo real en el que nos encontramos. Ese contraste también ayudará a que el público esté atento.

### 2. *In medias res*

*In medias res* es una expresión del latín que se traduce como «en medio del asunto» y es un recurso que se usa a menudo en los *thrillers*. En pocas palabras, significa que empezamos en plena historia. La película o libro empieza y estamos en el centro de la acción, sin saber muy bien lo que ocurre, pero de lo más despiertos y atentos. Es una forma de crear una anomalía en la narración y conseguir que el público preste atención de forma inmediata. Despertamos emociones de entusiasmo, sorpresa y profunda curiosidad. Todo se explica y revela más adelante mediante *flashbacks* o nuevos acontecimientos, y ese razonamiento o explicación es lo que el público anhela. Intenta empezar el pitch en la escalada decisiva de la cuenta atrás, cuando se desata la locura, y luego haz que eso contraste con el momento en el que os encontráis, antes de que su mundo llegue al final de la cuenta atrás. De nuevo, eso es algo que crea un marcado contraste en tu relato.

### 3. La escena de antes del título

Este recurso es como empezar *in medias res*, pero, en lugar de comenzar en plena historia, simplemente empezamos de pronto, antes de que el público esté preparado. En las películas y las series de televisión, se trata de una escena que aparece antes del título de la obra. En un pitch, esto significa que no nos hemos presentado ni hemos repasado el orden del día, no hemos tenido con el público las formalidades habituales y anticipadas y hemos empezado con una historia que no se esperaba.

Para enseñar a la gente a hacer un pitch, me gusta empezar con la historia de Elisha Otis y el pitch del ascensor (que aparecerá en el capítulo 12) antes de mencionar siquiera cómo me llamo. Es inesperado y memorable y hace que el público plante las orejas y preste atención.

### 4. Salvar al gato

Salvar al gato es un recurso narrativo creado por el guionista estadounidense Blake Snyder. La idea es hacer que un personaje de la historia se gane el favor del público mostrándolo llevando a cabo buenas acciones al principio, por ejemplo, salvando a un gato. En un relato para un pitch, podemos hablar de personas o personajes que ilustren cómo podría manifestarse nuestro producto, servicio o idea en una situación real. Podemos crear un lazo afectivo entre ese personaje y nuestro público haciendo que salve a un gato metafórico.

Recuerda, no hay una estructura correcta o incorrecta para tu historia. Quizá unos recursos te llamen más la atención que otros, pero un muy buen ejercicio es probarlos todos. Usa el viaje del héroe como marco general y luego reestructúralo teniendo en mente cada uno de los diferentes recursos. ¿Qué versión encaja mejor con tu pitch? Pruébalos todos con un público voluntario y que te den su opinión sincera.

### *Las formas de las historias de Kurt Vonnegut*

El viaje del héroe es una estructura excelente en la que meter tu contenido, pero hay otras herramientas para analizar y crear historias, como las formas de las historias de Kurt Vonnegut. Vonnegut fue un autor que escribió muchas historias de ficción oscuras y surrealistas entre las que se encuentran *Matadero cinco* y *Desayuno de campeones*. Estaba fascinado por descubrir por qué algunas historias son tan increíblemente emocionantes y otras aburren. Conocía la estructura de Joseph Campbell, pero no le parecía una explicación lo bastante buena. Resulta que es del todo posible crear un viaje del héroe mundano y tedioso. Es una plantilla que depende de la imaginación del autor para llenar los huecos y, por lo tanto, no es una forma infalible de crear una historia que nos fascine. Vonnegut creó otro método narrativo centrado en los distintos giros de los acontecimientos que iban ocurriendo. Eso nos ayuda a entender los diferentes puntos de intensidad, emoción y agitación de una historia en lugar de usar solo tramas y recursos. A Vonnegut le interesaba la **forma** de la historia.

Dijo que todas las historias tienen una forma y que esa forma se puede mostrar en una gráfica simple.* El eje vertical (*y*) es el de la buena suerte-mala suerte. En la parte superior tenemos la buena suerte, por ejemplo, la riqueza, la felicidad, la salud, el amor y la fortuna. En la parte inferior está la mala suerte, como la muerte, la enfermedad y la pobreza.

El eje horizontal (*x*) es el del principio-final. El principio a la izquierda y el final a la derecha. Esta línea empieza en el medio del eje *y* (véase la figura 1).

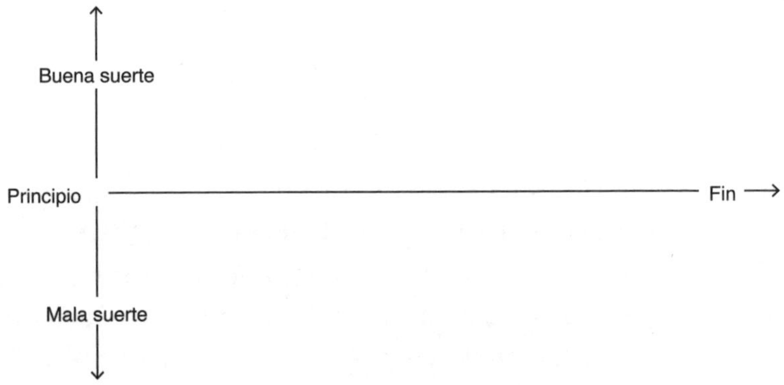


FIGURA 1

* Si te interesa, te recomiendo darte una vuelta por YouTube, donde podrás ver una grabación algo granulosa de los ochenta en la que Kurt dibuja todo esto en una pizarra y muestra su tronchante personalidad. *(N. del a.)*

Y eso es todo lo que necesitamos. Ahora podemos plasmar cualquier historia jamás escrita en este cronograma. Cuando pasa algo bueno, lo reflejamos en la parte de arriba de la gráfica y, cuando pasa algo malo, en la parte de abajo. Y lo hacemos según avanza la historia. Vamos a probarlo con una historia muy simple que Vonnegut llama «El hombre en el agujero» (véase la figura 2).

Empezamos marcando un lugar cerca de la parte superior del gráfico: hay una persona con una buena vida. Está haciendo su día a día cuando cae en un agujero. En ese punto, la línea del gráfico baja. El agujero está oscuro y da miedo y nuestro héroe empieza a desesperar hasta que un transeúnte lo ve y lo ayuda a salir. El arco vuelve a subir, aunque hasta un punto un poco más alto que en el que había empezado, puesto que la experiencia ha hecho que el personaje (y nosotros) nos demos cuenta de lo buena que es la vida.

Para resumirlo en palabras de Vonnegut: «Alguien se mete en problemas y vuelve a salir».

Es la trama de la mayoría de las series de capítulos de 22 minutos.

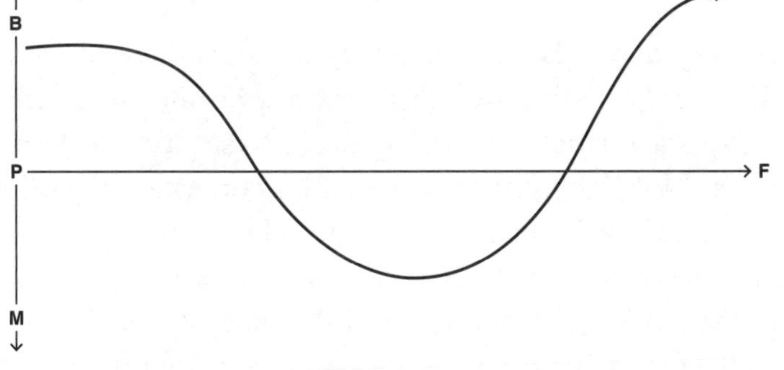


Figura 2

Y, aunque esa historia es una de las más sencillas que se pueden contar, en los pitches encontramos una todavía más simple. Es como «el hombre en el agujero», pero sin el agujero. Es algo así: una vez, había una empresa que era la mejor en todo. Tenían más certificados que nadie, las mejores personas, la mayor experiencia, el mejor producto y con ellos cualquiera estaría «en las mejores manos». Fin.

Representada en un gráfico, sería una línea recta en la parte superior (véase figura 3).

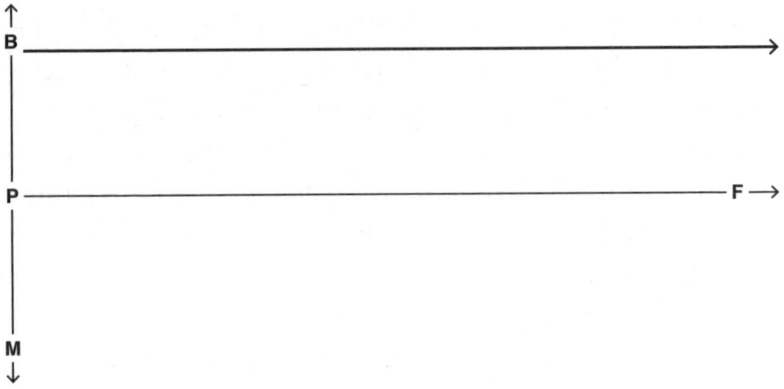


Figura 3

Si alguna vez las oído la frase sarcástica «qué interesante, tío», es probable que la historia a la que se refiriesen tuviera esta forma. De hecho, no le hace justicia llamarla historia. No existen libros o películas con esta forma lineal porque nadie los leería ni las vería. Hasta en los libros infantiles pasan cosas malas y por eso las personas necesitamos que haya algún tipo de conflicto para llamar historia a algo. La mayoría no somos sádicos, no es que disfrutemos del dolor del conflicto, sino de cómo se supera.

Kurt Vonnegut analizó muchas historias usando este método e, igual que muchas historias siguen la plantilla del viaje del héroe, muchas historias comparten las mismas formas básicas. Cuantas más historias analizamos, más patrones emergen. El mismo Vonnegut nos dio muchas formas y ejemplos geniales, pero, desde entonces, muchos han usado ese método para trazar la forma de una historia. En 2016, un grupo de investigadores de la Universidad de Vermont usó el procesamiento del lenguaje natural para trazar 1.737 obras de ficción en el gráfico de Vonnegut. Colocaron esas formas en grupos:

1. De pobre a rico (ascenso), por ejemplo: *Aladdín*, los libros de Harry Potter y *Jane Eyre*.
2. De rico a pobre (caída), por ejemplo: *Macbeth*, *El gran Gatsby* y *El retrato de Dorian Gray*.
3. El hombre en el agujero (caída y ascenso), por ejemplo: *El hobbit*, *The Martian* y *Slumdog Millionaire*.
4. Ícaro (ascenso y caída), por ejemplo: *Doctor Fausto*, *Réquiem por un sueño* y *Frankenstein*.
5. Cenicienta (ascenso, caída y ascenso), por ejemplo: *Orgullo y prejuicio*, *El rey león* y *El conde de Montecristo*.
6. Edipo (caída, ascenso y caída), por ejemplo: *El padrino*, *Breaking Bad* y *Hamlet*.

Puedes coger cualquiera de estas seis formas y elaborar tu propia historia con ella. Es imposible que no crees algo por lo menos mil veces mejor que una historia de las que van en línea recta. A diferencia de lo que ocurre con el viaje del héroe, aquí no estás planeando una serie de acontecimientos predeterminada, sino alternando sucesos maravillosos y terribles. Y, cuanto mayor sea el contraste entre lo bueno y lo malo, mayor impacto tendrá la historia y más fascinante será.

### *Historias personales*

Hemos visto las estructuras, recursos y técnicas para darle forma a un relato, sobre todo para contar algo acerca de un producto, servicio o idea, pero, además del tema principal, también puedes hablarle al público de historias personales que transmitan algo relevante.

Todos tenemos historias personales que contar. Somos la suma de las experiencias que hemos tenido y los fracasos que hemos vivido nos han convertido en quienes somos. Desde el nacimiento, aprendemos fracasando. Si algo se nos da bien es porque antes se nos ha dado mal durante mucho tiempo y hemos aprendido de nuestros errores. Los momentos más memorables de nuestra vida suelen ser las cimas que llegan después de las dificultades y los desafíos: ganar premios, graduarnos, abrir un negocio, tener hijos, aprender a montar en bici, casarnos... Sea lo que sea, si lo piensas, esos grandes recuerdos casi siempre fueron después de un momento de dificultad. Cuando lo bueno viene después de lo malo, parece mucho más potente.

Nuestra vida está llena de altibajos inesperados, improvisados y espontáneos, y esas son nuestras historias. Son solo nuestras y contienen algún tipo de lección, muchas de las cuales podemos usar en un pitch. No se trata de contar cualquier anécdota y punto, eso está claro, pero, si sigues estas tres normas, irás por el buen camino para contar una historia personal potente.

## 1. Encuentra lecciones relevantes

Si cuentas una historia personal, debe ser por algo. Podría ser para ilustrar un argumento o para usarla como metáfora. Piensa primero qué lección calará en el público en tu situación y luego reflexiona sobre en qué momentos de tu vida has aprendido esa lección mediante la experiencia. La experiencia de Blake Mycoskie de ver niños descalzos en Argentina lo llevó a cambiar el mundo, pero tus lecciones vitales podrían venir de cualquier sitio. ¿Qué aprendiste planificando tu boda, peleándote con tus hermanos o montando un Lego? Hay historias y lecciones por todos lados.

## 2. Sé auténtico

Las historias personales son maravillosas para hacer una presentación porque ya las tienes grabadas en la memoria. Si te inventas una historia, y hasta si exageras una, puede que sea más espectacular, pero no tan emocionante. Sé tú mismo. Cuéntale al público tus experiencias vitales. Y es importante que no solo enumeres una secuencia de acontecimientos; háblale al público de cómo te sentiste en ese momento. Cuando cuentas una historia de corazón, sientes las mismas emociones que cuando ocurrió y las neuronas espejo del público se ponen en marcha para que este también las sienta. Así es como podemos lograr que un auditorio entero se eche a llorar de pena o de alegría.

### 3. Muéstrate vulnerable

Esta tercera clave del éxito puede ser dificilísima para algunas personas, sobre todo en un contexto empresarial. Mostrarse vulnerable requiere valor, pero es potentísimo. Si queremos hablarle al público de las veces que hemos cometido errores o hemos hecho cosas de las que no nos sentimos orgullosos o nos hemos sentido avergonzados o solos, enseguida se mostrará receptivo. Todo el mundo se ha sentido así, pero no muchos hablamos sobre esos momentos, especialmente en público, y menos en el contexto de un pitch. Eso todavía lo vuelve más impactante.

Sara Blakely es la fundadora de Spanx, una empresa de ropa interior que ayuda a quien la lleva a tener una figura más torneada. La marca tiene un éxito increíble, pero Sara a menudo cuenta la historia de las dificultades que vivió cuando empezó con la empresa. En un primer momento quería ser abogada, pero suspendió dos veces la selectividad. Tuvo la idea de crear Spanx, pero no sabía nada sobre la industria de la moda. Habla sobre la vergüenza que sintió, sus fracasos y las lecciones que aprendió de esas experiencias. Al hacerlo, hace que la gente se pueda identificar con ella y que le cojan cariño, y también nos enseña el valor de la resiliencia, la persistencia y el aprendizaje del fracaso. Eso nos conecta a su imagen de marca y también la acerca a su público.

## Crea una librería de historias personales

Cuando te dan la oportunidad de hacer un pitch y el plazo ajustado que suele acompañar a esa oportunidad, puede ser difícil y hasta abrumador repasar toda tu vida buscando anécdotas relevantes. Una gran solución para esto es ir trabajando de forma constante en un catálogo de acontecimientos vitales que tienen algún tipo de lección. Escribe un diario o abre una nota en el teléfono y, cuando te pase algo que te enseñe una lección, anótalo. Cuando superes un desafío o te venga a la memoria un recuerdo de hace años, apúntalo. Así, cuando llegue una oportunidad, tendrás toda una librería de historias y lecciones personales que repasar.

Podrías intentar empezar la lista preguntándote: ¿cuándo me he sentido más feliz y satisfecho, y qué obstáculos superé para llegar ahí? ¿Cuándo me sentí más triste o decepcionado, y qué lecciones aprendí? ¿Cuándo me sentí más vulnerable y cómo lo superé? Hasta puedes repasar la lista de veintisiete emociones y ponerte el reto de encontrar un ejemplo real para cada una.

Aquí tienes tres ejemplos de cómo puede emocionar a un público mostrarse realmente vulnerable. En este caso, se trata de discursos que animan al público a pensar de forma distinta sobre paradigmas de toda la vida. Son todo ejemplos de personas que aprovechan sus experiencias para persuadir e inspirar al público y conectar con él. Puedes encontrarlos en internet, pero ten en cuenta que no son fáciles de ver y tus neuronas espejo echarán chispas.

- **El discurso de Emma Watson en la ONU sobre igualdad de género en 2014.** Watson relata sus dificultades cuando era pequeña y sus experiencias personales con el sesgo de género. Hace hincapié en que la igualdad de género nos beneficia a todos y alienta a que más hombres se unan a la lucha.

Cita clave: «Quiero que los hombres acepten esta responsabilidad para que sus hijas, hermanas y madres puedan liberarse de los prejuicios, pero también para que sus hijos tengan permiso para ser vulnerables y humanos, que recuperen esas partes de sí mismos que han abandonado y, al hacerlo, sean una versión más real y completa de sí mismos».

- **El «Los estaremos observando» de Greta Thunberg a los líderes mundiales en la Cumbre sobre la Acción Climática de la ONU en 2019.** Thunberg llora mientras le habla al público sobre el impacto que ha tenido la crisis climática en su vida y exige a los líderes mundiales que hagan algo para cambiar la situación.
  Cita clave: «Ustedes me han robado los sueños y la infancia con sus palabras vacías. Y, a pesar de todo, yo soy de las que tienen suerte».
- **La gimnasta dos veces miembro del equipo olímpico estadounidense Aly Raisman le dedica un discurso a su abusador, Larry Nassar, el día de su sentencia en 2018.** Raisman expresa su enfado y su dolor, así como la traición a la confianza de alguien en una posición de tanta autoridad. Pide responsabilidad, no solo de parte de Nassar, sino de los sistemas de poder que permitieron que le ocurriera aquello.
  Cita clave: «No me das miedo. No me das miedo».

### *Relatos e IA generativa*

Si te sientes inseguro respecto a tus capacidades narrativas, es posible que te veas tentado a pasar directamente a la IA generativa para que te ayude. No tiene por qué ser algo malo, pero, por sí solo, no es la respuesta.

La IA generativa puede venirnos muy bien si necesitamos ideas y una forma rápida de empezar. Si le introducimos nuestro texto, puede ayudarnos a que nuestros relatos sean más concisos, descriptivos o emotivos. Puede sugerirnos mejoras y cambiar el estilo según la demografía del público, como la edad, el nivel de experiencia y la personalidad. Incluso podemos pedirle diferentes versiones de la historia basándonos en las estructuras narrativas de las que hemos hablado en este mismo capítulo. Sin embargo, tiene sus limitaciones e inconvenientes:

1. La IA generativa no puede saber las historias que hay en nuestro interior, solo las que otros han documentado o las que se inventa. Tus historias auténticas y vulnerables deben salir de ti.
2. La IA generativa no puede crear historias tan potentes como las de las personas; los resultados suelen parecernos forzados y sintéticos. No hemos llegado todavía al punto en el que los guiones, discursos y libros se escriban solo con IA generativa.
3. También hay una cuestión ética y moral. Si usas resultados de la IA generativa, no eres el autor de un texto. No solo te estás arriesgando a cometer plagios y violaciones de los derechos de autor, sino que puedes estar usando tranquilamente datos que no son ciertos.

Usa la IA generativa para ayudarte, pero ten fe en ti mismo y en tus propias historias.

## EN RESUMEN

Blake Mycoskie, el fundador de TOMS, supo que había logrado el éxito cuando vio por primera vez a una completa desconocida con sus zapatos. Se paró y le preguntó por ellos y, sin darse cuenta de quién era, ella le contó la increíble historia de los niños argentinos que se veían obligados a ir descalzos y le dijo que ella estaba ayudando personalmente a mejorar el mundo.

Nos encantan las historias y el público de un pitch no es una excepción. Tus pitches pueden ser tan fascinantes y cautivadores como cualquier película o novela, y con el extra añadido de que harán que convenzas al público de lo que estás diciendo. Recapitulemos:

- Una gran historia para un pitch será memorable, emotiva e inspiradora para el público, mucho más que hablarles de lo bueno que es tu producto, servicio o idea.
- Todos tenemos historias que contar y hay muchos marcos que pueden ayudarnos a estructurarlos. Encontrarás que los mismos principios aparecen una y otra vez, de modo que prueba alguno con tu historia a ver cuáles te funcionan mejor.
- Sea cual sea el marco que uses, procura siempre que, en un pitch, tu público sea el héroe y tú estés ahí para ayudarlo a conseguir lo que desea.
- Las historias más atractivas crean contrastes entre cosas muy buenas con cosas muy malas. Una historia sin ningún suceso negativo no es realmente una historia.

- Que no te asuste mostrarte vulnerable y contar historias personales; solo tienes que asegurarte de que tienen una moraleja que encaje con el pitch.
- Usa la IA generativa como ayuda, pero no para escribir el resultado final.

En el próximo capítulo te mostraré mi propio marco, que toma en consideración todo lo aprendido de los geniales narradores que aparecen en este capítulo y lo organiza en una estructura lista para aplicarla en un pitch. Yo lo llamo la montaña rusa narrativa.

# 7

# La montaña rusa narrativa

Cuando empecé en el mundo de los pitches, estaba perdidísimo. El trabajo de relleno era mi día a día, pero, con los años, he tenido unos mentores increíbles, he leído un montón de libros y he reunido cientos de recuerdos tanto exultantes como dolorosos de experiencias reales en un pitch. Y, a lo largo de esos años, decidido a encontrar formas reproducibles de crear un pitch atractivo todas las veces, he probado un montón de métodos y técnicas diferentes. Al final, he terminado con dos marcos a los que llamo «la montaña rusa narrativa» y «el titán».

La montaña rusa narrativa es un plan de acción de seis pasos para desarrollar historias específicas para un pitch. Toma en consideración todo lo que ya hemos hablado y, si completas los seis pasos, crearás historias que se pueden usar en entregas por escrito, relatos que abarcan todo un pitch, vídeos y más. Como el nombre indica, está diseñado para que el público viva una montaña rusa de emociones mediante el poder de la narración. Adopta elementos del viaje del héroe de Campbell y de las formas de las historias de Vonnegut. Incorpora una cuenta atrás, una escena de antes del título y aspectos de la psicología persuasiva de algunas de las mentes más privilegiadas de ese campo.

El titán es un método para organizar información a lo largo de todo el pitch y lo veremos en el próximo capítulo.

Llevo usando y haciendo evolucionar estas técnicas durante años, me han servido en incontables pitches y las he enseñado a innumerables equipos. He visto lo que funciona y he visto lo que no y me he pasado miles de horas investigando, analizando, aprendiendo y haciendo ajustes. He hecho todo lo posible por crear dos marcos de trabajo que maximizan la probabilidad de crear un pitch ganador, una presentación atractiva o un discurso emotivo.

Y funcionan.

## Visión general de la montaña rusa

Cada uno de los seis pasos de la montaña rusa narrativa está diseñado para ser un capítulo de tu historia, con un propósito concreto y contado en un orden específico:

1. ¿Por qué ahora?: el mundo actual y todos los desafíos a los que se enfrenta el público.
2. Una visión de futuro: un mundo venidero en el que todos los problemas del público se han resuelto.
3. Obstáculos: aquello que se interpone en el camino del mundo actual a la increíble visión de futuro.
4. La gran idea: tu producto, servicio o idea que lo resolverá todo.
5. Condiciones: lo que se requiere del público si quiere lograrlo.
6. El ingrediente secreto: por qué tú o tu organización es la única elección lógica para el éxito.

Ya ves que tenemos el esbozo de una historia que pasa de la realidad a la posibilidad con algún que otro revés y soluciones y un redoble final. Cada uno de estos pasos está diseñado para hacer lo que mejor saben hacer las historias: suscitar emociones profundas y crear un contraste entre lo bueno y lo malo.

### *Preparar la montaña rusa narrativa*

Trabajar con los seis titulares puede asfixiar la creatividad y provocar lentitud y un pensamiento lineal. Me parece que lo más útil es visualizar el proceso y a mí, personalmente, me gusta hacer las cosas a la antigua, con pósits físicos. Esto permite registrar ideas, pegarlas en un sitio y luego reorganizarlas en distintas categorías sin la laboriosa tarea de reescribirlas. Y, además, es simple: no necesitas más que unos cuantos pósits, un boli y una pared.

Si puedes, usa un rotulador negro. Queremos una letra grande, que destaque y sea muy visible. Los pósits son pequeños, así que escribe una sola idea en cada uno. Lo que interesa son muchos pósits con grandes titulares y no uno solo con un testamento en letra diminuta.

Otras opciones son usar una pizarra o, simplemente, hojas de papel, pero usa una hoja diferente para cada paso. Si prefieres trabajar de forma digital, busca en internet «pizarra colaborativa gratis», encontrarás muchas opciones que te permitirán trabajar solo o con otros en tiempo real.

Empezaremos poniendo cada paso dentro de un gran cuadrado o caja, y esos cuadrados los colocaremos en unos sitios concretos respecto a un eje *x* e *y*. En la parte superior estarán las posibilidades; las ideas aspiraciones reales que se centran en las visiones, soluciones y ventajas competitivas. En la parte inferior tendremos las dificultades; los desafíos, obstáculos y condiciones a los que habrá que prestar atención. En el centro de ese eje empezará una línea horizontal que irá de izquierda a derecha para mostrar la secuencia de nuestra historia de principio a fin. Colocaremos nuestras cajas por encima y por debajo de esa línea y el zigzag de una caja a otra nos dará los altibajos del recorrido de nuestra narración. La primera caja —«¿Por qué ahora?»— va al principio, en la parte baja, en la línea de dificultades, mientras que la segunda caja —«Una visión de futuro»— está en la parte superior, en la fila de posibilidades. La tercera caja va en la parte de abajo y así sucesivamente, abajo y arriba hasta, terminar con la sexta caja —«El ingrediente secreto»—, que está en la mitad superior, la de las posibilidades, cómo no. Escribe el título de cada paso en pósits separados y coloca cada uno de ellos dentro del cuadrado correspondiente (véase figura 4).

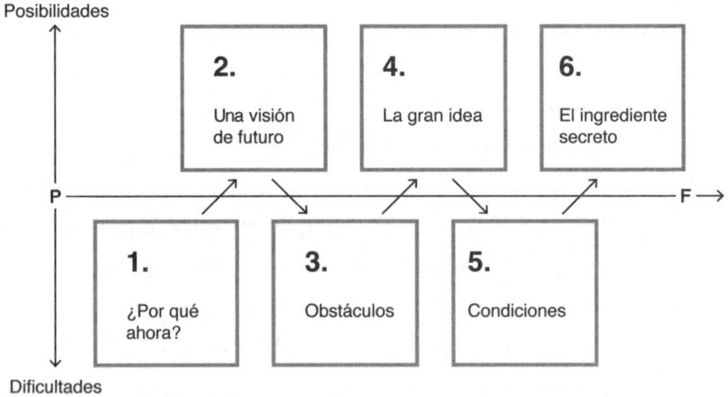


FIGURA 4

Ahora tienes un gran lienzo visual que llenar con todas tus ideas, además de la capacidad de mover y refinarlo todo a medida que avanzas.

### *¿Quién debería hacerlo?*

Si tu equipo es de una sola persona, es evidente que puedes hacer la montaña rusa narrativa tú solo; sin embargo, si formas parte de un equipo más grande, todo el mundo que esté trabajando en el pitch debería estar involucrado. Entre todos, debéis conocer al público, el sector y el producto, servicio o idea. También es posible que queráis incluir a alguien que no esté involucrado en el pitch, alguien lego en la materia. Cuando enseño a preparar un pitch, ese suele ser mi papel. Si no entiendo algo, pregunto, incluso si al equipo puede parecerle evidente la respuesta. Cuando somos expertos en algo, a menudo tenemos dificultades para dar las explicaciones básicas que los miembros del público necesitan. Se nos olvida que no todo el mundo está tan familiarizado con el tema como nosotros. Por lo general, es bueno tener a una persona que haga el papel de facilitador que marque el ritmo y no deje que el equipo pierda el tiempo, pero podría ser alguien del equipo, no necesariamente alguien de fuera.

## Cómo usar la montaña rusa narrativa

Empezamos la montaña rusa haciendo un volcado de ideas en cada uno de los seis pasos. Hazlo de forma metódica, que todo el mundo se centre en la misma caja o cuadrado, pero vaya añadiendo pósits de forma individual. Pon un temporizador de cinco minutos para cada cuadrado. Si a eso le sumamos el tiempo de conversar después de cada caja, el ejercicio entero debería llevar más o menos una hora. Si tienes un equipo grande, hablador o el tema es complejo, daos noventa minutos.

Por último, justo antes de pasar a los detalles, vale la pena señalar que la montaña rusa narrativa depende de que hayas hecho ya la investigación. Necesitarás comprender bien al público, al mercado y a la competencia, y es de esperar que hayas hablado incluso con clientes reales y hayas probado los productos por ti mismo, a ser posible. A medida que vayas pasando por los seis pasos, puede que identifiques la necesidad de abrir nuevas áreas de investigación. Está bien.

De momento vamos a centrarnos en el primer paso.

### *I. ¿Por qué ahora?*

La primera caja se asienta sobre el mundo actual, y aquí tienes que repasar todos los problemas y desafíos a los que se enfrenta tu público. Esta sección busca construir un argumento polifacético que destaque los retos existentes en muchas áreas distintas con un resultado final que sea la necesidad inequívoca de actuar ya. Esa es la cuenta atrás de la bomba que está a punto de explotar. Hay una tormenta perfecta de problemas y, si tu público no efectúa un cambio, va encaminado a una posible catástrofe. Podemos ser provocativos, hablar con una sinceridad brutal e introducir un elemento de miedo. Esta caja cumple tres funciones que la convierten en una apertura muy potente:

1. Crea urgencia.
2. Suscita emociones potentes que hacen que el público plante las orejas y escuche.
3. Le muestra al público de forma inmediata que estamos hablando de él, que él es el héroe.

Para asegurarnos de que llegamos al público desde todos los ángulos posibles y para ayudarte a ti y a tu equipo a pensar todas las ideas posibles, desgranemos los diferentes problemas a los que puede que se enfrente el público. Estos problemas no son aplicables a todos los contextos, de modo que elige las áreas que se adecuen a tu pitch y no tengas miedo de añadir otras.

### 1. Problemas estratégicos o de operaciones comerciales

¿Tiene el público una estrategia o una visión que le está costando cumplir? Si ocurre eso, a menudo suele ser por los desafíos que aparecen en las operaciones comerciales o procesos. Si tu pitch es a una empresa, deberías poder encontrar su declaración de objetivos o su visión. Si en este momento no están logrando esos objetivos, piensa en qué problemas actuales se lo están impidiendo. Entre ellos podrían estar la cadena de suministro, la fabricación, los pagos, las adquisiciones, la innovación, la llegada de los productos al mercado, la escala y la productividad. ¿Qué dificulta que logren las metas estratégicas a las que se han propuesto llegar? Tanto si se trata de una empresa como de un individuo, todo esto forma parte de la investigación descrita en el capítulo 4.

## 2. Problemas económicos

El dinero siempre será un motor clave para la mayoría de las personas del mundo. Por mucho que tengamos, siempre queremos más. De modo que ¿cuáles son los problemas económicos a los que se enfrenta el público que puede solucionar tu producto o servicio? ¿Por dónde están perdiendo dinero en el negocio? ¿En qué se están gastando dinero de manera innecesaria como individuos? Mientras escribo este párrafo, el mundo entero parece implosionar económicamente con la crisis del coste de vida, la inflación y el desempleo. Los consumidores tienen menos ingresos disponibles y las empresas se enfrentan a amenazas económicas de vida o muerte. Si tu producto o servicio puede hacer algo para ayudarles a ganar o ahorrar dinero, anota los problemas económicos que puede solucionar aquí. Recuerda, todavía no estamos enumerando las soluciones, solo los problemas que nuestro producto, servicio o idea puede resolver.

## 3. Problemas tecnológicos

La tecnología tiene un papel muy importante en casi todo lo que hacemos, tanto como individuos como en calidad de empresa. El desarrollo y la evolución rapidísimos de la tecnología también pueden llevar a grandes problemas. ¿Se ve el público obligado a usar tecnología anticuada, lenta e inestable? ¿Puede la tecnología actual cumplir con lo que se le pide? ¿Carga el público con el lastre de una tecnología demasiado complicada o enrevesada? ¿En qué sentido se ve aprisionado por la tecnología y esta le impide seguir adelante a buena velocidad o multiplicar su producción?

### 4. Problemas con las expectativas o la experiencia del cliente

Paul Papas, el vicepresidente sénior de IBM Consulting, dijo: «La última mejor experiencia que alguien ha tenido en cualquier sitio se convierte en la expectativa mínima de la experiencia que quieren tener en cualquier sitio». Vale la pena leerlo dos veces. Cualquier buena experiencia que tengamos con una empresa, producto o servicio, tanto si es una interacción digital como física, se convierte en nuestra nueva expectativa para todas las empresas, productos y servicios. Las experiencias de usuarios y clientes siempre están en evolución y, por lo tanto, también lo están las expectativas de esos usuarios y clientes. Si tu pitch es a una empresa, ¿en qué sentido le está fallando a sus clientes? Si tu pitch es a personas individuales, ¿en qué sentido les están fallando a ellos?

### 5. Problemas con la experiencia de los trabajadores

¿Hay algún problema relacionado con la experiencia de los trabajadores de la empresa? En el mundo actual, uno de los desafíos más grandes a los que se enfrentan las empresas es la batalla por el personal. Si los trabajadores no ven que se cumplan sus expectativas se irán a otra empresa que las cumpla. ¿En qué sentido les están fallando como individuos? ¿En qué sentido les están fallando en su experiencia diaria en el trabajo? ¿Qué hay de las promesas que les hizo la empresa en lo relacionado con los valores? ¿Se están cumpliendo?

### 6. Problemas con los cambios en el mercado

Además de los cambios de las personas y de la tecnología hay muchos factores externos y periféricos que cambian a todas horas. Las leyes, las buenas prácticas, las regulaciones, la competencia, las modas... En este punto, anotaremos todos los cambios en el mercado de nuestro público que se nos ocurran, así como los problemas que eso ha acarreado y que nuestro producto, servicio o idea puede resolver.

### 7. Problemas humanitarios o de sostenibilidad

Este podría ser el tema más importante de todos, pero no suele ser suficiente para motivar a la gente por sí solo a no ser que el objetivo principal del público esté relacionado con él; por ejemplo, si tu público está en el sector de las ONG, lo humanitario o lo ambiental. A la gente le gusta pensar que es altruista, pero eso no es del todo cierto. Sí, quieren ayudar a la humanidad y al planeta, pero solo si primero tienen asegurados sus ingresos y sus beneficios. Dicho eso, este es un tema que puede tener un gran impacto. Si somos una de las muchas empresas que pueden resolver problemas económicos, solucionar también problemas de este tipo puede ser lo que decante la balanza hacia nosotros. Será algo que conecte con la bondad de la naturaleza humana del público, pero también te ayudará a encajar con los valores de su empresa. La historia de Blake Mycoskie, el fundador de TOMS, es un gran ejemplo de esto.

¿Cuáles son los problemas a los que se enfrentan las personas del planeta y que tu producto, servicio o idea puede resolver? Podría ser una falta de necesidades humanas básicas, como la comida o la vivienda, o podría estar más arriba en la pirámide de la jerarquía de las necesidades de Maslow. ¿Cómo de sostenibles son las prácticas del público en lo ambiental? ¿Con qué problemas se pueden encontrar a causa del cambio climático? ¿Cómo se implementan y se perciben en la práctica los valores de inclusividad y accesibilidad que afirman tener? ¿Cómo de ética es su cadena de suministros?

Ya sabemos que las historias provocan emociones y el primer paso de la montaña rusa narrativa se presta de forma natural a despertar las emociones de miedo, provocación, revelación, escasez, urgencia, frustración, decepción y nervios. Son emociones de gran impacto, pero no queremos dejar al público macerándose en esas emociones demasiado tiempo: les ofrecemos el contraste de la esperanza con el paso 2.

## *2. Una visión de futuro*

Vale, ya les hemos mostrado a los miembros del público todos los alarmantes problemas de su mundo actual y ahora deberían morirse por que alguien les dé una buena noticia. Al más puro estilo Vonnegut, vamos a hacer más: vamos a mostrarles lo opuesto a ese terrible momento. Vamos a crear el contraste más drástico que podamos y pintarles una imagen

—una gloriosa visión de futuro, una utopía— en la que todos los problemas están solucionados y reina la positividad.

Este paso describe cómo será el éxito si todo pasa cuando debe pasar. Puede ser útil marcar unos tiempos, por ejemplo, un mes, seis meses, un año o cinco años. Este paso debería entusiasmar al público y hacerlo salivar ante la idea de vivir en ese magnífico y nuevo mundo.

La buena noticia es que ahora puedes usar los contrarios a los temas del primer paso. Ponte en la situación de que tu producto, servicio o idea ya ha cambiado el futuro de tu público. Hazles ver una imagen vívida del mundo transformado y muéstrales todas las posibilidades:

1. ¿Cómo rinde el público ahora respecto a su estrategia o visión? ¿Qué son capaces de conseguir ahora gracias a las grandes mejoras en las operaciones comerciales y los procesos?
2. ¿Qué éxitos económicos han tenido? ¿Cuánto dinero han ahorrado o ganado? ¿Qué nuevas libertades económicas tienen?
3. ¿Cómo les está ayudando la tecnología en lugar de lastrarlos?
4. ¿Cómo se están cumpliendo e incluso superando ahora las expectativas de los clientes o usuarios?
5. ¿Cuál es la increíble nueva experiencia de los trabajadores? ¿Qué significa eso para ellos y para la empresa?
6. ¿Cómo ha mejorado el rendimiento en el mercado? ¿En qué sentidos superan a la competencia?
7. ¿Cómo han conseguido tener un efecto positivo en la sociedad y el entorno? ¿Cuáles son los resultados y las mejoras cuantificables?

Todavía no les has hablado sobre tu producto o servicio, pero les has mostrado una visión de futuro que casi pueden saborear; un futuro que, como cualquier héroe, desean más que nada en el mundo. Recuerda, cuanto mayor sea el contraste entre la situación actual y la visión de futuro, mayor será el impacto sobre el público.

Hemos apartado de un plumazo el pesimismo y la pesadumbre del primer paso y, entre las emociones generales del segundo, están el entusiasmo, la curiosidad, el alivio, la alegría, la sorpresa, el optimismo y la esperanza.

### *3. Obstáculos*

En la tercera caja pisamos el freno a fondo. En cualquier buena historia, justo cuando las cosas pintan genial, pasa algo muy malo; nuestro héroe siempre se enfrentará a terribles escollos. En nuestra narración pondremos en pausa de forma temporal el sueño de una nueva utopía. Si llegar hasta ella fuera fácil, nuestro público ya estaría allí y no haría falta que hiciéramos ningún pitch. No, habrá muchos obstáculos en el camino, joven padawan. Este peligroso viaje no debe emprenderse sin una guía y unos conocimientos adecuados.

Este astuto paso tiene un par de efectos a nivel subconsciente. Primero, nos identifica como el mentor. El público es el héroe, pero solo puede lograr el éxito con nuestra ayuda. Que nosotros ya sepamos qué obstáculos aparecerán en el futuro es un claro indicador de que ya hemos hecho esto antes y somos los expertos.

Segundo, si tienes competencia directa, puedes usar este paso para señalar de forma sutil cualquiera de sus flaquezas.

Depende de la situación, pero a menudo no es apropiado mencionar a un competidor y exponer de forma directa sus fracasos. En cambio, lo que podemos hacer es convertir las debilidades de la competencia en un obstáculo que sabemos que solo nosotros podemos ayudar al público a superar.

A medida que sigamos usando los temas de los dos primeros pasos, empezarás a ver que, aunque estamos recopilando una historia general, hay varios «hilos» que se pueden seguir de forma individual. Estos hilos pueden ser muy útiles cuando necesitemos profundizar en ciertas partes de la historia más adelante.

Veamos, pues, ¿a qué obstáculos y desafíos tendrá que enfrentarse tu público cuando pase del mundo actual a un nuevo futuro glorioso? Más concretamente, a qué obstáculos se enfrentará en materia de:

1. Estrategia u operaciones comerciales: ¿qué retos tendrán que superar si se implementan cambios fundamentales al negocio?
2. Economía y finanzas: ¿tendrán que gastar más al principio antes de obtener más beneficios o ahorros?
3. Tecnología: ¿qué problemas acarreará sustituir los sistemas viejos por otros más modernos? ¿Se trata de apretar un simple botón o es una situación más complicada?
4. Experiencias y expectativas de los clientes y usuarios: ¿habrá un periodo de disrupción para los clientes cuando se produzcan los cambios? ¿Recibirán el futuro con los brazos abiertos?
5. Experiencias y expectativas de los trabajadores: ¿aceptarán y adoptarán los trabajadores los cambios o ha-

brá que hacer una campaña? ¿Preferirán seguir con lo que ya conocen? ¿Necesitarán formación?
6. Cambios en el mercado: ¿cuáles son los riesgos de realizar cambios en lo relativo a cómo lidian con las leyes, las buenas prácticas y las regulaciones? ¿Es posible que un paso en falso pueda empeorar las cosas?
7. Problemas humanitarios y de sostenibilidad: se trata de temas muy importantes, e implementar cambios nunca es fácil. ¿Cuáles son los obstáculos que tendrán que superar para tener un impacto positivo?

Como recordatorio: sé sincero, no sensacionalista. Necesitas que el público sepa que los cambios comportan desafíos y, si tu competencia no los ha abordado, esta es tu forma de demostrar que vale la pena pagar más por contratarte y que eres de fiar. No tengas miedo de sonar negativo; si de verdad tienes un producto o servicio que ayudará al público, deberías conocer los retos a los que este puede enfrentarse en el proceso y tener un plan establecido para superarlos, el cual deberás explicar en el siguiente paso.

Entre los temas generales y las emociones del tercer paso están el realismo, la transparencia, la alarma, la cautela, el pesimismo, la decepción, la provocación y el miedo.

### *4. La gran idea*

Otro giro. Esta vez damos la buena noticia de que nuestro producto, servicio o idea es la respuesta. «Podemos llevaros de un mundo de retos y problemas a un nuevo futuro glorioso y ayudaros a superar todos los obstáculos del camino.»

Esa es nuestra GRAN IDEA. No hace falta que profundicemos en los detalles, eso ya vendrá más adelante en el pitch, solo tenemos que explicar que nuestra gran idea llevará al público del mundo actual, con todos sus problemas, a su visión de futuro, guiándolo a través de los obstáculos y los desafíos con los que pueden toparse. Presentamos los titulares con un lenguaje sencillo.

Si has inventado alguna especie de producto o servicio original, aquí puedes explicar básicamente en qué consiste. Esta es la gran idea: un teletransportador. O un Uber para gatos. Es la gran revelación y has preparado al público para querer oírla.

Si has creado un producto o servicio que no es único en su especie, aquí contarás en qué consiste y enumerarás todas las características que lo hacen único y los beneficios que tiene y que lo diferencian del de la competencia. Según la situación, hay más de un modo de hacerlo. Si, por ejemplo, el pitch es a un inversor que no sabe todavía lo que le vas a proponer, puedes usar una plantilla como esta, inspirada en el discurso de propuesta de valor del libro que Geoffrey Moore publicó en 1991, *Cruzando el abismo*:

> Nuestro [producto/servicio/idea] hace posible que [público objetivo] [cubra una necesidad o alcance un objetivo]. Ofrece [una estrategia singular o una característica importante], por lo que destaca como un/a [categoría] diseñado/a para [ventaja o resultado principal]. En comparación con [competidor o *statu quo*], nuestro producto/servicio/idea es excepcionalmente [diferenciador principal, p. ej.: rápido, más personalizado o más rentable] y proporciona [ventaja o experiencia extra] pensado/a específicamente para [tipo de público].

Por ejemplo, nuestra plataforma impulsada por IA ayuda a las pequeñas empresas a incrementar el alcance y las interacciones en redes. Automatiza y personaliza las campañas por todos los canales, por lo que es una herramienta creada para que el marketing digital sea accesible para todo el mundo. A diferencia de las herramientas de marketing tradicionales, que requieren una instalación extensiva y habilidades técnicas, nuestra solución simplifica el proceso y permite que las empresas lancen sus campañas dirigidas de forma rápida y fácil, lo cual las ayuda a ahorrar tiempo y aumentar los ingresos.

Si ya es evidente lo que hace tu producto o servicio —por ejemplo, si eres una de varias empresas que se postulan para conseguir el mismo encargo—, tal vez tu gran idea consista más bien en un planteamiento único. En ese caso, tal vez enumeres todo lo que el público puede esperar y por qué cada paso es importante. Pongamos que eres un limpiador de ventanas y te enfrentas en un pitch a otros limpiadores de ventanas. Mientras que el resto aparecerán y limpiarán ventanas, tal vez tú hagas las cosas de otra forma. Por ejemplo, puedes decir:

> En primer lugar, nos sentaremos a hablar de todas vuestras necesidades: con qué frecuencia necesitáis el servicio, qué áreas son especialmente problemáticas, qué días y horas os van mejor... Eso me ayudará a estar seguro de que mi servicio satisface todo lo que necesitáis de un limpiador de ventanas. Luego daremos una vuelta al edificio juntos para poder daros un presupuesto ajustado y asegurarme de que sé exactamente qué herramientas traer. El día antes de venir a limpiar las ven-

tanas os mandaré un mensaje para cerciorarme de que la cita os va bien. El día del servicio llegaré a la hora acordada, ni pronto ni tarde, y empezaré sin molestar. Más tarde recibiréis un correo con la factura y una encuesta de satisfacción para saber si estáis contentos con el servicio o si hay algo que pueda hacer para mejorarlo la próxima vez. No hay contrato y, mientras estéis satisfechos, seguiré viniendo, pero, si necesitáis parar un tiempo o de forma definitiva, no tenéis más que mandarme un mensaje.

En este esbozo de tu servicio no tienes por qué entrar en minucias, solo tienes que explicar de forma clara qué sacará el público y en qué te diferencias de la competencia. Esto solo funciona si tienes un factor de diferenciación real, claro, de modo que (a riesgo de sonar como un disco rayado) asegúrate de estar proponiendo algo único en comparación con la competencia.

Sea cual sea la estrategia que adoptes, también necesitas delinear de forma clara cómo supera tu gran idea los obstáculos qué has enumerado en el tercer paso. Si vas a introducir un cambio en los procesos del público, ¿proporcionarás formación a los trabajadores? Si tu público está perdiendo dinero en este momento, pero necesitas que hagan una inversión, ¿puedes explicar que tu idea terminará pagando todos los gastos en los tres primeros meses? Si existe la posibilidad de que un cambio tecnológico perturbe el servicio al cliente, ¿lo crearás todo en un entorno de desarrollo y lo testearás antes del lanzamiento oficial?

Tu gran idea funciona del mismo modo tanto si es un concepto que les estás presentando a los alumnos en una clase como si se trata de las cosas que harías si te contratasen para un puesto de trabajo para el que te están entrevistando o de los motivos por los que tu mejor amigo se casa. Son cosas de alto nivel, generales, simples.

Entre los temas y las emociones generales del cuarto paso están el entusiasmo, la comprensión, el alivio, la fascinación, la gratitud, el deseo y la reaseguración.

### *5. Condiciones del éxito*

De acuerdo, nos quedan dos pasos y debemos volver al contraste, a las dificultades. En el paso número cinco debemos establecer la importancia de la implicación del público en nuestra solución y mostrarles de forma clara que, sin esa implicación, podrían tener problemas: el éxito está, al menos en parte, en sus manos. Sí, nosotros tenemos la gran idea, pero, en algunas circunstancias, necesitaremos su participación activa y decidida para lograr el éxito. Se encuentran en un mundo en transformación, por lo que deben implementar cambios, pero, si el cambio les ocurre a ellos en lugar de ocurrir con ellos, podrían tener problemas. Por ejemplo:

- ¿Necesitas que te dediquen un tiempo?
- ¿Necesitas que haya ciertas personas disponibles de su parte?
- ¿Necesitas poder acceder a partes de su negocio, de sus sistemas tecnológicos o de sus datos?
- ¿Necesitas que se comprometan a hacer marketing y publicidad conjuntos?
- ¿Necesitas información o especificaciones adicionales?
- ¿Necesitas acceso a sus clientes o usuarios?

- ¿Necesitas colaboración en cuestiones de buenas prácticas o regulación?

Existen muchas posibles peticiones para el público y la clave es que sean auténticas. No buscas manipular o amenazar, sino que estás siendo sincero al informarles de los prerrequisitos que tiene el éxito y mostrándoles la importancia que deberán darle a eso. El pitch es solo el principio de una nueva relación y las relaciones más exitosas son verdaderas colaboraciones. Tienen que desearlo tanto como tú y tratar la situación con el mismo respeto y seriedad que tú. Nunca deberías rogar que te den un encargo, solo ofrecerle a la gente una oportunidad real de unirse a ti en el viaje a un futuro transformado y mejorado. En este paso le estamos preguntando al público: ¿de verdad estás dispuesto a dar lo que hace falta?

Temas y emociones generales del quinto paso: sinceridad, gravedad, expectativa, responsabilidad, confianza.

### *6. El ingrediente secreto*

Y, entonces, por fin, llegamos al paso seis, nuestro ingrediente secreto. En mi experiencia, este es el paso que solemos poner al principio en un pitch. Nos morimos por contarle al público lo buenos que somos y por qué deberían elegirnos a nosotros y a nadie más. Sin embargo, al principio del pitch, el público no está listo para oírlo, lo verían como si intentásemos venderles algo y eso enseguida echa para atrás. Si sigues este modelo de seis pasos y les muestras lo mucho que los entiendes y que puedes resolver sus desafíos, elegirte a ti será una conclusión ineludible y no tendrás más que presentarles las evidencias racionales que apoyen su decisión emocional y subconsciente de elegirte. Es el remedio para cualquier disonancia cognitiva que puedan sentir.

Además, siempre existe un leve riesgo de que le demos al público una solución brillante que luego puedan intentar buscar más barata en otro sitio. Este paso ayuda a persuadirlos de que eso no es buena idea. Les estás diciendo que nadie más ni ninguna otra empresa del mundo puede ejecutar este plan, suministrarles este producto o proporcionarles este servicio al mismo nivel que tú. Si quieren pasar de su mundo actual a la gloriosa visión de futuro y superar todos esos obstáculos y retos, te necesitan a ti.

Este paso no es una banalidad. Vuelve al principio número 7 del primer capítulo: encuentra tu verdadero factor diferencial. Si no tienes nada que te haga destacar, te costará ganar cualquier pitch, a no ser que proporciones tu idea, producto o servicio a un precio considerablemente más barato que la competencia. Ponte el desafío de ser cien por cien sincero. ¿Por qué te elegirías a ti mismo antes que a cualquier otro si tú fueras el público?

- ¿Eres quien más experiencia tiene en el campo?
- ¿Recibes unas valoraciones inigualables de tus clientes?
- ¿Cuentas con el crecimiento más pronunciado?
- ¿Tienes la mayor base de clientes?
- ¿Alguna organización externa te considera el mejor?
- ¿Has ganado premios?
- ¿Cuentas con tecnología registrada a tu nombre o una propiedad intelectual única?

- ¿Cuentas con la mayor presencia global o el mayor alcance comercial?
- ¿Dónde has hecho esto antes?

Hay mil formas distintas de diferenciarte, pero, sean las que sean, tienes que respaldarlas con pruebas reales. Si hablas sobre crecimiento o consumidores, proporciona cifras. Si hablas sobre premios y certificaciones, enuméralos. El público tiene que creer y confiar en que no hay nadie mejor. No les estás pidiendo que tengan fe en ti, les estás presentando datos irrefutables negro sobre blanco. Recuerda: una buena comprobación es escribir todo lo que te hace único en una lista y luego poner el nombre de tu competidor más cercano en la parte de arriba. Si tu competidor puede afirmar lo mismo que tú, lo que has escrito no te hace único.

Entre los temas y emociones generales del paso seis están: la lógica, la razón, las pruebas, la reaseguración y la admiración.

Cuando hayas completado estos seis pasos, tendrás todos los ingredientes para una montaña rusa narrativa de lo más poderosa y emotiva, así como la base para un pitch brutal.

## Siguientes pasos: repetición y triangulación

Tras la primera ronda de la montaña rusa narrativa, tendrás un tablón físico o digital cubierto por completo de pósits organizados de forma clara en dos hileras: las posibilidades y los obstáculos. Eso está genial, pero seguramente tendrás demasiada información para una historia breve y potente. Habrá muy buenos elementos que se repitan, otros que sean más débiles y otros que sean de puro relleno, y es posible que falten algunos. Eso tenemos que arreglarlo.

1. Revisa cada paso centrándote en los temas y emociones generales que aparecen al final de cada sección. ¿Tienes elementos que reflejen todos esos temas y emociones? ¿Algo de eso te da ideas para añadir algún elemento más?
2. Encuentra a alguien que no haya participado en la sesión y preséntale la montaña rusa narrativa. ¿Le surge alguna pregunta o algún desafío respecto a lo que has escrito? ¿Tiene alguna idea más?
3. Relee el *brief* que recibiste del público. ¿Hay algo en su documentación que necesite una respuesta o una referencia? ¿Queda alguna nueva idea que añadir?
4. Repasa lo que investigaste. ¿Hay algún elemento clave que puede se te haya olvidado incluir? En caso afirmativo, busca dónde encaja ese material en tu relato.
5. Revisa cada paso y crea grupos de pósits similares entre ellos. Colócalos unos al lado de otros y piensa un título que englobe la idea general que todos comparten.
6. Elimina cualquier pósit que no sea lo bastante diferenciador, relevante o potente para incluirlo en un relato impresionante. Cada segundo del pitch es valioso y no debemos desaprovecharlo con nada que no nos ayude a persuadir al público.

7. Cualquier idea genial seguida por otra mediocre solo queda diluida por la segunda. Teniendo eso en mente, es el momento de separar el grano de la paja. Revisa cada paso de la montaña rusa narrativa y pon un punto al lado de las ideas que te parezcan más potentes. Solo tienes tres puntos por paso. Si trabajas en equipo, las ideas con más puntos al lado reflejarán el consenso grupal. Si quieres, puedes dejar que la gente ponga más de uno de sus puntos en la misma idea si les parece muy importante. Las tres ideas con más puntos de cada paso son aquellas en las que deberías centrarte.
8. Si tienes tiempo, tómate un descanso de un día o dos. Olvídate de la montaña rusa y haz otra cosa. Vuelve con una mirada fresca y ve si todo cuadra o si tienes nuevas ideas que añadir.

Si llevas a cabo todos estos pasos e inviertes el tiempo y el esfuerzo en esta etapa, te verás recompensado. Tener un mal relato y luego intentar cambiarlo sobre la marcha es un proceso mucho más doloroso y lento. Crea una buena historia desde el principio repasando los fundamentos y estarás invirtiendo en el éxito del resto del pitch. Y, cuando hayas repetido y triangulado y estés seguro de que tienes todos los ingredientes esenciales para una historia, puedes crear tu cautivador relato final.

## La redacción

Igual que un chef, ahora tienes los ingredientes adecuados, las cantidades correctas y la receta perfecta. Ha llegado el momento de cocinar.

Empieza por hacer que una persona redacte los pósits en forma de frases y párrafos. Usa Microsoft Word o un equivalente. Para empezar, mantén los titulares de las cajas de modo que termines con un documento que tenga seis secciones; dentro de cada una, tendrás las ideas redactadas y la historia se desarrollará de forma orgánica. En ese momento puedes hacer que el documento circule por el equipo e invitar a que introduzcan cambios.

Si no te sientes cómodo con la parte de la escritura o quieres acelerar el primer borrador, puedes usar la IA generativa. Pasa al ordenador lo que hay anotado en los pósits y pégalo en forma de lista acompañada de un *prompt* del estilo de: «Convierte esta lista en un relato atractivo». También puedes pedirle que escriba con el estilo de un consultor experto, una empresa de productos, un profesor o un redactor de discursos; lo que necesites. Pero recuerda que muchas herramientas de IA generativa usan los textos con las que las alimentas y los textos que producen para mejorar sus modelos, lo cual significa que esos datos se guardan en un servidor público y parte de ellos podría reproducirse en una respuesta a otra persona. En otras palabras, la información deja de ser privada y confidencial. Puede que no pase nada si lo único que quieres es reescribir algo genérico, pero no añadas nada que no quieras que lea otra persona y, desde luego, no incluyas información confidencial. Hay versiones de pago que eliminan este problema, pero pueden seguir planteando dudas respecto al Reglamento General de Protección de Datos, de modo que debes leer atentamente los términos y condiciones del servicio. Y recuerda: luego deberás refinarlo todo con tus propias palabras.

Yo soy un poco de la vieja escuela y prefiero redactar por mí mismo el texto a partir de los puntos de la montaña rusa narrativa.

## La montaña rusa narrativa en acción

Yo uso la montaña rusa narrativa en todos los pitches, presentaciones, clases y discursos en los que trabajo y también la he usado para escribir la sinopsis de este libro. Me ha ayudado a seguir alineado con mis objetivos mientras escribo y también les ha servido a los demás para entender y entusiasmarse con mis ideas. Puede que la sinopsis sea mucho más corta que las versiones de la montaña rusa que tú crearás para tus pitches, pero, para este capítulo, es una buena forma de ilustrarla de forma compacta. Aquí la tienes:

> El mundo del pitch puede ser angustiante. Ahora mismo, millones de personas de todo el planeta preparan trabajosamente presentaciones de PowerPoint de cien diapositivas. Están estresadas, nerviosas y no tienen ni idea de cómo saldrá todo. También en este momento, la misma cantidad de miembros del público no tienen ningunas ganas de ir a trabajar mañana porque saben que deben soportar horas y horas de diapositivas, datos, diagramas y jerga.
>
> Pero las cosas no tienen por qué ser así. Hay un futuro en el que nadie tiene por qué seguir sufriendo, en el que los equipos están entusiasmados por la experiencia que van a otorgarle a otras personas y el público cuenta los minutos que faltan para que los sorprendan, los enamoren y se los ganen con emociones, narración y una inmersividad inesperada. Y se

trata de algo que no solo es placentero, sino que es el modo más potente de cambiar las creencias y paradigmas de alguien.

Sin embargo, llegar a esa nueva utopía no será fácil. Requiere investigación, ensayo, valor, vulnerabilidad y esfuerzo. Muchas personas tendrán demasiado miedo y muchas otras intentarán convencerte de que no cambies. Además, no hay libros publicados que documenten de forma clara todos los métodos, la psicología y las ideas que necesitas para lograrlo.

Hasta ahora. Hasta que se ha publicado este libro. Si lo lees de principio a fin, tendrás todo lo que necesitas para crear pitches de los que te cambian la vida. Te cambiará la vida, la carrera, la idea de plenitud y de felicidad y cambiarán tu tasa de éxito. Es una guía práctica que puede usar cualquiera para cautivar y convencer a cualquier público del planeta.

Si quieres lograr el éxito, debes estar preparado para cometer errores. Debes estar preparado para fracasar. Debes estar preparado para jugártela y hacer las cosas de formas novedosas y poco convencionales. Si estás preparado para ese reto, tendrás un gran impacto sobre muchísimas personas. Te irás a dormir sabiendo que el mundo es un lugar más alegre por el pitch que has creado.

Y lo sé porque lo he hecho. He creado cientos de pitches y he aprendido a las malas. Yo no tenía este libro, pero he dedicado más de 10.000 horas a este asunto. He ayudado a empresas a ganar miles de millones de dólares, he cautivado a incontables públicos y he cambiado mi propia vida para convertirla en algo de lo que sentirme orgulloso. Mi misión es regalarle eso mismo a tantas personas como pueda por todo el mundo.

Vamos a hacer un pitch.

## EN RESUMEN

Creé la montaña rusa combinando técnicas y métodos narrativos y psicológicos, y funciona como marco para crear relatos atractivos y emotivos desde los cimientos hasta el pitch. Puedes probarla tú solo o en equipo y, si sigues los pasos, tendrás una herramienta que podrás usar de muchas formas distintas: como breve introducción antes de las presentaciones, como documento de síntesis, como vídeo o, simplemente, como relato unificador de referencia que consultar durante la preparación del pitch. Incluso puedes usar una versión abreviada para cualquier persona con la que te encuentres en un ascensor, entre plantas, aunque ya llegaremos al verdadero significado de «pitch de ascensor» en el capítulo 12.

La montaña rusa narrativa no suele bastar para un pitch entero a no ser que tengas solo cinco minutos con el público. Está diseñada para proporcionarte unos cimientos sólidos, pero también puedes recortarla y usarla por partes. En el próximo capítulo veremos cómo puedes aplicar la montaña rusa a cualquier historia, no tiene por qué ser solo para el concepto principal del pitch. De hecho, usaremos este marco en varias ocasiones a lo largo del pitch dependiendo del contenido para el que necesitemos una historia.

Recapitulemos:

- Crea un espacio con los títulos de los seis pasos ordenados en dos hileras y empieza a llenar cada paso uno por uno.

- Pon un temporizador de cinco minutos por cada paso para generar ideas rápidas y breves, pero deja tiempo para la discusión y el debate si trabajas en equipo.
- Sigue las instrucciones para tratar los temas de cada paso como las operaciones comerciales, la experiencia del cliente y la sostenibilidad.
- Encuentra el relato más limpio y claro recortando el material que tienes: usa métodos como releer lo que has investigado y votar en equipo para decidir qué puede mantenerse y qué debe eliminarse. Sé implacable.
- Escribe la lista resultante en forma de relato.
- Usa la IA generativa para ayudarte a resumir y escribir, pero ve con cuidado y recuerda que la IA se guarda tus palabras para alimentar su base de datos.

Y ya está. Pruébalo. Creo que los resultados te dejarán impresionado. Si quieres ver representaciones visuales de la montaña rusa narrativa, visita mi página web: <pitchguy.co.uk>.

Pero todavía hay más. Más allá de las historias, el público necesitará detalles y pruebas, datos técnicos e información pormenorizada, y tendrás que conseguir proporcionársela y a la vez mantener su atención. Necesitas una forma de colocarlo todo y, para eso, tenemos el titán.

# 8

# Titán: más allá del relato

En un pitch el relato es esencial, pero no basta por sí solo para comunicar toda la información necesaria. Sí, queremos que la gente se suba en una montaña rusa de emociones que persuada su subconsciente, ilumine su imaginación y les haga querer trabajar con nosotros, pero también necesitamos respaldar todo eso con argumentos lógicos, es decir, hechos, cifras y evidencias. Tenemos que demostrar que podemos inspirar y deleitar y que, además, disponemos de grandes conocimientos relacionados con la propuesta concreta del pitch. Eso cobra una importancia especial si participamos en un pitch competitivo en el que es probable que debamos responder a múltiples preguntas concretas del público y profundizar en temas como los detalles técnicos, la publicidad y la estrategia. Aunque, sea cual sea el contexto, necesitamos que un pitch tenga tanta sustancia como estilo.

Por lo tanto, me sabe mal anunciar que la montaña rusa narrativa no basta por sí sola, y tampoco basta hacer un volcado enorme de información desestructurada después de haber usado la montaña rusa. Si haces algo así, es muy probable que al final del pitch hayas anulado cualquier tipo de lazo afectivo con el público y los hayas vuelto a mandar a un lugar que conocen bien: el páramo del aburrimiento y la confusión. Y si les has dado esperanzas con una apertura apasionante, en ese páramo también encontrarán decepción.

«Primero la emoción y luego la información» no es sinónimo de «primero el entusiasmo y luego el aburrimiento».

Entonces ¿cómo le proporcionamos al público todos los detalles que necesita, entre los cuales están las minucias de los aspectos profundamente técnicos, comerciales y organizativos, sin que se duerma? Además de una historia, necesitamos una forma de estructurar correctamente la masa de información que debemos incluir en un pitch largo y mantener la exposición cautivadora y convincente. Por suerte, el universo nos ha regalado una solución de una simplicidad preciosa que siempre funciona: la harmonía del número tres.

## Tres: interesante, tremendo y atractivo número

El número tres tiene profundas raíces en nuestro subconsciente. Nos encanta el tres, incluso aunque no nos demos cuenta.

Aparecen tríadas destacadas e importantes en un amplio abanico de campos y disciplinas, desde la religión y el arte hasta la ciencia, las matemáticas y la filosofía. Piensa en la Santísima Trinidad, los tres mosqueteros o los colores primarios (rojo, amarillo y azul). Piensa en *liberté*, *egalité*, *fraternité* y en *education*, *education*, *education* o, yo qué sé, en *Come*, *reza*, *ama*. En retórica nos encanta agrupar las cosas de tres en tres y también en comedia y en narrativa: introducción, nudo y desenlace; la estructura clásica en tres actos en el teatro, en los libros, en las películas y en cualquier tipo de relato popular. De hecho, el poder de juntar las cosas en grupos de tres es tan conocido que a menudo nos referimos a él como la regla de tres.

Además de ser un hecho que podemos observar en el mundo que nos rodea, la regla de tres tiene un efecto considerable en nuestra mente como oyentes y lectores. Hay estudios que muestran que la regla de tres puede aumentar la persuasión cuando nos comunicamos y ayudar en la retención y el recuerdo de la información. Para comprobar el impacto de la teoría del tres en la comunicación, los académicos estadounidenses Suzanne Shu y Kurt Carlson llevaron a cabo una serie de experimentos con consumidores en los que ponían a prueba descripciones inventadas de elementos tan variados como cereales, champús y un político. Algunas descripciones tenían tan solo un adjetivo positivo y otras hasta seis (¡más limpio, más fuerte, más sano, más suave, más brillante, más lleno!). Lo que descubrieron fue que, en una situación diseñada para persuadir, una sola de esas afirmaciones se queda corta, mientras que cuatro son demasiadas y tres son la cantidad adecuada. En otras palabras: el poder persuasivo de los adjetivos positivos aumentaba hasta alcanzar su nivel más alto en tres, y más de tres adjetivos provocaban escepticismo en los lectores («la dama protesta demasiado»). Los investigadores llamaron a este efecto «el encanto del tres» y titularon así su estudio de 2014 sobre este tema: «When Three Charms but Four Alarms» ('Cuando el tres encanta, pero el cuatro alarma').

Pero ¿por qué nos resulta el número tres tan familiar, tan exacto, tan... mágico? En parte se debe a la psicología cognitiva. El cerebro humano está preparado para reconocer patrones y el tres es el número más pequeño que puede formar un patrón. Entre dos puntos solo se puede formar una línea, mientras que entre tres ya hay una forma. Es agradable y satisfactorio identificar patrones y hay una sensación de compleción cuando llegamos a ese último punto (piensa en lo decepcionante que sería «vine, vi» sin el «y vencí»). Que nos atraigan los grupos de tres también se debe a la carga cognitiva. En la década de 1950, el psicológico cognitivo George Miller fue el primero en proponer que solo somos capaces de retener un pequeño número de datos en nuestra memoria a corto plazo. Sugirió que siete era el número mágico, pero, desde entonces, muchos estudios han hallado que ese número es en realidad mucho más bajo. De hecho, digamos que es más cercano a... Lo has adivinado: tres. Si se nos presentan más de tres datos, tendemos a perder el foco en ese momento y se nos da mucho peor recordarlo todo más adelante.

No vamos a profundizar más en la explicación científica de todo esto aquí (como en muchas otras ocasiones en este libro, nos basamos en lo que han descubierto grandes figuras), pero lo importante que hay que recordar es que si queremos persuadir a nuestro público y que este recuerde lo que hemos dicho —lo cual podríamos decir que es la intención de todo el pitch—, el tres es nuestro número. Por eso he desarrollado el marco titán, que es el acrónimo de «Tres: interesante, tremendo y atractivo número». Me da igual que suene un poco raro, es mucho más memorable y fácil de entender que una expresión como «fractales terciarios».

### *Fractales terciarios*

La idea es simple: dividimos nuestro pitch en tres partes y luego dividimos cada una de esas partes de nuevo en tres. Si lo necesitamos, podemos volver a dividir cada una de esas partes en tres, pero lo importante es que nos limitemos a usar siempre el número tres. Este es el concepto de los fractales: formas que pueden dividirse en formas más pequeñas que son una réplica directa de esa forma superior. La montaña rusa narrativa puede usarse en cualquiera de esas partes, pero ya volveremos a eso cuando llegue el momento.

Ningún pitch es igual que otro, pero todos pueden tener esa estructura. A veces tenemos diez minutos y tres cosas importantes que decir; otras veces, tenemos dos horas y una gran cantidad de información que transmitir. Los fractales terciarios nos ayudan a agruparlo y estructurarlo todo de forma intuitiva, de modo que el público reconozca el patrón de nuestra presentación y la entienda enseguida.

## El marco titán

En el nivel más alto posible, el marco titán divide un pitch en tres secciones concretas:

1. La introducción: una apertura que capta la atención del público y contextualiza el pitch.
2. El nudo: los detalles centrales de nuestra propuesta acompañados de explicaciones, relatos y datos simples e intuitivos para respaldar todo lo que decimos.

3. El desenlace: un cierre potente que resume nuestros puntos clave, cuenta con otro relato fascinante y expresa con claridad lo que pedimos.

Nuestro pitch quedará agrupado en estas tres secciones, da igual el tiempo con el que contemos. El marco titán nos permite organizar toda nuestra información en esta estructura. La construiremos y la llenaremos de un modo muy similar a como hemos hecho con la montaña rusa narrativa, usando o bien un espacio físico y pósits, o bien una pizarra digital. Si lo prefieres, podrías crearlo en una hoja de cálculo o un documento, pero lo ideal es que sea fácil agrupar la información e ir cambiándola de sitio. Encontrarás unas ilustraciones que he creado para visualizar este proceso en <pitchguy.co.uk>.

Si tienes un pitch de cinco minutos, estas tres secciones te bastarán y no tienes por qué profundizar más. Sin embargo, la mayoría de los pitches son más largos y entran más en materia, por lo que podemos crear un fractal y dividir nuestros tres grandes temas en tres secciones más pequeñas. Para descomponerlos, usaré ejemplos de lo que me ha funcionado a mí y del razonamiento que hay detrás. No obstante, tú puedes crear los subtemas que te parezca que te irán mejor, siempre que te ciñas a grupos de tres.

### *I. La introducción*

La introducción tiene que enganchar al público y exigirle su atención. Yo divido esta sección en tres subsecciones:

1a. La escena de antes del título
1b. Las presentaciones
1c. Tu propósito para el pitch

## 1a. La escena de antes del título

Ya hemos hablado de la escena de antes del título en el capítulo sobre el relato: es una manera de sumergir de forma inmediata al público en la historia. Es importante destacar que esta parte también contextualiza todo el pitch. Sea cual sea el tipo de historia que cuentes, debería dar al público un mensaje impactante que tenga ecos a lo largo de la sesión. Aquí te dejo unas cuantas sugerencias:

**La montaña rusa narrativa**
Antes de haberte presentado siquiera, métete de lleno en los problemas a los que se enfrenta el público en su mundo actual y, a continuación, explica lo que podrían conseguir en una nueva visión de futuro. Seguramente es mejor no darles los seis pasos de la montaña rusa narrativa al principio, pero puede ser muy impactante presentarles solo los dos primeros y prometerles que les dirás cómo pueden lograr ese futuro. Déjalos en vilo con un *cliffhanger*, deseosos de saber más.

**Una historia personal**
En el capítulo 6 también hemos visto cómo desarrollar y usar las historias personales. Recuerda: piensa en qué emoción, lección o idea quieres transmitir en ese momento de apertura y cuenta una historia personal que lo refleje. Esto

tiene el beneficio añadido de permitir que el público te conozca de verdad y establezca un lazo personal contigo.

### Un relato histórico

La historia está llena de personas inspiradoras, exasperantes y complejas y de relatos de sus grandes proezas, sus funestos fracasos y su extraordinaria resiliencia. Igual que en las anécdotas personales, tienes que descubrir cuál quieres que sea el propósito de tu relato y luego buscar un ejemplo histórico que te sirva. ¿Quieres ilustrar una idea, provocar una emoción específica o mostrar el punto en el que se encuentra el público? ¿Qué podrías usar de las biografías de figuras como Cleopatra, el almirante Nelson, Florence Nightingale o los Beatles? La IA generativa puede proporcionarte un buen punto de partida para esto (aunque recuerda comprobar siempre la veracidad de cualquier resultado). Busca en la historia antigua, así como en los acontecimientos recientes y las noticias. Hablar sobre un titular relevante que has visto la mañana del pitch puede hacerte conectar de inmediato con tu público y su situación, ¡pero no tendrás mucho tiempo para prepararte!

### Un mito o fábula

Algo muy bueno que tienen los mitos y las fábulas es que ya tienen una moraleja. Busca ejemplos en la mitología griega, romana o nórdica, en las fábulas de Esopo y en los cuentos de los hermanos Grimm o de Hans Christian Andersen. Estas historias fascinantes que ya están escritas captarán la atención del público y quedarán en su memoria hasta mucho después del pitch.

### Una analogía o metáfora

Las analogías y las metáforas son una muy buena forma de explicar un concepto comparándolo directamente con otra cosa. Esta es una que usé en un pitch que hice para una gran empresa de bienes de consumo:

> En el cuento *A través del espejo* (la secuela de *Alicia en el país de las maravillas*) hay una escena en la que Alicia se encuentra en un mundo extraño e invertido. Todo parece confuso y Alicia se siente perdida. Por fin, se topa con un espacio que parece ser una tabla de ajedrez gigante y en el centro ve a la Reina Roja corriendo.
>
> Desesperada por escapar, Alicia empieza a correr con la Reina con la esperanza de que ella encuentre una salida. Sin embargo, por muy deprisa que corra, Alicia se da cuenta de que siempre están rodeadas del mismo paisaje, como si no se hubieran movido en absoluto. Desorientada, le pregunta a la Reina Roja por qué no han llegado a ningún sitio. La Reina Roja, severa pero sabia, le explica: «Aquí, como ves, se ha de correr a toda marcha simplemente para seguir en el mismo sitio. Y si quieres llegar a otra parte, por lo menos has de correr el doble de rápido».
>
> Esta es la posición en la que se encuentra vuestra empresa ahora mismo y por eso hemos venido a mostraros nuestra gran idea.

Usar una historia como escena de antes del título creará una intriga y hará que el público desee oír más. Todavía no has dado ninguna información, pero has dejado claro por qué estás en esa sala y has establecido el tono de lo que está por venir. Para usar estos métodos, la clave es recordar que tienen que ser relevantes y estar conectados con el mensaje principal del pitch. Ahora que tienes al público en vilo y se muere por oír más, empezaremos a pausar la narración y pasaremos al siguiente subtema de nuestro primer acto.

### 1b. Las presentaciones

Hemos hablado del poder de los contrastes en las narraciones y ahora vamos a seguir usando ese poder en la estructura general del pitch. Con el simple acto de llevarnos al público del paisaje imaginativo de la narración emotiva a la sólida realidad de la sala, podemos crear una sensación de contraste radical. Tras nuestra intervención inicial, nos presentamos y presentamos al equipo. Se trata de personas muy reales que (con suerte) trabajarán con el público un día. Sin embargo, en las presentaciones tampoco vamos a desplegar una retahíla de datos aburridos sacados de nuestro CV. En lugar de eso, vamos a escoger algunos elementos específicos e importantes:

- Tu nombre (vale, este sí que es un dato, pero no es aburrido, es crucial).
- Tu mayor logro que sea relevante para el pitch.
- Por qué estás ahí.
- Por qué te entusiasma trabajar con el público.

La presentación debería ser corta, impresionante y apasionada. Cada logro que menciones después de ese mejor logro no hace más que diluirlo. No les cuentes tu vida, no te enrolles. Dale al público la información que necesita para percibirte como una voz experta y de fiar en tu campo.

Pongamos que trabajas en el departamento de marketing de una empresa de suministros sanitarios y estás haciendo un pitch para conseguir más fondos para el próximo ejercicio financiero. Has contado una historia personal muy buena en la apertura sobre cómo ha cambiado tu vida gracias a poder conseguir los mejores suministros sanitarios en el momento adecuado y ahora vas a presentarte. Podrías decir algo así:

«Me llamo Julie Smith y el año pasado trabajé en una campaña que hizo crecer nuestras interacciones en redes un 45 por ciento. Mi responsabilidad es encontrar siempre nuevas maneras de aumentar nuestro público e incrementar las ventas de la empresa, así como asegurarme de que cada dólar que gastamos se dobla en los ingresos. Estoy muy emocionada de presentaros nuestras últimas ideas para la innovación en el marketing con el objetivo de superar los objetivos de la empresa el año que viene».

### 1c. Explica tu propósito para el pitch

Aunque al público le gusta que lo sorprendan, también le gusta saber lo que está por venir. Puede sonar paradójico, pero la clave es sorprenderlos con anomalías, emoción, narración, elementos visuales y experiencias y, al mismo tiempo, hacerles saber en todo momento en qué parte del pitch se encuentran y qué es lo que vendrá a continuación. Tienes que darle al público una breve visión general de todo el pitch, indicar de forma clara las grandes secciones del marco titán por las que lo llevarás y concluir con lo que quieres conseguir al final del pitch. Es el orden del día, pero no estás entrando en detalles farragosos; solo dejarás caer los titulares provocadores que les harán querer oír más.

Esta es la última subsección de nuestra introducción y sirve como puerta al jugoso nudo del pitch. Cuando terminemos esta primera sección, el público debería estar gritándonos para que les contemos más.

### *2. El nudo*

Esta sección es más complicada, porque debemos pensar bien en cómo organizar el volumen principal de contenido. Debemos evitar las retahílas infinitas de información que se entremezclan y terminan formando una confusa cinta transportadora que parece no acabar nunca.

En muchas situaciones de pitch empresarial, ya habrás elaborado una larga propuesta escrita que responde a todas las preguntas del público. Cuando la conviertas en un pitch, te darás cuenta de que tienes diez horas de material para una cita de una hora. Por desgracia, los equipos suelen pensar que la solución es embutirlo todo hablando deprisa y cruzar los dedos para que quede bien. Uf.

En lugar de eso, debemos ser organizados y disciplinados e implementar un filtro estricto para incluir solo los mensajes más importantes y pertinentes. Una buena prueba es preguntarte: «Si no incluyo esta información, ¿cambiará la decisión del público?». El noventa por ciento de las veces, la respuesta es que no.

Esta sección se divide, por supuesto, en tres partes: 2A, 2B y 2C. Pero, antes de decidir siquiera cuáles son esas partes, tienes que poner todos los temas que puede que trates en pósits de forma física o digital.

Por ejemplo, imaginemos que estoy creando un pitch, una presentación, una clase o un discurso sobre cómo hacer un pitch. Tengo toda la información de este libro para elegir y, suponiendo que no voy a hablar a una velocidad diez veces más rápida de lo normal, es imposible que pueda incluirlo todo. En lugar de eso, empezaría por enumerar todos los temas posibles. Mi primera lluvia de ideas o volcado mental podría tener este aspecto:

> *Imágenes, pitch teatral, investigación, talleres, condiciones para un gran pitch, Platón, cinco sentidos, perfiles DISC, practicar, señalización, visión de futuro, cómo funciona el cerebro, diferenciación real, nervios, conceptos, lenguaje corporal, software, Oren Klaff, el brief, lenguaje sencillo, primero el guion, no copiar el pitch anterior, la montaña rusa narrativa de seis pasos, cierre, ABM, El arte de la guerra de Sun Tzu, las 27 emociones clave, estudio de mercado, humanos, vulnerabilidad, el poder del tres, el pitch del ascensor, competencia, charlas motivacionales, crear una anomalía, efectos físicos, simplificar lo complejo, historia del parkour de Adam Morgan, estudio de consumidores, Loonshots, la solución general del pitch, lista de instrucciones para el pitch, titulares, el problema del mundo del pitch actual, relaciones, inspiración, hacer preguntas, nuevas tecnologías en un pitch, señales secretas, obstáculos de un pitch, ChatGPT, preparación, colaboración de marca, qué es un pitch, Rudyard Kipling,*

*presentaciones, el Mind the Product de Jeff Gothelf, los papeles de un pitch, la historia del gilipollas que me contó Rory Sutherland, metáforas, papeles dentro del equipo, bomba humana, ver imágenes, oír palabras, salud mental y bienestar, diseño para no diseñadores, vídeos, el equipo rojo, primero la emoción y luego la información, comunicación, el viaje del héroe, el espacio físico, cómo gustar, momentos de tu vida, fractales terciarios, sesgos, recordatorios, quién toma las decisiones, el equipo adecuado y Kurt Vonnegut.*

Entre nosotros, esta fue la primera lista que hice cuando empecé a trabajar en este libro. Es mucha información, demasiada para un solo pitch o presentación, e incluso demasiada para este libro.

Pero una vez que tenemos todo el contenido posible, podemos empezar a organizarlo y hacer grupos. Cada vez que hagas un grupo, ponle un título que resuma el contenido. Por ejemplo, «humanos, vulnerabilidad, el viaje del héroe, momentos de tu vida, Kurt Vonnegut, simplificar lo complejo y metáforas» entran todas en el grupo que podría llamar «Relato». Puedo agrupar todos los temas de la lluvia de ideas de este modo y terminaré con un montón de temas titulares, unos quince. Y, aunque quince capítulos pueden estar bien para un libro, desde luego, es demasiada información para un pitch.

El siguiente paso es pensar qué temas son los más importantes e impactantes para el público de este pitch en concreto y colocarlos en tres grandes grupos. Tenemos que ir a machete y esta es la parte que más odia la gente, quitar temas, pero debes recordar tres cosas:

1. Estás intentando crear un pitch breve que mantenga la atención del público y no se extienda durante horas y se empantane en los detalles.
2. Dejarás mucho tiempo para preguntas, de modo que, si hay algún tema que no hayas tocado y que el público se muera por conocer, te lo preguntarán. Hasta puedes añadir esas cosas en un apéndice por si acaso.
3. Si esos temas estaban redactados en la propuesta escrita, el público ya debería haberlos leído. Eso no se puede aplicar a todos los pitches, claro, pero, aun así, puedes preguntarte: «¿Qué es lo que ya sabe el público?».

De los quince temas que tengo para el libro, si estuviera haciendo un pitch de una hora, tal vez me decidiría por estos tres temas centrales:

*2A. Cómo crear una historia fascinante.*
*2B. Cómo estructurar un pitch.*
*2C. Cómo crear una experiencia.*

Cada uno de estos temas sigue teniendo muchos posibles elementos de mi lluvia de ideas inicial y, hasta habiendo elegido solo tres, va a costarme que quepan todos en un pitch y tener tiempo luego para responder preguntas y conversar. El siguiente paso es releer estos elementos y volver a recortarlos sin miramientos. Quédate solo con tres, los principales, los que serán superimportantes, relevantes y revolucionarios para el público. En mi ejemplo, me quedaría algo así:

*2A. Cómo crear una historia fascinante*
- *1. Cómo funciona el cerebro*
- *2. Métodos narrativos*
- *3. La montaña rusa narrativa*

*2B. Cómo estructurar un pitch*
- *1. El poder del tres*
- *2. El marco titán*
- *3. Titulares y listas de temas*

*2C. Cómo crear una experiencia*
- *1. ¿Qué es el pitch vivencial?*
- *2. Cómo se hace*
- *3. Nuevas tecnologías en un pitch*

En cada uno de estos subtemas también hay varias cosas que comentar (sacadas de la lluvia de ideas original), pero, si las organizo mediante el concepto de fractales y siempre en grupos de tres, toda la información se convierte en un bonito y ordenado patrón. Ya llegaremos a los tiempos, lo cual te ayudará a saber cuántas capas de tres puedes bajar.

Aquí puedes ver que muchas de mis ideas originales han desaparecido, por ejemplo, *El arte de la guerra* de Sun Tzu, los perfiles DISC, y la historia del gilipollas que me contó Rory Sutherland. Pero no sufras, que esa sí que saldrá más adelante en el libro.

En un mundo perfecto, ningún pitch debería durar más de una hora e, idealmente, estaría bien aspirar a la longitud de las TED Talks, algo menos de veinte minutos, para pasar a las preguntas a continuación. Si profundizas y alargas demasiado, estás creando algo que la atención y la comprensión del público no pueden asumir.

Dicho eso, muy pocas veces está en nuestro poder esa decisión. Durante la pandemia del covid, estuve implicado en un pitch en el que todo el mundo trabajaba desde casa y que el público insistió en que durase cinco horas y media. Nos resistimos, pero tenían una larga lista de temas que querían tratar en profundidad. Usamos el marco titán y profundizamos varios niveles, pero, para que el pitch fuera fresco e interesante tanto para nosotros como para el público, creamos un gráfico enorme por el que podíamos llevarnos al público de viaje y, en muchas ocasiones, pasábamos al plano general antes de zambullirnos en una sección concreta. Recuerda, ¡en este punto, todavía no hemos decidido si esta estructura terminará en forma de pase de diapositivas!

### *3. El desenlace*

No hay nada peor que un pitch que termina cuando todo el mundo está agotado y se ha acabado el tiempo. Empezar de repente y sin presentaciones nos encanta, pero terminar de golpe, de forma brusca e inesperada, es terrible. Lo que pongas al final es decisión tuya, pero aquí tienes tres sugerencias que puedes usar para estructurarlo de modo que parezca intencionado, interesante y, sobre todo, memorable:

3a. Un resumen
3b. Tu petición
3c. Una historia de cierre

### 3a. Un resumen

Puede que le hayas mostrado al público mucho material, por lo que tendrás que recordarle tus ideas principales. Estas ideas deberían ser, idealmente, conclusiones que has sacado al final de cada sección. No debes incluir aquí nada que no les hayas dicho ya. Hay un mantra que he oído a menudo y que vale la pena recordar: diles lo que vas a contarles, cuéntaselo y luego diles lo que les has contado.

Debería ser un resumen de tus ideas más convincentes, las que quieres que el público se lleve a casa. Ahora que han escuchado toda tu explicación durante la presentación, estas ideas deberían tener todo el sentido del mundo en forma de titulares sueltos.

### 3b. Tu petición

Hay muchos equipos que llevan a cabo un pitch muy bueno y luego se van sin pedir nada. En un pitch de negocios quieres recibir apoyo, acción, progreso, opiniones, hablar de cuáles serán los próximos pasos o negociaciones, pero, incluso si estás usando estas técnicas para una brillante conferencia científica, podrías tener algunas peticiones aspiracionales como que el público vuelva a su vida y aplique algunos de los nuevos conocimientos que ha adquirido (o escriba un artículo sobre el tema o entregue los deberes a tiempo). Si has conectado con ellos emocionalmente, estarán dispuestos a escuchar tus propuestas sobre cómo hacerlo. Si estás en una entrevista de trabajo, puedes preguntar por los tiempos, los próximos pasos o pedir *feedback*. Si vas a dar un discurso en un evento, puedes pedir que se brinde. Si estás haciendo un pitch interno en una empresa, podrías sugerir que se tome una decisión o pedir un presupuesto concreto. Sea cual sea tu situación, siempre deberías tener algo que quieras pedirle al público (a poder ser, tres cosas).

No tengas miedo, el público sabe de sobra por qué estás ahí y que quieres algo, así que explicítalo y pídeselo directamente. Si tienen reservas, puedes tratarlas con ellos en la sala en ese mismo momento.

### 3c. Una historia de cierre

Termina el pitch en un punto álgido. Puede que después aceptes más preguntas, pero debes cerrar con una breve historia como colofón de todo lo que has dicho que siga en la cabeza del público mucho después de que hayas salido de la sala.

Lo ideal es que la historia que cuentes sea una referencia a otra que hayas contado antes, durante el pitch, ya sea la segunda parte de un relato para resolver un *cliffhanger* o un epílogo, como si fuera una escena postcréditos de una película. Si has contado una historia al principio, en el planteamiento, ¿se le puede añadir una adenda que quede natural y que termine de hacer entender tu mensaje?

Por ejemplo, si he decidido usar la historia de Peter Marsh y British Rail al principio del pitch, podría terminar con una anécdota breve sobre cómo su agencia, ABM, creció y creció tras ese pitch y creó experiencias que han pasado a la historia y han cambiado la forma en la que el mundo de la publicidad concibe los pitches. O, si he usado la historia de *A través del espejo*, podría dar un salto hasta el final del libro, en el que Alicia sacude a la Reina Roja y vuelve al mundo real.

Y esa es toda la estructura de tu pitch, organizada en maravillosos grupos de tres. En el próximo capítulo convertiremos todo esto en un guion perfectamente redactado, pero, primero, nos quedan todavía un par de capas más de información que añadir. Y, antes de eso, una nota sobre el tema que más le gusta a todo el mundo: el dinero.

### *Hablar de dinero en un pitch*

Por lo general, aconsejo hablar directamente de dinero en un pitch. A muchas personas eso les resulta extremadamente doloroso, incómodo y estresante. Sin embargo, aunque esquivar el tema de los costes en el pitch pueda parecer más fácil, no te saldrá a cuenta a la larga. El pitch es el lugar en el que poner las cartas sobre la mesa. En qué parte concreta del marco titán hacerlo depende de ti. Una escuela de pensamiento es hacerlo al principio y pasar pronto el mal trago. «Hoy venimos a pedir una inversión de un millón de dólares para nuestra *start-up*.» No obstante, a veces tienes que explicar tus servicios y su valor antes de dar una cifra. A veces los costes pueden ser tan complicados que hace falta un buen rato para explicarlos de modo que al público le quede muy claro lo que se pide y por qué. En mi experiencia, si vas a hablar de dinero, que sea un subtema dentro de la estructura del titán. Si hay mucho de qué hablar, puede incluso ser un tema independiente. Por ejemplo, «Publicidad», dividido en tres secciones, como contratos, valor y riesgos y recompensas. Si no necesitas profundizar demasiado, puede que lo pongas un nivel más abajo y que sea solo una tercera parte de un tema. En la sección del desenlace, puede que quieras repasar los costes, pero también puedes pedir «una conversación sobre los costes» o «un acuerdo sobre los tipos de servicio», etc. Sea donde sea donde decidas ponerlo, asegúrate de que forma parte del pitch y no haces la de «os mandaremos los costes por correo electrónico esta tarde». Así solo consigues que parezca que evitas el tema.

### *Titulares*

Ahora que ya tienes todos los temas y has averiguado en qué orden aparecerán, tienes que repasarlos y ponerles un titular. Todos los temas y subtemas deben tener uno. Un titular no es solo un título que etiqueta el contenido de la sección, sino que es un punto de vista que tiene que quedar tan claro que el público debería poder leer solo los titulares del pitch y entender a la perfección lo que intentas comunicar. Y esa es una muy buena prueba: cuando hayas terminado, dale a alguien los titulares para que los lea y que te cuente lo que ha entendido.

Por ejemplo, en lugar de llamar a una sección «Narración», yo usaría un titular como: «Las historias potentes generan fuertes lazos emocionales». Transmite mi punto de vista, proporciona una idea de lo que estoy a punto de explicar y tiene sentido si se lee sin más contexto. Esa sección tendría este aspecto:

Las historias potentes generan fuertes lazos emocionales

1. ~~Cómo funciona el cerebro~~ El cerebro es una máquina de dar sentido preparada para la emoción.
2. ~~Métodos narrativos~~ Bombas a punto de estallar y rescates de gatos.
3. ~~La montaña rusa narrativa~~ Dale al público una vuelta en la montaña rusa narrativa.

David Ogilvy, el legendario cofundador de Ogilvy & Mather, tuvo un par de cosas que decir acerca de los titulares en su clásico *Ogilvy y la publicidad*. Este libro se publicó en 1983, de modo que estas ideas preceden en cinco años al lanzamiento del PowerPoint. El conocimiento de Ogilvy proviene de las décadas clásicas de la publicidad y extrae lecciones del medio impreso y no digital, pero muchos de sus principios siguen siendo atemporales. Ogilvy recomienda que todos los titulares tengan unas diez palabras o menos, y esa es una de las normas que he adoptado para el titán. Diez palabras caben en una línea y pueden observarse e ingerirse de una sola vez sin demasiado esfuerzo cognitivo. Más de diez palabras y el cerebro empieza a esforzarse por combinar las distintas partes de una frase.

Esta es otra área en la que puede ser útil la IA generativa. Pídele exactamente lo que quieres incluyendo que exprese un punto de vista, no importa si supera las diez palabras. Por ejemplo, podrías escribir: «Necesito un titular conciso para una sección de mi pitch que exprese un punto de vista, pero también suscite cierta intriga o curiosidad. La sección habla del pitch vivencial, es decir, de que crear un pitch inmersivo puede ser más persuasivo que los métodos usuales de mera comunicación de la información. Debería tener diez palabras o menos». Para este ejemplo, ChatGPT sugirió: «Más que palabras: de pitch a experiencia inolvidable». Puede que quiera perfeccionarlo, pero me encamina hacia una gran idea.

Repasa tu marco titán y ponle a cada sección y subsección un titular potente que transmita un punto de vista y que tenga diez palabras o menos.

### *Pruebas*

Sabemos que, en un pitch, necesitamos primero la emoción y luego la información. Convencemos al subconsciente, pero luego debemos resolver cualquier disonancia cognitiva proporcionándole al público pruebas fehacientes.

Igual que con los titulares, tienes que pensar una prueba para cada uno de los temas y subtemas del titán. Las pruebas pueden ser de varios tipos: estadísticas, números, citas, vídeos de gente hablando o incluso una demostración. Ir cambiando de tipo de prueba es otra forma de hacer que el pitch siga siendo interesante y atractivo, pero no esperes que el público confíe solo en tu palabra, y menos un público que no está de tu parte desde el principio. Usa las pruebas para generar en el público confianza y convicción sobre todos y cada uno de los aspectos del pitch. Añade un pósit o equivalente a cada sección y subsección en el que menciones la prueba que vas a usar para demostrar tus afirmaciones.

Y ya está, has creado el esqueleto de todo el pitch. Es una estructura que contiene historias potentes respaldadas por pruebas fehacientes. Está organizada de un modo simple e intuitivo, por lo que el público entenderá en todo momento en qué punto se encuentra, y está llena de titulares imponentes que transmiten tu mensaje y tu punto de vista. Y, lo más importante, todo se basa en el número más atractivo del mundo: EL TRES.

## EN RESUMEN

Igual que con la montaña rusa narrativa, haz el titán como ejercicio de equipo si formas parte de uno. Es mucho trabajo, pero, si haces un esfuerzo, podrás tener el primer borrador en una o dos horas. La alternativa, empezar a juntar un montón de contenido y luego reordenarlo una y otra vez, es un proceso mucho más largo y agotador. Aquí tienes un resumen de la estructura y los pasos:

- Elige una historia potente para la escena de antes del título que tenga una moraleja o una lección que contextualice tu pitch.
- Escribe una presentación corta e impactante de ti mismo y tus compañeros de equipo.
- Haz un esbozo de lo que vas a decirle al público.
- Usa pósits para enumerar todos y cada uno de los temas que piensas que podrías tratar.
- Agrúpalos en categorías.
- Elimina las categorías que sean menos importantes para el pitch.
- Elige las tres categorías más importantes y relevantes para la parte central del pitch.

- Elimina y cambia temas de sitio hasta que cada una de esas categorías grandes tenga tres subsecciones.
- Para cada una de ellas, elige tres cosas que quieras transmitir.
- Ponles un titular de diez palabras o menos a cada una.
- Piensa en una prueba que justifique cada sección y subsección.
- Crea un cierre potente que incluya un resumen, tus peticiones y una historia final que aporte sentido.
- Y, por si no ha quedado claro, nunca tengas una sección formada por dos elementos, cuatro o cualquier número que no sea el tres.

También te recuerdo que puedes encontrar ejemplos visuales en <pitchguy.co.uk>.

Espero que te hayas dado cuenta de que todavía no hemos abierto PowerPoint, y así seguiremos por lo menos un capítulo más. Antes de que empecemos siquiera a pensar en cómo presentaremos esta información de forma visual, necesitamos convertir nuestro titán en un guion breve que cumpla a la perfección con los tiempos y funcione a las mil maravillas como pitch por sí solo.

Ya has formulado tu pitch. Tienes los ingredientes en crudo. Llega el momento de pasar al segundo acto y refinarlos para convertirlos en algo especial.

# Acto II

## REFINAMIENTO

9

# Guionizar el pitch

Estaba trabajando en un pitch para una empresa del sector industrial. Habíamos presentado una propuesta escrita que entraba en gran detalle en nuestra solución y en por qué creíamos que era la única opción que nuestro público debía plantearse. Teníamos un pitch de una hora programado y habíamos estado trabajando en una historia genial y una presentación de diapositivas con unos visuales preciosos entre los que había diagramas que intentaban desgranar nuestra compleja solución en partes fáciles de entender. Nos había llegado la información de que el público tenía importantes dudas sobre nuestra propuesta y, para empezar, intentamos hacer dos cosas: resumir la propuesta y abordar esas preocupaciones de forma directa. El problema era que la presentación solo podía durar treinta minutos de la hora con la que contábamos para el pitch. Por mucho que lo intentamos, no fuimos capaces de meter toda la información que queríamos sin ir a toda prisa o tratar superficialmente temas profundos. Tuvimos dos semanas para prepararnos, de modo que había un diseñador trabajando en lo visual a la vez que el equipo desarrollaba y ensayaba la historia. Cada vez que esta cambiaba, las diapositivas tenían que cambiar. El diseñador creó muchos visuales preciosos, pero no paraban de descartarlos y tirarlos a la basura.

A falta de dos días para la presentación, tomamos algunas decisiones importantes:

1. Decidimos eliminar cualquier material que ya estuviera en la propuesta que habíamos enviado. El público tenía todo ese material y, en teoría, debería haberlo leído. Lo habíamos redactado para que fuera lo más intuitivo y exhaustivo posible y teníamos fe en que el trabajo de explicar nuestra propuesta ya estaba hecho.
2. En lugar de eso, centramos el pitch en las tres preocupaciones principales del público. No queríamos ni complicar ni adornar demasiado el contenido, con lo cual solo necesitaríamos quince minutos para transmitírselo.
3. Por último, decidimos eliminar la parte visual.

El equipo ensayó su cuarto de hora y pudo tratar cada punto con calma, seguridad y brevedad. El pitch fue como la seda. Todos los miembros del equipo se dirigieron a la sala sin diapositivas que distrajeran al público de lo que decían. Pasados los quince minutos, abrimos el turno de preguntas. Cuando llegamos a la media hora, lo habíamos respondido todo. Con tiempo de sobra, empezamos a hacer nuestras propias preguntas sobre cuál sería el mejor modo de empezar a trabajar, sobre algunas preocupaciones que teníamos nosotros y sobre el compromiso del público de trabajar juntos.

En el minuto cincuenta, habíamos terminado y salido de la sala sabiendo que el público nos elegiría a nosotros y que teníamos muy claro cómo empezar a trabajar para lograr el éxito.

Llevamos nueve capítulos de libro y todavía no hemos hablado de crear soportes visuales. Y no es porque no sean importantes, ni mucho menos, pero deben usarse para acentuar y reforzar lo que estemos diciendo. En otras palabras, primero debemos averiguar lo que vamos a decir y, a veces, lo que decimos es tan potente que ni siquiera necesita un soporte visual. Ir por ese camino tiene varias ventajas importantes:

1. El público te presta atención a ti y no a lo que hay en pantalla. En muchas ocasiones he visto diapositivas que están llenas de palabras e información y el público tenderá de forma natural a leerlas mientras hablas en lugar de escucharte a ti (es muy difícil prestar atención a ambas cosas).
2. También crea un ambiente más íntimo. Ya no parece un pitch, sino una conversación.
3. Tus expresiones, lenguaje corporal y emociones serán mucho más perceptibles y crearás un lazo más fuerte con el público de forma natural.

Tanto si eliges un soporte visual como si no, lo importante es que tengas un discurso brillante. Lo que digas, el guion, es principalmente lo que hará que te ganes al público y que el pitch tenga éxito o no.

## Primero el guion, luego los visuales

Cuando empezamos por los visuales, sin darnos cuenta, adaptamos nuestro discurso a ellos. Es decir, que podemos tener unos visuales preciosos, pero ninguna historia genial que los haga avanzar. En ese caso, es más probable que terminemos favoreciendo el espectáculo y lo superficial. Los visuales pueden ser muy decisivos en un pitch y evocar reacciones emotivas muy potentes, pero debemos hacer las cosas en el orden correcto.

Las personas a menudo se muestran reacias cuando empiezo a hablar de guiones, pero no te preocupes, no vamos a aprendernos cada palabra de memoria ni a leer de un papel. Guionizar es solo una parte más del proceso y es esencial. Sin esa parte no podemos entretejer todo nuestro contenido de forma efectiva, no podemos lograr unos tiempos uniformes en los ensayos y nos cuesta mucho más colaborar con otras personas en lo que vamos a decir. Escribir guiones nos obliga a trabajar en lo que diremos en lugar de hacer trabajo de relleno con las diapositivas. Más que nada, nos prepara. Como es debido.

El guionista y cómico Neil Mullarkey formula bien esta idea. Neil hace comedia improvisada y actúa a menudo en la Comedy Store de Londres, por no hablar de su trabajo como guionista y actor en las películas de *Austin Powers*. Mullarkey también enseña a los hombres de negocios a sacar partido de las técnicas de la comedia improvisada y yo tuve el placer de estar en una de esas sesiones y de entrevistarlo.

Entre muchas otras maravillosas perlas de sabiduría, les pide a los alumnos que se imaginen una situación en la que están delante de un público a punto de empezar una presentación importante y se va la luz. El proyector está en negro, el ordenador no funciona, el wifi no da señal. Para algunas personas, eso sería el infierno. ¿Un pitch sin diapositivas? ¿Cómo va a funcionar eso? Pero, en la vida real, la tecnología falla todos los días, los archivos se corrompen, las baterías se agotan y los adaptadores desaparecen; los portátiles se pierden, igual que la gente que los lleva. Usar la tecnología en un pitch es peligroso y suma estrés a los momentos previos. Mullarkey presenta esa situación no como una pesadilla, sino como una oportunidad. Si vamos a un pitch con esa situación en mente, nunca dependeremos de un soporte visual ni de la tecnología y pondremos mucho más cuidado y atención en las palabras que vamos a decir. Y, si pasa lo peor, siempre estaremos preparados para brillar sin la ayuda del apoyo visual.

En un mundo en el que la tecnología puede fallar de forma imprevisible, en el que la competencia está obsesionada con las presentaciones de diapositivas y el público está agotado de mirar pantallas todo el día, tener la confianza de que puedes hacer un pitch con o sin tecnología de por medio es una gran ventaja. También te dará un chute de confianza extra para entrar en la sala.

## Tiempos

Vamos a basar el guion en las secciones, subsecciones y pósits que obtuvimos en el modelo titán. Tenemos todas las secciones divididas en partes con las que es más fácil trabajar, con todos los temas importantes enumerados. Sin embargo, antes de empezar, vamos a establecer todos nuestros tiempos de un modo muy práctico.

Normalmente, cuando la gente planea los tiempos, buscan usar un 90 por ciento del tiempo que tienen para hablar y dejan un 10 por ciento para las preguntas. No solo es la proporción equivocada, sino que en realidad ni ese 90 por ciento suele bastar para que expresen todo el contenido que tienen. Se trata de una situación nefasta, se mire como se mire: o no pueden dar todo su contenido o no tienen tiempo para preguntas. El público siempre tiene preguntas y respondiéndolas es como entendemos más sobre ellos, su punto de vista y su percepción. Responder a sus preguntas los ayudará a ellos a entender, a nosotros a aliviar sus miedos y, básicamente, a que queden convencidos de nuestra idea, producto o servicio.

Cuando planifico los tiempos de un pitch, uso la regla del cincuenta-cincuenta. El 50 por ciento del tiempo que nos dan debería dedicarse al contenido, y el otro 50 por ciento, a las preguntas y respuestas. Si tienes una hora para un pitch, prepara un guion de treinta minutos. Si hablas durante media hora y luego abres un turno de preguntas o si permites que se hagan preguntas durante la explicación depende de ti. Dejar que el público haga preguntas durante el pitch suele ser lo mejor, porque permite que respondan al pitch en tiempo real, pero tienes que ser estricto en lo que dejas que duren esas intervenciones, porque puedes quedarte sin tiempo para el contenido que quieres comunicar. Podrías hacer diez minutos de presentación, diez de preguntas, etcétera. Decidas como decidas estructurarlo, el plan de hablar solo el 50 por ciento del tiempo que te han dado tiene que seguir en pie.

Nuestro modelo titán tiene tres grandes secciones: planteamiento, nudo y desenlace. Sabemos que la sección central es el grueso del contenido, así que divide el tiempo de esta manera:

Sección 1: 15 por ciento
Sección 2: 70 por ciento
Sección 3: 15 por ciento

Estos números pueden parecerte muy específicos, pero hay un buen motivo detrás de ellos. Vamos a traducir los porcentajes a números reales. Si queremos treinta minutos de contenido, nuestras secciones equivaldrían a:

Sección 1: 4,5 minutos
Sección 2: 21 minutos
Sección 3: 4,5 minutos

Si necesitamos una hora para transmitir el contenido, las secciones equivaldrían a:

Sección 1: 9 minutos
Sección 2: 42 minutos
Sección 3: 9 minutos

Todos estos números son fácilmente divisibles entre tres. Puede que te parezca que lo de las matemáticas ya es pasarse, pero ayuda a simplificar muchísimo la planificación y evita que nos extendamos más de la cuenta. Lo siguiente que tenemos que hacer en el proceso es añadir los números, en minutos, al titán. Esta tabla muestra cómo funcionaría tanto para treinta como para sesenta minutos de contenido. No he ido más allá porque la mayoría de los pitches no superan las dos horas de duración (y, si las superan, mi consejo es convertir el pitch en un taller).

| **Sección** | **Tiempos para 30 minutos** | **Tiempos para 60 minutos** |
|---|---|---|
| 1a: La escena de antes del título | 1,5 minutos | 3 minutos |
| 1b: Las presentaciones | 1,5 minutos | 3 minutos |
| 1c: Tu propósito para el pitch | 1,5 minutos | 3 minutos |
| 2a: Tema central 1 | 7 minutos | 14 minutos |
| 2b: Tema central 2 | 7 minutos | 14 minutos |
| 2c: Tema central 3 | 7 minutos | 14 minutos |
| 3a: Un resumen | 1,5 minutos | 3 minutos |
| 3b: Tu petición | 1,5 minutos | 3 minutos |
| 3c: Una historia de cierre | 1,5 minutos | 3 minutos |

Si vas a dividir las secciones en subsecciones, sigue dividiendo el tiempo. Lo bonito está en el siguiente paso. Estos tiempos pueden traducirse a continuación a números de palabras.

La mayoría de las personas hablan muy deprisa en una situación de presión, y más adelante trataremos cómo se combate eso. Sin embargo, de media, deberíamos hablar a unas 150 palabras por minuto, lo cual significa que podemos aplicar algo más de matemáticas simples:

| Sección | Tiempos para 30 minutos | Número de palabras |
|---|---|---|
| 1a | 1,5 minutos | 225 |
| 1b | 1,5 minutos | 225 |
| 1c | 1,5 minutos | 225 |
| 2a | 7 minutos | 1.050 |
| 2b | 7 minutos | 1.050 |
| 2c | 7 minutos | 1.050 |
| 3a | 1,5 minutos | 225 |
| 3b | 1,5 minutos | 225 |
| 3c | 1,5 minutos | 225 |

Aquí tienes un ejemplo con la sección del nudo desglosada:

| Sección | Tiempos para 30 minutos | Número de palabras |
|---|---|---|
| 1a | 1,5 minutos | 225 |
| 1b | 1,5 minutos | 225 |
| 1c | 1,5 minutos | 225 |
| 2a subtema 1 | 2 minutos 20 segundos | 350 |
| 2a subtema 2 | 2 minutos 20 segundos | 350 |
| 2a subtema 3 | 2 minutos 20 segundos | 350 |
| 2b subtema 1 | 2 minutos 20 segundos | 350 |
| 2b subtema 2 | 2 minutos 20 segundos | 350 |

| | | |
|---|---|---|
| 2b subtema 3 | 2 minutos<br>20 segundos | 350 |
| 2c subtema 1 | 2 minutos<br>20 segundos | 350 |
| 2c subtema 2 | 2 minutos<br>20 segundos | 350 |
| 2c subtema 3 | 2 minutos<br>20 segundos | 350 |
| 3a | 1,5 minutos | 225 |
| 3b | 1,5 minutos | 225 |
| 3c | 1,5 minutos | 225 |

Si haces los cálculos, tendrás un desglose del número de palabras de todo el pitch, lo cual hará que todo sea mucho más fácil. La tabla de arriba es solo una guía. Si algunas secciones tienen que ser un poco más largas que otras, no pasa nada, siempre que mantengas el equilibrio entre las partes para que el tiempo total nunca supere el límite.

Una vez que tengas esto, llega el momento de escribir. Escribe frases enteras, como si estuvieras hablando con alguien. No te preocupes por hacerlo todo bien a la primera, haremos más versiones. Lo importante es que consigas escribir un primer borrador.

Lo que seguramente descubrirás mirando esta parrilla es que puedes usar muchas menos palabras de las que pensabas. Este límite te obliga a ser conciso y también puede suponer que tengas que reducir todavía más el número de temas que quieres tratar en una sección concreta. Pero que eso no te agobie ni te provoque un bloqueo, porque para el primer borrador no tienes que preocuparte demasiado de ello. Usa el número de palabras como guía, pero, si una parte queda algo larga o algo corta, puedes arreglarlo en el segundo borrador o pedirle ayuda a la IAGen: introduce tus palabras y pídele que reduzca o aumente el número. Puede que el resultado final no sea perfecto, pero no buscamos la perfección... todavía.

Terminarás con un pitch muy potente de principio a fin que no se pasará de tiempo, será atractivo y convincente.

### *Otro viaje en la montaña rusa narrativa*

En el capítulo sobre la montaña rusa narrativa hablamos de usar ese marco para escribir la historia general de todo el pitch; sin embargo, también podemos usar ese mismo recurso para estructurar secciones y subsecciones. Me explico.

Imagínate que eres un fontanero que se enfrenta a otros fontaneros en un pitch para conseguir un trabajo. Tendrás muchos temas, entre los cuales pueden estar tu currículum, las habilidades de tu equipo, los materiales de alta calidad, tu eficiencia, tu valor y muchos más. Coge uno de esos temas y conviértelo en una montaña rusa narrativa. Por ejemplo, si escribieras un guion específicamente para una sección acerca de los materiales de alta calidad que usas, podrías decir:

> Muchas personas se enfrentan al problema de haber pagado poco por un fontanero y haber pensado que la reparación sería duradera. Al cabo de un año, una tubería empieza a oxidarse o aparece una fuga. Esas personas tienen que volver a pagar un trabajo y unos materiales y esperar que, esta vez, la reparación dure más. Es largo, caro y frustrante.
>
> Pero imaginad que le pagáis a un fontanero y no tenéis que volver a llamarlo ni gastaros un centavo en diez, quince o

> veinte años. La calidad de los materiales es tan alta que puede que no volváis a necesitar ese servicio nunca más.
>
> Conseguir materiales de fontanería que duren tanto no es fácil. Los proveedores corrientes venden productos corrientes y, sin duda, cualquier cosa que uno compre en una tienda dará problemas a corto plazo.
>
> En Fontaine Fontaneros hemos invertido mucho tiempo y dinero en cambiar eso. Tenemos un proveedor de Pittsburgh y usamos sus productos en exclusiva. Las tuberías son de titanio cien por cien y completamente resistentes a la corrosión. Cada pieza que instalamos tiene una garantía de por vida, de modo que, invirtiendo un poco más ahora, no tendréis que volver a gastar nada en décadas.

Eso son 201 palabras. Menos que las 225 que teníamos asignadas para el minuto y medio que debía durar esta sección y te sobra espacio para dar pruebas. Y, además, es una historia y no solo una lista de datos.

Puedes convertir literalmente cualquier tema en una montaña rusa narrativa, incluso si no usas todos los pasos. Tienes que procurar que en cada sección haya un contraste en el que resumes los desafíos y la visión de futuro utópica. Y que no se te olvide: el público es el héroe y tú lo ayudas a conseguir su utopía.

## Reescribir y editar

Puede que la primera versión que hagas de un guion tenga el número de palabras correcto, pero es muy poco probable que sea la mejor versión o la definitiva. Y menos aún, cuando tú escribes solo una parte del guion y otras personas escriben otras. Cuando juntas secciones escritas por separado, es posible que no concuerden o que sean repetitivas. La única manera de comprobar si todo fluye es empezar a leerlo todo de principio a fin en equipo. Ya llegaremos a los ensayos y a la preparación del pitch en el capítulo 13, y ahí es donde ocurrirá una gran parte de la reescritura. Sin embargo, antes de empezar a leerle el guion al equipo, léelo primero solo en voz alta. Esto te ayudará mucho a identificar en qué puntos has sido algo torpe con las palabras, qué frases te han quedado muy largas o dónde hay palabras innecesarias y formulaciones complejas. De modo que lee, escucha y pregúntate:

- ¿Me tropiezo una y otra vez con alguna palabra o frase?
- ¿Me quedo sin aire antes de haber terminado una frase?
- ¿Estoy perdiendo el tiempo con un exceso de palabras y sílabas como «en cuanto que» o «con tal de» o «volviendo al tema que nos ocupa»?

Una última cosa de la que estar pendiente es la jerga. Como expertos en nuestro propio campo, a veces se nos olvida que las palabras que usamos pueden no ser las más simples para el público. Podemos eliminar palabras técnicas cambiándolas por una analogía o metáfora bien elegida, pero, si es necesario entrar en detalle, preocúpate por explicar las palabras y expresiones al público antes de usarlas de forma natural.

No es porque el público sea tonto, sino que la simplicidad hace que una presentación sea más elegante y más fácil de entender. Uno de los mayores defensores de la simplicidad en la escritura fue George Orwell (autor de *Rebelión en la granja* y *1984*), que publicó un ensayo en 1946 llamado *Politics and the English Language* [La política y la lengua inglesa] en el que exponía varias reglas que se pueden aplicar directamente a un pitch, a saber:

- No usar nunca una expresión extranjera, una palabra científica o de jerga si se te ocurre un equivalente cotidiano.
- No usar nunca una palabra larga cuando basta con una corta.
- Eliminar una palabra siempre que sea posible.

Aplica estas normas a todo lo que hagas en un pitch: las propuestas, los guiones y los textos que proyectas en pantalla. Las palabras rimbombantes no te hacen parecer más listo, sino que dificultan la comprensión.

Y, por supuesto, si necesitas ayuda, usa la IA generativa. Prueba *prompts* como:

- ¿Hay alguna parte del texto que sea difícil de entender para un público no experto?
- Reescribe este texto para que lo entienda una persona de doce años.
- Haz que este texto sea lo más breve y conciso posible.

Puede que el resultado no sea perfecto, pero será útil.

## EN RESUMEN

Con el paso de los años he recibido innumerables peticiones de equipos para que los ayude a que su presentación de PowerPoint quede «más bonita». Una solicitud frecuente es que añada «mis polvos mágicos» a lo que, por otra parte, es un desastre absoluto. No ganan encargos las presentaciones bonitas, sino el contenido emotivo, persuasivo, conciso y con sustancia. El soporte visual puede sin duda mejorar el contenido, pero, antes de empezar a trabajar en una presentación visual, necesitas un guion muy bueno que no vaya a cambiar. Aquí tienes una recapitulación de cómo bordar un guion y sus tiempos:

- Divide el tiempo que tienes para el pitch en dos: ese es el tiempo que tendrás para el contenido. El resto será para preguntas y diálogo.
- Vuelve a dividir el tiempo del contenido, esta vez en tres partes de alrededor de un 15, un 70 y un 15 por ciento para las tres grandes secciones.
- Convierte esos porcentajes en minutos y luego los minutos en número de palabras, contando con que cada minuto son unas 150 palabras. La IA generativa puede ayudarte con los cálculos... O puedes usar una calculadora.
- Divide cada sección para tener un número de palabras asignado a cada subsección.
- Escribe un guion guiándote por los números de palabras y, si te hace falta, usa la IA generativa para ayudar a acortar, alargar o mejorar la redacción.
- En cuanto puedas, lee el guion en voz alta y mejóralo.

En lo fundamental, ya tienes un pitch. Veremos mucho más para que puedas perfeccionar el guion e incorporarlo a una experiencia que tu público no olvidará, pero, si no te funciona el portátil, te saldrá un pitch redondo igualmente.

# 10

# Ideas creativas y encontrar una temática

Una vez trabajé en un pitch para una cadena de restaurantes que quería transformar por completo cómo pedía y gestionaba los ingredientes. La cadena era famosa por la comida gourmet y sus cócteles de la casa con hierbas aromáticas, especias y frutas para darles sabor, pero la tecnología subyacente —el sistema que hacía que todo siguiera funcionando entre bambalinas— estaba lamentablemente desfasado. Esa tecnología estaba integrada en todos los procesos, desde la dirección hasta la interfaz que se usaba en sus restaurantes pasando por la logística, y lo ralentizaba todo como una arteria obstruida. Tras varios intentos fracasados de arreglarlo, buscaban desesperados a alguien en quien pudieran confiar para que lo transformase por completo. Y ahí es donde entrábamos nosotros. Yo formaba parte de un equipo que preparaba un pitch para quedarse con ese encargo, que era a la vez una gran tarea y una oportunidad fantástica; sin embargo, a medida que avanzábamos en el proceso de evaluación, empezamos a ver que había varios escollos considerables que tendríamos que superar antes de llegar a la meta:

1. La transformación ya había fallado dos veces, por lo que era evidente que en algún sitio había problemas importantes.
2. Quien hacía antes ese trabajo estaba dispuesto a hacer cualquier cosa para no perderlo.
3. No teníamos ninguna relación con quienes tomaban las decisiones y estábamos bastante seguros de que nos habían llamado solo para hacer de liebre.
4. Había seis empresas compitiendo por el encargo y las otras cinco tenían algún tipo de conexión con la empresa por relaciones o trabajos previos.

En definitiva, era evidente que éramos los que no encajábamos y estábamos en el puesto número seis de seis. En contra de lo que les decía la razón a muchas personas, decidimos lanzarnos de todos modos porque creíamos firmemente que éramos los mejores del sector para aquel encargo. También sabíamos que, si enfocábamos el pitch de forma disruptiva y singular, teníamos la oportunidad de ganar.

Empezamos a discutir cómo abordar la oportunidad y acordamos una visión que nos guiaría: en lugar de centrarnos en cómo podríamos ejecutar una implementación técnica compleja a la perfección, nos centraríamos en las personas a las que esta afectaría: los encargados de barra, los cocteleros y los chefs. Ellos eran quienes sufrían cuando las comandas estaban mal o se agotaban los ingredientes.

En la primera etapa del proceso había que mandar una propuesta escrita y, aunque debíamos entregar solo un documento de Word, nos ajustamos a nuestro plan y, al escribir, nos centramos en las personas a quienes afectaba la tecnología en lugar de en la tecnología en sí misma. Fuimos a los restaurantes, conocimos a los cocteleros, nos tomamos fotos disfrutando de los cócteles y la comida. Usamos aquellas fotos como las fotos del equipo que acompañaban a la propuesta. Nuestro único objetivo era mostrarle a aquella empresa que los entendíamos y que entendíamos cuáles eran los retos reales a los que se enfrentaban sus trabajadores. Pasamos a la siguiente ronda. Ahora éramos uno entre tres.

El pitch duraba 90 minutos y nos mandaron un orden del día vago, sin estipulaciones acerca del formato. Creamos una montaña rusa narrativa, usamos el marco titán y escribimos guiones. En lugar de crear un PowerPoint, decidimos diseñar el contenido de nuestro pitch como si fuera un libro de recetas de cócteles. Nos pasamos horas leyendo atentamente los libros de cócteles, de cocina y de recetas más bonitos que encontramos para inspirarnos. Imprimimos el libro y usamos analogías sacadas del mundo de las personas a las que íbamos a hablarles. Por ejemplo, las diferentes opciones tecnológicas que tenían eran como los ingredientes que debían elegir bien para conseguir la mezcla perfecta para un coctel.

Cuando llegamos para hacerles el pitch a los ejecutivos en su sala de juntas, no llevábamos portátiles, solo unas bolsas de tela con logos algo llenas. La sorpresa de nuestro público pronto se convirtió en intriga cuando sacamos los libros de las bolsas y empezamos a entregárselos. Los libros estaban impresos en papel mate reciclado de calidad y cada página tenía un espacio reservado para que el público tomara notas. Una vez que estuvimos todos sentados, empezamos. Cada vez que pasaban una página se encontraban con nuevas imágenes y metáforas interesantes ante sus ojos y, si teníamos que tratar o citar algo de un tema anterior, solo había que volver unas páginas atrás. Al público le encantó aquella experiencia táctil tan inusual; y aquello tuvo otra ventaja sorprendente: sentarnos juntos así, sin que nadie estuviera de pie delante de una pantalla, creó un ambiente íntimo que parecía más el de un grupo de amigos en un restaurante acogedor que el de una sala de juntas.

Solo nos dejaban ser cinco personas para el pitch y sufrimos eligiendo quién debía ir porque teníamos un gran equipo involucrado en los preparativos y algunos miembros tenían papeles muy concretos, pero, para cuando estuvimos sentados en aquella sala, ya se nos había ocurrido una solución ingeniosa (si se me permite decirlo a mí): incorporamos la realidad aumentada al principio de cada capítulo a partir de fotografías de miembros del equipo que cobraban vida cuando el público pasaba el teléfono por encima de la página. No contábamos con ningún experto en realidad aumentada y no nos habíamos gastado nada en aquello. Solo habíamos pensado de forma creativa y habíamos usado las herramientas gratuitas que teníamos a nuestra disposición en internet para crear un clima que mejoraba la experiencia en la sala.

Al cabo de unos días nos informaron de que habíamos conseguido estar entre los dos finalistas. Ahora el público quería pasar un día entero con cada empresa participante haciendo un taller. Nuestro competidor final era el que había ostentado el puesto antes y tenía relaciones muy estrechas con las personas clave que tomaban las decisiones. Para ganar, teníamos que poner toda la carne en el asador.

Cuando el público llegó a nuestras oficinas, lo recibimos en la puerta y lo llevamos por un pasillo adornado con enormes imágenes impresas en cartón pluma de exquisitos cócteles, comida gourmet y miembros reales de su plantilla (recuerda que ya los habíamos conocido y fotografiado). Al final del pasillo los esperaba una recreación de una coctelería de postín. Habíamos traído plantas, teníamos una iluminación suave muy cuidada y ahora poníamos música animada por los altavoces que había colgados en las paredes mientras el público bebía cócteles sin alcohol y charlaba con nosotros.

Luego llegó el momento de pasar a la siguiente parte del día: nos fuimos a otra sala con pizarras blancas, rotuladores y pósits. Allí les organizamos un taller de *design thinking* que los llevó en un recorrido por los desafíos a los que se enfrentaban y las varias maneras en que podían resolverlos antes de ayudarlos a priorizar la solución técnica que les proporcionaría más valor.

Tras aquella sesión, volvimos a llevárnoslos a la coctelería y esta vez hicimos que uno de sus cocteleros les diese una breve charla sobre los ingredientes frescos y de gran calidad y sobre la necesidad de que las cosas se entregasen a tiempo y de que tuviesen el precio adecuado, así como sobre el efecto que aquello tenía en la satisfacción de sus clientes. Por toda la sala, nuestro equipo hizo demostraciones de la tecnología que les proponíamos usar.

Todo tenía un aspecto fantástico, sonaba fantástico, olía fantástico y sabía fantástico.

Todo el día se basó en la idea de la buena comida, los buenos cócteles y la necesidad de anteponer las personas a la tecnología. Todavía teníamos que demostrarles que sabíamos cómo resolver sus problemas. Todavía teníamos que hacerles ver que entendíamos su tecnología y que teníamos la mejor solución para ellos como empresa, pero, al sumergirlos en aquella experiencia, les hicimos sentir algo.

Nos quedamos con el encargo y el *feedback* que recibimos nos demuestra la importancia que puede tener un concepto creativo. Nos dijeron: «Las dos empresas han hecho un gran trabajo en la resolución de nuestro desafío técnico, pero vosotros sois las personas con las que queremos trabajar».

Ya hemos hablado en detalle de cómo construir una historia atractiva. Hemos visto cómo aprovechar el poder del tres para estructurar nuestra información y nuestras ideas y hemos repasado cómo crear guiones maravillosos que cuadren con los tiempos precisos que tenemos. Ahora le echaremos un vistazo al ingrediente especial que todo pitch necesita: una temática creativa. Si a nuestros relatos e información les aplicamos ese punto de vista extra, empezaremos a fortalecer de verdad el lazo emocional con el público y el impacto de nuestro pitch.

## Encontrar una temática creativa que signifique algo

Elegir una temática para el pitch tiene varias ventajas. Es una forma de aunar lo que estás diciendo, tus mensajes clave y tus soportes visuales en un relato emocionante, armonioso e intuitivo. Elegir una temática puede ser muy fácil; en el ejemplo que acabas de leer, le hacíamos el pitch a una coctelería, de modo que nuestra temática eran los cócteles y las personas. Si le haces un pitch a un club deportivo local, tu temática podría basarse en los deportes, el trabajo en equipo y la comunidad.

Puedes usar esta temática para crear metáforas visuales y hasta para planear una experiencia. Por ejemplo, si le haces un pitch a una empresa automovilística, puedes encontrar formas singulares de incorporar los coches: hacer el pitch en un circuito de carreras, grabar vídeos de clientes en la parte de atrás de un coche, convertir una sala en un taller de reparación, encontrar buenas metáforas, analogías e historias sobre coches... Ya te haces una idea. Fíjate en que la temática se basa en el público, no en ti, tu producto, servicio o idea.

Este principio puede aplicarse a cualquier sector o tema. Debería ser simple y emocionante. Lo importante es que el público pueda identificarse enseguida con la temática. Esto lo he aprendido a las malas por haber estado involucrado en pitches que han usado conceptos creativos sin ningún tipo de relación con el público. Una vez hicimos un pitch de temática deportiva para unas tiendas de ropa. Intentamos ilustrar la importancia del trabajo en equipo, el talento y la dedicación, pero fracasamos con aquel público porque aquellas personas no tenían ningún interés por los deportes. A veces podemos tener ideas que parecen geniales, pero no invertimos tiempo en pensar qué lógica hay detrás y en un pitch la lógica es primordial. Si no puedes explicar por qué has elegido una temática en concreto para un público en concreto, lo más probable es que estés creando algo superficial y sensacionalista en lugar de profundo y significativo.

El otro peligro de los conceptos creativos es no haber pensado lo suficiente en encontrar una temática que de verdad sume algo especial, algo que convierta tu pitch en una experiencia más memorable, comprensible y significativa para el público. Si tenemos una temática solo por tenerla, no podemos esperar ese impacto. Por ejemplo, si en el pitch que he descrito antes tan solo hubiéramos añadido imágenes de cócteles, no habría servido demasiado para ayudarnos a persuadir al público.

Una temática directamente relacionada con el público es potente si te obligas a ti mismo a forzar los límites de cómo puede aplicarse. Ve más allá de la estética de una temática y úsala para ilustrar tus puntos de vista revolucionarios. Úsala para crear experiencias, piensa en souvenirs ingeniosos que tu público pueda llevarse a casa o incluso elige una localización relacionada con el pitch. Procura que sea relevante, pero ve a por todas.

### *Encontrar una temática creativa*

Entonces, ¿cómo pensamos una temática que sea relevante, pero no tan evidente como para que todo el mundo tenga la misma, que conecte con el público, anime nuestros ejemplos y nos ofrezca oportunidades para crear experiencias, metáforas e imágenes?

Bueno, en primer lugar, toda la investigación que has hecho sobre el público debería ayudarte. Pregúntate:

- ¿Qué les interesa a las personas que forman parte del público?
- ¿Qué impacto tiene su producto o servicio sobre las personas reales?
- ¿Cuáles son los valores de la marca del público y cómo quiere ese público que lo perciban?
- ¿Cuál es la emoción central que tiene que comunicar mi presentación?

Tu respuesta a estas preguntas debería empezar a generar ideas de temáticas relevantes e interesantes para el público. Te ayudarán a identificar áreas de **interés personal** (¡fútbol!, ¡pintura!, ¡*Star Wars*!), **formas de comunicación e impacto** (comidas sabrosas, tecnología de última generación, vivienda asequible), **valores y percepción** (rapidez, sinceridad, liderazgo de expertos) y **tono** (entusiasmo, humor, nostalgia).

En cierta manera, eso ya son temáticas; son las ideas que subrayan la autopercepción, la marca y las necesidades del público, pero, para que estas temáticas sean verdaderamente creativas, puedes empezar a interconectarlas y llevarlas un paso más allá. Por ejemplo, ¿cómo puedes aprovechar el tema de *Star Wars* para ilustrar una tecnología de última generación para una empresa que se ve a sí misma como liderada por expertos? ¿Qué ideas surgen al pensar «nostalgia + asequibilidad» y cómo se podría traducir eso en unos souvenirs para una asociación por la vivienda? ¿Cuál puede ser la mejor ubicación para hacer un pitch para una cadena de restaurantes que valora la sinceridad tanto como el sabor de la comida?

Recuerda, toda temática debe ser relevante para un público y un pitch concretos.

Aquí tienes tres herramientas para pensar de forma más creativa y encontrar tu temática:

### I. No hagas nada

No, no es broma. A menudo, cuando intentamos forzar una idea centrándonos de forma consciente en ella, nos metemos en una frustrante prisión mental y damos vueltas y más vueltas a las mismas ideas mediocres. El mejor remedio es hacerte a ti mismo las preguntas anteriores y luego dejar que tu mente vague. Sal a dar un paseo o a correr, date una ducha, haz un puzle, aparta la mente de la tarea que tienes entre manos porque tu subconsciente estará trabajando en ella de fondo y puede que te regale una propuesta brillante de la nada. En el mismo sentido, podrías echarte una siesta. Un estudio publicado en *Science Advances* afirma que tenemos un breve periodo de creatividad y perspicacia en el estado semilúcido que tiene lugar justo antes de que empecemos a quedarnos dormidos. Ten una libreta a mano cuando te eches una cabezadita y, si te viene una idea, anótala.

### 2. Busca inspiración

La creatividad por ósmosis es real, así que sumérgete en el trabajo creativo de otras personas. Visita un museo, ve a ver un musical o al ballet, lee poesía o ponte una película. Te asombrarán las ideas que se te ocurren para el pitch cuando te expones al arte. Y, si ves algo maravilloso, ¡róbalo! Ya hemos visto la facilidad con la que contar una escena de *Conan el bárbaro* ayudó a ganar un pitch y, en el capítulo 12, que trata sobre el pitch vivencial, verás un montón de ideas más inspiradas por experiencias creativas (incluida una mía con *Parque Jurásico*). Y, si alguna de las historias de este libro te ha llegado, piensa en cómo podrías usar una versión de ellas en tu pitch.

### 3. Pensamiento divergente

Al principio hemos hablado de que un pitch es como un laboratorio. Debemos pensar a lo grande y ser valientes con nuestras ideas para aportarle al público algo diferente. Intenta hacer un ejercicio en el que tienes que pensar diez ideas en diez minutos. Elimina todas las limitaciones y vuélvete loco. ¿Cuáles son las ideas más locas, tontas o estrambóticas que se te ocurren? A menudo esas ideas te llevarán a una nueva cadena de pensamientos al final de la cual hallarás una solución brillante. Hasta podrías ir más allá y ponerte el reto de encontrar la peor idea posible. Puede parecer raro, pero la psicología inversa también es un gran método para cambiar la mentalidad de la gente y a menudo lleva a resultados que nunca se te habrían ocurrido en un principio.

### *Metáforas y analogías*

Encontrar la temática adecuada que emocione al público puede lograr más que sorprenderlo y complacerlo, también puede ser una oportunidad para ayudarlo a comprender mejor tus ideas y propuestas. Esto nos lleva al papel de la metáfora.

Uno de los mayores problemas de muchos pitches es que a menudo no son fáciles de entender y asimilar para el público. Eso ocurre porque nosotros somos los expertos en nuestro campo y ellos no. Al fin y al cabo, les estás haciendo un pitch porque ellos no saben cómo lograr el resultado que quieren sin tu ayuda. Podrías ser una empresa de tecnología que le hace un pitch a una ONG, un profesor explicando física cuántica o un arquitecto haciendo una presentación para una sociedad religiosa. Incluso en una entrevista de trabajo, tu posible empleador buscará llenar un puesto que ni él mismo entiende del todo. A ti puede parecerte simple, pero ya te has pasado miles de horas formándote; para ellos, podría ser todo nuevo. Una de las cosas que preocupa mucho al público, sobre todo cuando hay dinero de por medio, es no entender en profundidad lo que les están proponiendo y gastar dinero a ciegas, sin estar seguros de para qué se usará. Eso mata la confianza, las relaciones y la voluntad de seguir adelante.

Encima, a veces, el contenido de un pitch puede ser complejo por necesidad, incluso para un público experto. Puede que cuentes con un gran número de personas y cronologías paralelas, integraciones de tecnología o métodos de pago complejos, una masa de datos, diferentes variables en un proceso largo u otra información en profundidad y poco habitual que sea integral para el pitch.

Nuestro trabajo consiste en encontrar formas de hacer que todo lo que decimos sea fascinante y comprensible, y ahí es donde entran las metáforas. Si tenemos una temática, también tenemos ocasiones para usar metáforas y analogías. ¿En qué se parece tu solución de *software* a montar un coche en un taller? ¿En qué se parece tu complicado servicio legal a jugar al cricket? ¿En qué se parece tu diseño a una botella de leche producida en una fábrica?

Encuentra algo en la temática que pueda expandirse y formar una metáfora o analogía clara y que le resulte familiar al público. Eso nos permite reemplazar la jerga técnica por palabras familiares y simples que invitan al público a unirse a la conversación y a hacer preguntas en sus propios términos. Es más, una gran metáfora tendrá vida más allá del pitch y se usará para comunicar tus ideas en el futuro, incluso cuando no estés delante.

Si quieres poner a prueba tu metáfora antes de plantarte ante el público, encuentra a alguien que tenga un conocimiento entre bajo y nulo de lo que vas a proponer, a ver si esa persona puede entenderlo. Prueba con amigos o familiares de diferentes edades. ¿Comprenden lo que dices tanto tu abuela como tu sobrinito?

A veces, las metáforas son evidentes, pero también podemos quedarnos sin ideas de vez en cuando. Puede ser útil ver si las herramientas de IA generativa nos proponen algo distinto que sea una opción mejor o nos dan alguna idea sobre cómo modificar una metáfora. Prueba un *prompt* directo como: «Voy a hacer un pitch sobre los beneficios de la computación en la nube a una marca de ropa. No son expertos en el tema y necesito una metáfora o analogía para ayudarlos a entender la explicación que además esté relacionada con su negocio».

Probé ese *prompt* y obtuve esta propuesta: «Imaginad que vuestras tiendas tienen acceso a un armario virtual sin límites. En lugar de almacenar todas las tallas, colores y estilos en cada tienda, ese armario virtual podría ofrecer al instante cualquier artículo que quisiera un cliente justo en el momento en el que lo quisiera. Se acabó intentar adivinar si queda stock y ocupar un espacio valioso. Eso es básicamente lo que ofrece la computación en la nube. Del mismo modo que vuestras tiendas podrían tener acceso a una colección infinita sin los gastos de almacenaje físico, la computación en la nube le permite a vuestro negocio acceder y almacenar datos, herramientas y sistemas ilimitados A medida que los necesitéis, sin el coste y los problemas de tener que comprarlos. Es como tener al alcance de la mano todos los recursos que uno necesita, de forma escalable según la demanda, lo cual nos ayuda a centrarnos en lo más importante: el servicio a los clientes».

¡No está mal!

Como apunte final sobre metáforas y analogías, sé consciente de que pueden ser cursis. No uses una metáfora por usarla cuando algo ya es simple —así solo complicarás más las cosas— e intenta encontrar metáforas que no se hayan usado ya mil veces; por ejemplo, una aguja en un pajar o un niño en una tienda de chucherías.

## EN RESUMEN

Encontrar una temática para tu pitch te permite conectar con el público. También te proporciona opciones para crear experiencias, metáforas, mensajes, elementos visuales y más. Aquí tienes un resumen:

- Elige una temática que sea relevante para el público, una que vayan a reconocer y entender.
- No elijas una temática aleatoria que no esté relacionada con el pitch o el público.
- Intenta hacer otra cosa o hasta echarte una siesta para dejar que tu subconsciente haga el trabajo duro.
- Sumérgete en actividades creativas y déjate inspirar por la obra de otras personas.

- Prueba el pensamiento lateral e incluso la psicología inversa para ampliar los límites de tu proceso mental.
- Encuentra metáforas o analogías que cuadren con la temática para ayudarte a simplificar cualquier complejidad en el pitch.
- No uses una temática solo por usarla y evita los clichés.
- Usa la IA generativa para ayudarte a desarrollar ideas o poner a prueba las que ya has tenido.
- Pon a prueba también tus ideas con personas reales y aplica su *feedback*.

Inténtalo. Coge tu idea, producto o servicio y experimenta y juega con diferentes metáforas. Comprueba cuáles conectan más y, como siempre, pásatelo bien. Coméntalo con otras personas, sobre todo con amigos o familiares que no suelen tratar ese tema. Si no lo entienden, la culpa es tuya y no suya. Reelabora la explicación y vuelve a intentarlo. Deja que la gente te haga preguntas hasta comprender y reflexiona sobre cómo podrías haberles aportado esa información desde el principio de la forma más simple posible.

Y nada, ya hemos llegado al punto del libro en el que tenemos que hablar del controvertido tema de las presentaciones de diapositivas. ¿Estás listo?

# 11

# Presentaciones de diapositivas

Se ha acabado la espera. Sí, tienes que hacer todo lo que hemos comentado hasta ahora, y no, tener una presentación de diapositivas para un pitch no es un requisito indispensable.

Pero...

Como ya he mencionado, eso no significa que no puedas tenerla y, si la tienes, debe estar bien hecha. En este capítulo vamos a hablar de cómo crear una presentación adecuada, pero todo esto puede y debe aplicarse a cualquier recurso visual que uses, ya sea PowerPoint, Keynote, Canva, carteles impresos, libros o cualquier otro soporte visual.

El principio general es simple. Ya lo he dicho antes, pero lo repito: crea tus historias y estructura y guion y luego usa ayudas visuales para mejorar y acentuar lo que dices.

## Diseño

Sin duda, ya has visto diapositivas «estándar»: pantallas llenas de cuadros, guiones, colores, palabras, imágenes deformadas y diagramas, todo en una letra de tamaño diminuto. Es como si alguien se hubiera comido una página llena de información y la hubiera vomitado en un PowerPoint. No es inspirador para ningún público y lo único que hace es socavar el pitch y tus buenas historias. Las diapositivas como esa distraen, confunden y son poco atractivas.

Los buenos diseños de diapositiva son fáciles y no hace falta ser diseñador gráfico para crearlas. El secreto es la simplicidad. Como nos decía mi viejo profesor de arte en la universidad: «Menos es más y con más te aburrirás». Estos son algunos elementos que puedes incluir, pero ten en cuenta que a menudo solo te hace falta uno:

1. Una imagen atractiva que apoye lo que estás diciendo.
2. Un titular conciso y potente.
3. Una lista corta de elementos.

Ya está. Menos es más. Ten fe en el guion que has elaborado. Que el público escuche tus palabras sin tener que leer una pantalla o intentar adivinar de qué parte de una diapositiva abarrotada estás hablando. Cuando hago un pitch, suelo usar diapositivas con una sola imagen fascinante o una sola frase provocadora. Cuando estoy resumiendo algo, puede que use una lista de puntos y, como utilizo el titán, solo me hacen falta tres. Cuestiónate antes de añadir contenido. Pregúntate: «¿Lo que voy a mostrar en pantalla de verdad aumenta el impacto de las palabras que digo o ayuda al público a entenderlas mejor?». Si la respuesta es que no, replantéatelo o déjalo fuera.

## Visuales atractivos

Los elementos visuales pueden tener todo un abanico de efectos sobre el público: pueden ser estimulantes, emotivos, sorprendentes o iluminadores y, a veces, todo a la vez. De modo que, cuando los añades a un relato que ya es atractivo de por sí, puedes crear una potente combinación que cautive e inspire al público. Si te has esforzado en el guion, los visuales son la parte fácil y divertida del proceso. Sigue estos principios y no podrás equivocarte.

### *I. Escucha y visualiza*

Crear buenos visuales es intuitivo y se basa en tus emociones e imaginación. Cuando estás decidiendo qué elementos visuales usarás para apoyar tu historia, intenta esto: grábate leyendo el guion o haz que alguien te lo lea en voz alta. Cierra los ojos y, a medida que escuchas las palabras, piensa en qué imágenes te vienen a la cabeza. Si puedes traducirlas a imágenes reales, tendrás una selección que conecte con lo que dirás y lo ilustrará en lugar de distraer.

Si te cuesta hacerlo con tu propia historia, escucha la parte de otra persona y proponle imágenes y deja que esa persona haga lo mismo por ti. Incluso podrías saltarte el guion y explicar en un lenguaje cercano lo que quieres transmitir en esa parte del pitch: qué emoción, qué idea, qué historia intentas contar. A ver qué imágenes te vienen. No hay respuesta correcta o incorrecta. Pídeles sugerencias a los demás; pregúntales qué imagen les viene a la mente cuando te escuchan. No te hace falta una visión definitiva, solo necesitas ideas de imágenes. Después puedes buscar a partir de esa idea y dejar que te inspire lo que otros han creado.

Y, si te cuesta mucho encontrar una imagen, pídele a nuestra vieja amiga la IA generativa algunas sugerencias. Dale *prompts* basados en tu guion o en el relato subyacente y repite varias veces la petición. A ver qué resultados absurdos o ingeniosos te ofrece, puede que te inspiren.

### *2. Que tus imágenes sean coherentes*

Puede que te decidas por gráficos frescos y modernos, por una fotografía estilizada y elegante, por ilustraciones atractivas y poco convencionales, por arte generado por ordenador, por esbozos hechos a mano o por formas geométricas minimalistas, pero no los uses todos. El tipo de imagen y estilo dependen de ti, pero debe ser coherente a lo largo de todo el material. Una mezcla de tipos de imágenes y estilos hará que tu pitch parezca *amateur* y caótico, como si hubieras cogido lo primero que te ha aparecido en Google.

Si vas a usar fotografías en blanco y negro, asegúrate de que todas las fotos están en blanco y negro. Si vas a usar un estilo concreto de dibujo o ilustración, úsalo en todo momento. La selección de imágenes tiene que ser cuidada. Si las pones unas al lado de otras, ¿parecen salidas de la misma colección de arte?

### *3. Evita clichés e imágenes prediseñadas*

Todos hemos visto clichés en pitches y presentaciones. De hecho, yo colecciono los peores por diversión. Entre mis favoritos están:

- Un primer plano de un apretón de manos.
- Una sala de reuniones llena de gente vestida de traje, todos sonrisas y carcajadas.
- Alguien absorto en sus pensamientos con una bombilla enorme flotándole encima de la cabeza.
- Piezas de puzle que encajan.
- Una diana con una flecha en el centro.
- Personas subiendo escaleras o montañas.
- Imágenes abstractas sobre negocios como una flecha apuntando hacia arriba en un gráfico.

Hay un surtido infinito de imágenes terribles de entre las que elegir. En lugar de eso, intenta que tus imágenes sean emotivas y estén relacionadas de forma directa con tu contenido, que no sean evidentes ni forzadas. Ahí es donde la absurdidad del arte generado por IA puede ayudarte a pensar de forma original o donde el pensamiento creativo que has hecho respecto a la temática puede ayudarte a encontrar imágenes con el significado adecuado y alejadas de los clichés fáciles. Si una diana es la metáfora visual de «dar en el clavo» y un apretón de manos es la metáfora visual de «colaborar», ¿cuáles serían los equivalentes en el mundo de tu público o en tu temática creativa?

### *4. Dónde encontrar imágenes*

Vale, ya tienes ideas para el tipo de visuales que quieres, pero puede que no sepas exactamente qué aspecto deben tener. Ahora debes explorar y encontrar un grupo de imágenes coherentes y de alta calidad, a no ser, claro, que quieras crearlas tú. ¿Dónde las buscas?

Es posible que las imágenes adecuadas cuesten dinero, pero no tienen por qué costar mucho. Mi consejo es que no cedas a la tentación de usar solo las imágenes que resulten de preguntarle a un buscador, porque no tendrás los derechos que te hacen falta y te podrías meter en problemas legales. También terminarías con las mismas imágenes que cualquier otra persona que buscase en Google «mujer con ordenador portátil» o «coche chulo». Aquí tienes algunos sitios en los que podrías buscar:

- **Webs de imágenes de stock**
  Hay un montón de webs de imágenes de stock y pueden variar mucho según el tipo de imágenes, la calidad, los derechos de uso y el precio. Una simple búsqueda de «mejores webs de imágenes de stock» te proporcionará reseñas y comparativas para que puedas tomar una decisión informada sobre cuál usar. La mayoría te permiten buscar entre las imágenes antes de comprar, pero esas imágenes tienen una marca de agua y, por lo que más quieras, no uses imágenes con marca de agua en el pitch. También puedes buscar en webs en las que se comparten imágenes. Si encuentras algunas con una licencia Creative Commons, no habrá ningún problema con que las uses en el pitch. Una

de las ventajas de ir por este camino es que a menudo encontrarás colecciones de imágenes que funcionan bien juntas.

- **IA generativa**
  Los generadores de imágenes de IA están por todos lados e, igual que las webs de imágenes de stock, varían en calidad, opciones, usabilidad y precio. Puedes encontrar generadores gratuitos y a medida que pasa el tiempo van apareciendo más y más opciones en el mercado que ofrecen resultados cada vez mejores. Por mi propia experiencia, los servicios de pago suelen conseguir los resultados de mayor calidad y cuestan mucho menos que pagar por imágenes de stock. La diferencia más importante entre usar imágenes de stock y generadas por IA son los *prompts*. Con la IA, introducir *prompts* que te den los resultados deseados supone pasar por una curva de aprendizaje y hay un número infinito de variaciones en las imágenes, como el tipo de objetivo de la cámara, la iluminación, el estilo y mucho más. Tampoco te saldrá dos veces la misma imagen, aunque uses el mismo *prompt*, de modo que esa solución implica una cantidad considerable de prueba y error. También puede ser complicado que los estilos de varias imágenes coincidan. Dicho eso, puedes aprender deprisa y la perseverancia puede valer la pena: no cuesta mucho generar buen material y usar *prompts* detallados con, por ejemplo, instrucciones de iluminación, es un extra cuando quieres ser muy específico. Al final, si pides a Darth Vader montado en un unicornio, te saldrá alguna versión de Darth Vader montado en un unicornio.

- **Hacer tus propias fotos**
  Con las increíbles cámaras que tienen los teléfonos modernos, esta puede ser una forma maravillosa de incluir imágenes en un pitch. Muchas cámaras de móvil tienen un modo retrato o *bokeh* que suaviza o difumina el fondo y puedes conseguir, sin duda, resultados profesionales. Lo mejor de esta opción es que puedes hacer fotos de lugares, objetos o personas reales a los que haces referencia en el pitch. Eso puede crear una conexión emocional real y las habilidades fotográficas *amateur* se perdonan.

### *5. Diagramas*

En algún momento, puede que necesites un diagrama, una gráfica, una tabla o una infografía. Mostrar datos de forma interesante o simplificada es genial, aunque crear el diagrama puede ser complicado. Yo aconsejo dibujar el diagrama que necesitas en una hoja de papel como primer paso y enseñárselo a alguien. Explícaselo a ver si lo entiende. ¿Encuentras una forma de simplificarlo? O, aún mejor, explícaselo a alguien mientras lo dibujas. Dibujar diagramas en directo en un pitch puede ayudar a que el público entienda qué significa cada parte y a mantenerte presente, con ellos, en lugar de hacer que miren una pantalla intentando adivinar lo que se les quiere decir. En un pitch yo siempre procuro tener una pizarra blanca o un rotafolio a mi disposición o, por lo menos, una hoja de papel grande.

Si te parece que debes tener los diagramas en diapositivas, créalos a partir de la última versión dibujada en un papel e intenta que sean lo más simples posible. Evita degradados y tamaños de letra pequeños y elimina cualquier información que no sea absolutamente necesaria.

Puede que el concepto de tu pitch se base en los datos y en cómo visualizarlos, pero, por lo general, siempre es mejor que los diagramas se reduzcan a la mínima expresión en un pitch, porque pueden aburrir bastante rápido.

### *6. Vídeos*

Los vídeos pueden ser geniales en un pitch, pero también pueden matarlo. Un vídeo corto que logra más de lo que podrías lograr sin él es maravilloso. Un vídeo largo o un vídeo de alguien diciendo algo que tú mismo podrías decir es una forma de desgastar al público. Como ya he mencionado, mostrar usuarios reales dando su opinión es potente, tanto como una historia corta con un buen soporte visual, pero, si puedes hacer tú mismo la narración, en directo, en la sala, quita la voz pregrabada y hazla. Hablar por encima de un vídeo, incluso con algo de música de fondo, crea una potente conexión entre tú, lo que aparece en pantalla y el público. También impresiona mucho, aunque necesitarás ensayarlo bien para bordar los tiempos.

### *7. Calidad de imágenes y vídeo*

Otra salida de tono: las buenas imágenes de malísima calidad. ¡Sacrilegio! Habrás invertido mucho tiempo en encontrar imágenes geniales, así que procura no tirar ese tiempo a la basura. Que las imágenes no estén pixeladas, borrosas, mal recortadas o sean demasiado pequeñas para verlas bien. Y lo mismo con los vídeos; deberían ser de alta calidad, lo cual también significa que tendrían que estar descargados e incrustados en la presentación. Depender del wifi de invitados de la sede del público para reproducir vídeos de alta calidad no es buena idea. Como apunte, piensa en añadir subtítulos a los vídeos para ayudar al público. No todo el mundo tendrá tu lengua materna como primera lengua.

### *8. Texto mínimo y valioso*

Lo peor que podemos presentar en un pitch son diapositivas con largos textos enteros. Si has ensayado el guion, tu voz bastará para comunicar lo que quieres. Si llenas una diapositiva de texto, el público enseguida se pondrá a leerla de arriba abajo antes de prestarte atención. He estado en pitches en los que la gente ha incluido párrafos de texto en las diapositivas y se ha puesto a hablar de otra cosa, tal vez con la esperanza de meter a presión el doble de información en el mismo tiempo. ¡Eso no funciona! No confundas al público.

A veces, el único texto que te hace falta es el titular potente que has creado en el titán. Solo eso, sin imágenes, puede ser de lo más efectivo. Queda «muy Apple».

Si incluyes más texto, que sea el mínimo; usa una lista de elementos puntuales y explícalos en lugar de incluir párrafos enteros. Mantén la coherencia tipográfica y asegúrate de que no haya nada tan pequeño que el público no lo pueda leer fácilmente.

### *9. Señalización y jerarquía visual*

No sirve de nada tener un titán estructurado de maravilla, con grupos de tres dentro de grupos de tres y así sucesivamente, y que luego aparezcan las diapositivas unas detrás de otras, sin más. Tienes que señalizarlas de alguna manera y estas son unas cuantas:

- Al principio de cada capítulo principal del titán usa una diapositiva de separación con el título.
- Crea cada una de las tres secciones principales de un color distinto. Cómo aplicas el color depende de ti, pero intenta ser sutil. Usa el color en la diapositiva de separación y luego añade, quizá, una línea fina en la parte inferior o superior de las diapositivas de toda la sección. Dale al público pistas visuales para que sepan si están en la primera sección, la central o la última.
- Valora también si incluir los títulos de la sección y la subsección en la parte de arriba de las páginas, como las migas de pan de una web.
- Numera también las secciones y pon esos números en un lugar visible.
- El público tiene que saber en qué parte del pitch se encuentra. Debemos reducir la carga cognitiva todo lo posible para que se centren en nuestras brillantes ideas y no en intentar descubrir dónde están y cuánto queda.

### *10. Marca y colores*

Si tienes un negocio, seguramente tienes una marca (un logo, una gama de colores, etc.). En caso contrario, hay muchos libros publicados sobre cómo crear una. Dando por sentado que tienes una marca, aquí tienes un consejo que a menudo veo que se ignora: úsala.

He visto muchos pitches en los que la marca que predomina es la de la empresa del público. Por ejemplo, alguien que le hace un pitch a la empresa de transportes UPS usa el marrón por todas partes en lugar de los colores de su propia marca. Recuerda, te estás proponiendo a ti mismo y a nadie más.

### *11. Transiciones*

Una forma infalible de hacer que una presentación de diapositivas fracase es añadir un montón de transiciones entre diapositivas. Fundidos, barridos, cosas que vuelan por la pantalla o, peor todavía, cortinas, páginas que pasan y explosiones. Eso es divertido cuando tenemos ocho años y estamos haciendo un trabajo de clase sobre lagartos, pero en el mundo del pitch profesional en el que nos jugamos tanto, la apuesta más segura es no usar ninguna transición. Ninguna.

La excepción es que sepas bien lo que haces. Un gran diseñador gráfico puede tener una forma ingeniosa y sutil de usar una transición para mejorar una presentación, pero, si se hace mal, se corre el riesgo de convertirse en el hazmerreír del público, de parecer poco profesional y de que el público se frustre al tener que esperar demasiado a que las cosas aparezcan en pantalla. Y ocurre lo mismo con las animaciones en pantalla. No pongas ninguna.

### *12. La portada*

Mi último apunte del capítulo trata sobre la diapositiva de portada, lo primero que aparece en tu presentación. Esta diapositiva suele estar infravalorada y se usa solo para poner la fecha, el nombre de la empresa y un texto sobre confidencialidad. Si haces eso, estás perdiendo una oportunidad. La portada suele ser la diapositiva que más tiempo pasa en pantalla, mientras las personas entran en la sala, van a por un café, encuentran su sitio o esperan a que otras se unan a una llamada. Aprovecha la ocasión para promover tu mensaje clave. Hemos creado titulares que son puntos de vista de cada sección del pitch y el titular final que hay que crear es el que resume todo el mensaje del pitch, en menos de diez palabras. Hasta puedes usarlo como un eslogan que repetir durante el tiempo que pases con el público. Si también vas a usar una imagen, que sea emotiva y relevante y sintetice el mensaje central del pitch.

## EN RESUMEN

Los visuales son un elemento importante a la hora de persuadir al público y de crear un lazo emocional. Llaman la atención, simplifican información compleja, son memorables y crean un puente entre lo que el público oye y ve. Si los usas con sensatez, elevarán todo el pitch, pero, si los usas mal, tendrán el efecto contrario. Vamos a recapitular:

- Escucha tu propio guion en voz alta y visualiza las imágenes que pueden ser relevantes e inspiradoras.
- Elige un estilo visual y mantenlo en todo el contenido que crees.
- Evita los clichés y las imágenes prediseñadas.
- Busca imágenes en webs de stock, usa la IA generativa o crea tus propias imágenes. Lo importante es que puedas usarlas legalmente.
- Reduce los diagramas a la mínima expresión y valora dibujarlos en directo durante el pitch.
- Usa vídeos cortos o habla por encima de un vídeo de fondo para tener un gran impacto.
- Asegúrate de que todas tus imágenes son de alta calidad y no están borrosas ni pixeladas.
- Añade el menor texto posible y que las fuentes y la tipografía tengan coherencia y sean legibles.
- Señaliza las secciones del titán para que el público sepa siempre dónde está.
- Usa tu marca y tu gama de colores, no las del público.
- No uses transiciones entre diapositivas ni animaciones a no ser que de verdad sepas lo que haces.
- Aprovecha al máximo la diapositiva de portada añadiéndole tu mensaje principal.

He mencionado varias veces las diapositivas en este capítulo, sobre todo porque la mayoría de los pitches las tienen como elemento. Sin embargo, antes de que sigas adelante y te pongas a crear una presentación, hay más cosas que tener en cuenta. Elijas el medio que elijas, necesitarás historias y una estructura, por lo que no hemos desaprovechado ni el tiempo ni el trabajo invertidos. No obstante, tenemos más opciones aparte de las presentaciones. De hecho, hay un método sobre el cual he construido mi carrera: el arte del pitch vivencial.

# 12

# El pitch vivencial

Había una vez, en el año 1853, un carpintero, emprendedor e inventor llamado Elisha Otis. Trabajaba en una fábrica de somieres en Nueva Jersey, donde su tarea consistía en arreglar las cosas que había que arreglar y buscar maneras de mejorar el funcionamiento de todo. Descubrió que el mayor reto eran los artefactos que levantaban piezas pesadas y maquinaria para llevarlas a las plantas superiores del edificio. Eran poco fiables y peligrosos y, en más de una ocasión, una cuerda rota resultaba en la muerte de varios trabajadores. Otis empezó a experimentar y pronto desarrolló un mecanismo para asegurar un objeto suspendido en el aire incluso si una cuerda se rompía. El nuevo artefacto se implementó con éxito en la fábrica y Otis empezó a preguntarse si su invento podría tener otros usos.

El uso de ascensores no estaba extendido en aquella época. La gente había hecho algunos intentos, pero se enfrentaban al mismo problema que los montacargas de la fábrica de somieres: no eran fiables y ponían en riesgo la vida de las personas. Otis se dio cuenta de que su invento tenía el potencial de cambiar el mundo. Su problema era doble: ¿cómo podía hacer que corriera la palabra y cómo podía convencer a las personas de que su aparato era seguro? Aquel hombre necesitaba un pitch como una casa.

Por pura suerte, aquel año Nueva York acogía la Exposición Universal, un acontecimiento al que llegaban inventores de todo el mundo para mostrar sus mejores y más recientes innovaciones. Otis vio la feria como la oportunidad definitiva para presentar su idea ante el público más grande del planeta. Tenía una oportunidad para demostrarle a todo el mundo que debían confiar su vida a aquel simple artilugio. Se inscribió y reunió los fondos para conseguir una posición privilegiada, en el centro del pabellón principal de la exposición, en el edificio del Palacio de Cristal del centro de Manhattan. Allí construyó un ascensor sin paredes ni techo, para que todos los mecanismos y cuerdas estuvieran a la vista de la gente.

Llegó el día y una gran cantidad de gente se reunió con la curiosidad de ver qué quería enseñarles aquel hombre con su tambaleante plataforma de madera. Otis (vestido con una levita y un sombrero de copa) subió al ascensor y el público enmudeció. La plataforma y el hombre empezaron a ascender despacio hasta que estuvieron tres pisos por encima del suelo. Otis no dijo nada. El público, inquieto, cambió el peso de pierna e intercambió miradas confusas. Y entonces, de la nada, el ayudante de Otis apareció en la parte alta de la estructura empuñando un hacha. Antes de que nadie supiera lo que estaba pasando, blandió el hacha y cortó la cuerda que mantenía el ascensor suspendido en el aire. Durante una fracción de segundo la plataforma y Otis se precipitaron hacia el suelo. El público ahogó un grito colectivo y luego: CLANC. El dispositivo de seguridad se puso en funcionamiento y detuvo la bajada del ascensor.

Entre los animados vítores del público, se oyó a Otis decir: «Estoy a salvo, caballeros, estoy a salvo». No era muy inclusivo respecto al género, pero era 1853.

En un solo instante, Otis había convencido a todo el público de que su invento era seguro y también había creado, sin saberlo, el primer pitch de ascensor del mundo.

Hoy en día, más de 2.000 millones de personas suben a un ascensor cada día y muchos de esos ascensores todavía llevan el nombre de Otis. Otis hizo que los rascacielos fueran una realidad plausible y cambió nuestro mundo para siempre.

Esta historia cambió mis propios paradigmas sobre hacer un pitch y es el quid de lo que llamo «pitch vivencial».

## Las experiencias aumentan enormemente el interés del público

En nuestras vidas diarias nos enfrentamos a un aluvión de información y asimilarla toda todo el tiempo puede ser estresante y avasallador. Encima, la cantidad de información que de verdad absorbemos y recordamos varía de forma drástica según cómo se nos presente. Las tasas de retención exactas para los diferentes modos de presentar la información varían dependiendo del estudio.

Sin embargo, el consenso en la investigación didáctica es que los métodos que implican más compromiso y los métodos de aprendizaje activo llevan a una mejor retención de la información si los comparamos con los enfoques pasivos y basados en clases magistrales. Estoy seguro de que muchos podemos dar fe de ello por nuestra propia experiencia en el sistema educativo. No queremos que nuestros pitches sean una fuente más de información arrolladora para el público, de modo que todos deberían tener un elemento vivencial.

Un pitch vivencial es uno que capta el interés del público mediante experiencias inmersivas, sensoriales e interactivas en oposición a la simple comunicación verbal y visual. Esto puede tomar muchas formas, como pronto veremos, y ya te digo yo que no significa que vayamos a olvidarnos de las montañas rusas narrativas ni de los titanes, ni tampoco de la investigación, los planes o el guion. Cuando leas los ejemplos de los pitches vivenciales de este capítulo, recuerda que todos están basados en historias fascinantes y todos tienen que estar respaldados por pruebas, información y detalles. La historia sobre British Rail es un muy buen ejemplo de pitch vivencial, pero la representación coreografiada por Peter Marsh fue solo el principio del pitch —el gancho— e iba seguida de la presentación de un trabajo publicitario de primera para demostrarle al público que ABM estaba a la altura del encargo.

Recuerda: primero la emoción y después la información. Sumerge al público, cambia los paradigmas y suscita emociones con las experiencias y, luego, proporciónales la evidencia —usando el marco titán— que su cerebro racional necesita para elegirte.

Por lo general un pitch vivencial puede encajar en una de tres categorías: pitch teatral, experiencias inmersivas y tecnología interactiva.

### *I. Pitch teatral*

No te hace falta un escenario ni cortinas de terciopelo ni un máster en Shakespeare para conseguir sacar adelante una gran obra de teatro en un pitch. El pitch teatral no es más que un tipo de pitch en el que se lleva a cabo una actuación, que puede ser interpretativa o consistir en vestirse de una forma concreta, llevar a cabo una demostración física clara de algo, adoptar un papel o incluso cantar y bailar. Se trata de representar un espectáculo para el público.

Muchas de mis anécdotas favoritas sobre pitches vienen del sector de la publicidad y muchas datan de décadas antes de que los ordenadores personales nos dieran acceso a los programas de Microsoft. La competencia era salvaje y había mucho dinero en juego, aparecían productos nuevos por todas partes y ganaba quien conseguía hacerse con la atención del público y mantenerla. Eso generó todo tipo de pitches interesantes (y absurdos). Y, si en aquel momento el pitch teatral era potente —y eso que todo el mundo lo hacía—, imagínate el poder que tiene ahora, cuando ya casi nadie lo usa. ¿Has visto alguna presentación o algún pitch últimamente en el que se adopte algún papel o haya coreografía? Supongo que, si lo has visto, debe de ser algo que recordarás durante mucho tiempo. Te animo a ser valiente, a ser atrevido y a pensar más allá de lo digital. Aquí tienes unos cuantos ejemplos que nos muestran lo potente que puede ser el pitch teatral.

### Cuando se desveló el Cybertruck de Tesla

En 2019, Elon Musk orquestó un evento de lanzamiento del Cybertruck que fue puro pitch teatral. El escenario tenía un fondo distópico que casi recordaba a *Blade Runner* y, entonces, apareció el angular y poco convencional Cybertruck.

Durante su presentación, Musk hizo hincapié en la durabilidad del Cybertruck y destacó el esqueleto de acero inoxidable y las ventanas de «cristal indestructible». Para demostrar que se trataba de más que un simple discurso marquetiniano, invitaron a Franz von Holzhausen, el diseñador jefe de Tesla, que subió con un mazo. Primero le dio un golpe a la puerta de una camioneta normal y dejó una clara abolladura antes de golpear el Cybertruck. El ruido sordo se oyó por todo el auditorio, pero, para gozo de la gente, el mazazo no dejó marca.

Hay que puntualizar —y, si estás familiarizado con la historia ya lo sabrás— que la segunda demostración que hizo Von Holzhausen, lanzar una bola de acero a una ventanilla, no fue tan bien y el cristal se rompió. Dicho esto, el vídeo en el que el cristal se hacía añicos se hizo viral y ayudó a publicitar el Cybertruck ante millones de personas que tal vez no lo hubieran visto y estableció a Tesla como una marca disruptiva en el sector automovilístico.

**La lección:** Si tu producto o idea tiene algún elemento increíble demuéstraselo al público directamente en lugar de explicárselo.

## *Parkour* en la sala de juntas

Adam Morgan tiene un pasado en el mundo de la publicidad. Fue el director creativo ejecutivo de Adobe y es autor de *Sorry Spock, Emotions Drive Business: Proving the Value of Creative Ideas with Science* [Lo siento, Spock, las emociones dirigen los negocios: demostrando el valor de las ideas creativas mediante la ciencia]. También es un tipo atlético con algo de experiencia con el *parkour*, que consiste, básicamente, en correr, saltar y dar volteretas por encima de cosas. Una vez me habló de un pitch en el que trabajó para quedarse con el encargo de los auriculares Plantronics a principio de los 2000. Habían desarrollado unos nuevos cascos con los que se podía ir a todas partes y hacer cualquier cosa sin preocuparse por que fallase la conectividad ni por si se te caía el producto, pero tenían que hacer una campaña de publicidad para convencer a los clientes. En ese pitch, Morgan saltó encima de la mesa de la sala de juntas y bajó al suelo con una voltereta aterrizando justo entre dos ejecutivos. Los auriculares no se le cayeron y dudo que a los dos ejecutivos se les olvide alguna vez esa experiencia. A continuación, procedió a enseñarles el material que tenía para hacer una campaña de publicidad basada en el *parkour*.

**La lección:** Hacer tú mismo de conejillo de indias durante una demostración invita al público a creerte. Morgan dio literalmente un salto de fe para mostrarle al público que se podía confiar en Plantronics.

## El pitch de la alfombra de Cleopatra

En el año 48 a. C., Cleopatra gobernaba en Egipto junto a su hermano Tolomeo XIII y los dos estaban enfrascados en una amarga lucha por el reino. Para tener la posibilidad de seguir manteniendo su poder, Cleopatra necesitaba el apoyo de Julio César, el general y líder romano. Por desgracia para Cleopatra, conseguir una audiencia con César era imposible.

Resuelta y siempre ingeniosa, Cleopatra se hizo enrollar en una lujosa alfombra y fue introducida en los aposentos del César. Cuando desenrollaron la alfombra delante del general ella se puso en pie delante de él, impecablemente vestida, y le causó una primea impresión inolvidable. A partir de ese momento crearon una alianza que logró derrocar a Tolomeo XIII y que Cleopatra recobrase su poder y, además, fue el principio de una relación romántica con César.

**La lección:** Los elementos de sorpresa y teatralidad en un pitch pueden ser de lo más atractivos para el público. Piensa en cómo crear momentos de intriga inolvidable. Sin embargo, al hacerlo caminas por la cuerda floja. Rory Sutherland, vicepresidente de Ogilvy, me habló de un pitch que hicieron a KFC en el que todo esto salió mal. Un grupo de ejecutivos habían volado a Londres desde las oficinas principales de KFC en Louisville, Kentucky, y el equipo del pitch decidió que se vestirían todos de pollo. Cuando los ejecutivos de KFC los vieron, dieron media vuelta, salieron de la sala y volvieron al aeropuerto.

## La presentación de Jeff Gothelf en la conferencia Mind the Product

Jeff Gothelf, coautor de *Lean UX*, me habló de un discurso de apertura que había dado en la conferencia Mind the Product de 2019 en Singapur. Era el último en hablar y se había pasado el día viendo a los conferenciantes que participaban antes que él y haciendo fotos de las ideas con las que más conectaba de sus presentaciones. En su propia presentación al final del día, siempre que transmitía una idea importante, establecía un vínculo con uno de los conferenciantes anteriores y mostraba la foto que había tomado. Cuando bajó del escenario, había una cola de personas esperando para darle la enhorabuena y preguntarle qué tipo de brujería era aquella. No se podían creer que hubiera conseguido relacionar todas sus ideas con las de los conferenciantes anteriores y hubiera añadido fotos de aquel mismo día a la presentación. En palabras de Jeff: «Solo hice un poco más de lo mínimo». Recuerda: el listón para las presentaciones y los pitches está bastante bajo y encontrar el modo de hacer simplemente algo distinto, especial o inclusivo puede tener un gran impacto.

**La lección:** No hace falta mucho. Encontrar una forma de llevar el pitch a la actualidad y personalizarlo sin demasiado esfuerzo también puede volverlo inclusivo e ingenioso.

### *2. Experiencias inmersivas que cambian paradigmas*

El pitch teatral es un mecanismo potente para despertar al público y captar su atención. Si se hace correctamente, puede ayudarnos a persuadir a nivel emocional. Sin embargo, si damos este paso más y sumergimos al público en el teatro, tendremos de pronto una herramienta que no solo llama la atención, sino que también es una forma de cambiar paradigmas, una forma de hacer que el público se cuestione sus creencias fundamentales sobre un tema.

Nuestras experiencias conforman nuestras creencias, nuestra forma de comprender el mundo y de pensar en él; tienen como resultado un conjunto de paradigmas por los que nos regimos para vivir. Pueden ser morales, éticos, políticos, sociales o culturales y están profundamente arraigados en nuestra forma de pensar. Como hemos dicho en el capítulo 5, estas creencias van más allá de cualquier argumento lógico y consciente. Sumergir al público en una realidad alternativa es una de las formas más efectivas de animarlo a cuestionarse esos paradigmas y ese es el quid de la cuestión: no podemos obligar a nadie a cambiar sus creencias, solo ponerlo en una situación que tal vez le haga reconsiderarlas. También se podría pensar en esto como en crear un momento de epifanía.

## El pitch de *Parque Jurásico*

Una vez lideré un pitch para una cadena de tiendas de ropa. La empresa en la que yo trabajaba ya proveía soluciones tecnológicas para algunas de sus operaciones internas, pero teníamos grandes ideas para innovar de cara al público. Ya habíamos propuesto esas ideas a la empresa, pero el equipo que estaba al mando tenía una gran aversión al riesgo y les preocupaba que cualquier cambio molestase a su fiel clientela.

Nosotros pensábamos lo contrario: que cualquier empresa tiene que innovar constantemente, tomar riesgos calculados y cambiar cuando sea necesario para seguir en cabeza. Necesitábamos hacerles pensar de otra manera, libre de las suposiciones y percepciones que tenían sobre su negocio y sus clientes. Se nos ocurrió la idea de, durante solo un día, ponerlos a trabajar para un nuevo y disruptivo competidor directo.

Empezamos creando una marca de ropa ficticia, Blazarama, con líneas de productos y precios similares a los suyos. Diseñamos la marca, los logos y una visión de negocio sencilla: liderar las ventas de ropa del país.

Me planté delante de una diapositiva de PowerPoint intencionadamente sosa con ideas genéricas sobre estrategia y empecé a hablar sobre ellas. Al cabo de unos treinta segundos me interrumpió una llamada entrante de FaceTime. ¡Qué vergüenza! Me disculpé ante el público y les dije que tenía que contestar porque era una amiga muy importante y rica, Seraphina Blaze.

En pantalla apareció una señora con una sonrisa radiante y tuvimos esta conversación delante de toda la sala:

SERAPHINA: Danny, te veo genial. ¿Cómo estás?

DANNY: ¡Seraphina! Me alegro de verte, ¿te importa si te llamo luego?

SERAPHINA: No te preocupes, sé que tienes una reunión, pero te llamo justo por eso. Es que anoche tuve un sueño.

DANNY: ¿Me llamas porque tuviste un sueño?

SERAPHINA: Sí, ¡y fue un sueño increíble! ¡Era dueña de la marca de ropa líder del país!

DANNY: Qué bien, pero ¿por qué me lo cuentas a mí?

SERAPHINA: Porque esta mañana, cuando me he despertado, he llamado a mi asesor y le he dicho que cree una nueva empresa, ¡Blazarama!

DANNY: Vaya, Blazarama. Suena divertido, pero ¿sabes lo que haces?

SERAPHINA: Bueno, Danny, por eso te llamaba. No tengo ni idea de lo que estoy haciendo y necesito tu ayuda y la de tus amigos de la sala. Me he tomado la libertad de doblarles el salario y redactar algunos contratos, así que ahora ¡todos trabajan para mí!

DANNY: ¡Seraphina! ¡Qué atrevida!

SERAPHINA: Hay que ir a por todas, ¿no? Hasta me he tomado la libertad de diseñar un logo... Dale la vuelta a ese cartón pluma de ahí...

DANNY: Vale...

En ese momento, dimos la vuelta a los paneles con el logo de la empresa y revelamos los nuevos logos de Blazarama que había detrás.

SERAPHINA: Pues ya está. Ahora solo necesito que convirtáis Blazarama en la marca de ropa líder del país, empezando por cómo podemos proporcionarles a nuestros clientes la mejor experiencia posible en las tiendas. Tengo que irme, pero te llamo luego... ¡Pasadlo bien! ¡Adiós!

Y Seraphina Blaze colgó. Era evidente que el público estaba entusiasmado: aquello era diferente, nuevo. Pero antes de que las cosas se calmasen, un hombre que llevaba una gorra avanzó entre el público gritando: «¡Un paquete para Danny! ¡Un paquete para Danny!». Llevaba un racimo de globos de helio en una mano y una bolsa enorme llena de gorras en la otra. Tanto los globos como las gorras tenían el logo de Blazarama. Los globos se esparcieron de forma natural por la sala y las gorras se repartieron. Ya estaba: ahora todo el mundo trabajaba para la competencia.

Nos pasamos el día haciendo ejercicios centrados en varios aspectos de la ideación y la innovación. Nos interrumpieron más llamadas de Seraphina en intervalos de tiempo regulares en las que seguía mandando nuevas tareas al equipo de la sala. El público generaba literalmente cientos de ideas. La gente podía proponer ideas locas y de todo tipo con la seguridad de no tener ninguna de las restricciones que normalmente los ataban.

Entonces llevamos a cabo el segundo cambio de realidad. Una llamada de FaceTime de Seraphina en la pantalla grande interrumpió al grupo por última vez. La mujer estaba en un aeropuerto y parecía algo estresada.

SERAPHINA: Danny, malas noticias. Mi asesor acaba de llamarme y me ha dicho que la inversión para Blazarama se ha congelado por no sé qué relacionado con un intento que hice hace poco de crear un Parque Jurásico en la vida real. Parece ser que hace falta un permiso especial para devolver a la vida animales extintos por motivos de entretenimiento.

DANNY: ¡Oh, no! ¿Y ahora qué hará toda esta gente? ¡Nos hemos pasado todo el día pensando ideas para que Blazarama fuera la marca de ropa líder!

SERAPHINA: Tranquilo, no te preocupes por ellos, he conseguido que les devuelvan sus antiguos puestos de trabajo. Pueden usar las ideas en su antigua empresa, a mí me da igual. En fin, ¡me marcho, que tengo que coger un avión!

Colgó y yo me volví hacia la sala. Había un entusiasmo renovado. ¿Y ahora qué?

Era sencillo. Le pedí al equipo que reuniese las mejores ideas del día y las reformulase para aplicarlas en su propia marca. Les di una plantilla de pitch de una página en un rotafolio y, al cabo de una hora, varios grupos estaban presentando una idea genial tras otra, con todas las reflexiones y la logística necesarias para que funcionasen PARA ELLOS.

Antes de experimentar el cambio de realidad, nunca habrían trabajado en ideas como aquellas por muy sólido que fuera el argumento lógico. Los habíamos sumergido en una nueva realidad, los habíamos puesto en una situación distinta, les habíamos dado un punto de vista nuevo que tener en cuenta y, así, se habían convencido ellos solos. Después de la sesión, empezamos a trabajar en varias propuestas para la atención al público e implementamos grandes mejoras en su empresa.

Las llamadas de FaceTime eran vídeos pregrabados e incrustados en mi presentación. Serafina era una compañera a quien había convencido para que hiciera aquellos breves pinitos en la interpretación y yo había ensayado mi parte del diálogo para asegurarme de que al público le parecía una verdadera videollamada. El repartidor era otro compañero que se había prestado.

La idea de aquella experiencia no vino de libros de negocios ni de manuales de ventas. Cuando tenía nueve años vi *Parque Jurásico* en el cine y me dejó alucinado. La música, la trama, las actuaciones, los personajes, la cinematografía y los dinosaurios increíblemente realistas crearon una experiencia que nunca olvidaré. Me reí y lloré, pasé miedo y me emocioné. Y por algún motivo una escena se me quedó más que las otras. John Hammond, el creador del parque, hacía pasar a un grupo de visitantes a un cine. Llevaba un bastón con un trozo de ámbar que contenía un mosquito en la empuñadura y procedía a contarles cómo se había usado para extraer ADN de dinosaurios y recrearlos. Durante ese discurso se reproducía un vídeo en el que aparecía Hammond y el hombre tenía una conversación entera consigo mismo. No sé por qué me fascinó tanto, pero así fue. Años más tarde sirvió de inspiración para aquel pitch.

Las ideas vienen de semillas. Vienen de experiencias, inspiraciones y emociones, de modo que, cuando vives algo que te inspira, recógelo, anótalo y guárdalo en un álbum de recortes para más adelante. Y no te sientas mal por ver películas, leer ficción o visitar exposiciones. Puede que oigas una vocecita en tu cabeza que dice: «No veas una película, podrías estar leyendo un libro sobre gestión de negocios», pero tienes que saber que, si abres la mente, cualquier cosa puede inspirarte a crear los pitches más cautivadores y convincentes del mundo. A cuanta más inspiración nos expongamos, más semillas de inspiración tendremos para elegir.

### *3. Nuevas tecnologías interactivas*

Antes de los años noventa, cualquier persona que fuera a hacer un pitch dependía de medios no digitales. A medida que ha avanzado la era digital, el recurso por defecto ha pasado a ser una presentación de diapositivas en un portátil. Pero, con toda la tecnología tan accesible y siempre en constante cambio, hay muchas alternativas tecnológicas que miran al futuro a las cuales podemos abrirnos.

Además de que puede que no te hayas planteado usar nuevas tecnologías, los motivos más comunes para no probarlas son creencias como:

- No sé usarlas.
- Es demasiado caro.
- Hay que invertir demasiado tiempo.

Desde mi experiencia personal, puedo afirmar que ninguna de esas cosas es cierta o, por lo menos, no tiene por qué serlo. Si te acercas a una tecnología con la que no estás familiarizado con la mente abierta en lugar de con una actitud derrotista, te sorprenderá cuánto puedes conseguir y, a menudo, sin pagar nada.

El mundo está lleno de tecnología y mi objetivo no es prescribir cuál usar en un pitch, sino inspirarte a probar nuevas formas de mejorar la experiencia y de motivar al público. Aquí tienes un par de ejemplos que he usado personalmente con muy buenos resultados:

### La realidad aumentada

La realidad aumentada (RA) puede ser algo muy mágico. En las películas de Harry Potter, una de las cosas que captó mi imaginación fueron los periódicos en movimiento. Si no has visto las películas, es muy simple: las imágenes impresas en las páginas de los periódicos se mueven como si fueran vídeos. Por ejemplo, en una escena se ve un periódico con el titular de portada: ¡SE HA VISTO A SIRIUS BLACK! Y debajo hay una foto policial en movimiento de Sirius Black retorciéndose como un lunático, todo dentro de los márgenes de la fotografía.

Cuando lo vi, pensé: «Imagínate que pudiera recrear algo así en un pitch...». Había visto la RA en acción, pero nunca la había probado, de modo que empecé buscando en Google. Enseguida encontré un montón de webs y *apps* diferentes en las que no hacía falta saber programar, para las que no necesitaba ningún tipo de equipamiento especial y que eran gratuitas. Y luego empecé a experimentar y jugar. Al cabo de poco, sabía cómo subir un vídeo y generar un código QR que llevaba a una *app*. Coloqué el código en la esquina del primer fotograma de un vídeo y luego lo imprimí en una hoja.

Cuando abres la cámara y pasas el móvil por encima del papel con el código QR, el vídeo empieza a reproducirse como si estuviera de verdad en la hoja de papel, a lo Harry Potter.

Eso es algo que he usado en pitches, como el del restaurante coctelería, para que se pudieran ver los vídeos mientras la gente leía un libro. También lo he usado en invitaciones para un pitch, para suscitar emoción e intriga. No hace falta ser un experto en la parte técnica para empezar y tampoco hay que pagar nada. Si quieres algo que te resulta nuevo, intenta simplemente aprender a hacerlo. A menudo te sorprenderán los resultados.

## El metaverso y la realidad virtual

La realidad virtual (RV) es una tecnología que siempre parece amenazar con una revolución de consumo, pero nunca termina de llegar. Que vaya a conseguirlo o no en el futuro es algo que no puedo predecir, pero sí que me he divertido mucho creando un pitch en el metaverso.

El término *metaverso* fue acuñado por el autor Neal Stephenson en su novela de ciencia ficción de 1992 *Snow Crash*, en la que describía un sucesor de internet basado en la realidad virtual.

Hoy en día, el metaverso es un universo virtual lleno de mundos virtuales en 3D que los usuarios pueden crear y luego usar para socializar virtualmente. Con una breve búsqueda en internet y la creación rápida de una cuenta, cualquiera puede crear un mundo con edificios que se pueden diseñar y a los que luego se puede entrar con unas gafas de RV o un navegador web. Puedes crear un avatar que te represente y luego invitar a otras personas a interactuar contigo en tiempo real.

Trabajé en un pitch que ocurriría en un mundo del metaverso en el que quien entraba podía hacer un tour por nuestro complejo, visitar varios edificios y consumir información. El metaverso tiene varias ventajas importantes respecto a crear imágenes y vídeos convencionales:

1. Con las gafas puestas, el público está inmerso en ese mundo por completo, con una visión y un sonido de 360 grados.
2. El público puede interactuar en tiempo real con otras personas que se encuentran en el mismo mundo. Esto significa que puedo hallarme con un público que se encuentra físicamente en otro lugar y nuestros avatares pueden interactuar, hablar, verse y usar el lenguaje corporal para comunicarse. Puedo hacerle un tour guiado al público desde dentro del pitch.

3. El público puede interactuar con su entorno, pueden ver vídeos, jugar a juegos, participar en clases, presentaciones y eventos en directo y colaborar con nosotros.

Puede llevar un tiempo crear una buena experiencia, por lo que deberías pensar bien si es la mejor vía para tu pitch, pero no lo descartes por cuestiones de habilidad o presupuesto. No necesitas saber programar ni tener conocimientos previos sobre RV para empezar, solo tienes que probar o ver algunos tutoriales en YouTube.

### Demasiadas tecnologías para mencionarlas todas

Para que te inspire la tecnología, solo tienes que mirar a tu alrededor. Los móviles y *apps* que usamos, los relojes, la forma en la que nos comunicamos con nuestra casa, nuestro coche, nuestras experiencias en los negocios... La tecnología está por todas partes. Solo tienes que buscar en internet «tendencias emergentes en tecnología» o echarle un vistazo al ciclo de sobreexpectación que desarrolló la consultoría Gartner para ver qué predicen los expertos que será el nuevo *boom*. Muchas tecnologías no cuajan, pero eso no quiere decir que no podamos probarlas en un pitch. Recuerda: el listón del pitch ahora mismo está en una presentación aburrida de PowerPoint y probar cualquier tecnología para romper o cambiar esa experiencia será memorable y emocionante. Existe el riesgo de que la tecnología falle, pero te animo a arriesgarte en un pitch si quieres destacar. Lo importante es que ensayes lo suficiente con la tecnología antes del pitch.

No tengas miedo.

## *Diseñar tu propio pitch vivencial*

Espero que alguna de estas anécdotas de pitches haya hecho que fluya la creatividad por tu interior y estés pensando en cómo podrías presentar tu producto, servicio o idea a un público de un modo de lo más cautivador. Si lo haces bien, estas experiencias no solo te ayudarán a persuadir al público, sino que también serán recordadas para siempre. Para guiarte un poco más en cómo lograrlo, aquí te dejo mis ideas sobre cómo abordar las técnicas y algunas lecciones que he aprendido a las malas (para que no te pase lo mismo a ti).

En primer lugar, tienes que descubrir cuáles son los motivos por los que quieres hacer un pitch vivencial. ¿Quieres hacer algo distinto, ser rompedor e inyectar un poco de emoción y alegría, o necesitas cambiar la percepción que tiene el público acerca de algo, provocar un cambio de paradigma? Esta pregunta fundamental puede cambiar el modo en el que afrontas la creación de la experiencia.

### Hacer algo distinto

Si lo que necesitas es hacer algo novedoso, crear una anomalía o causar una impresión duradera, puedes experimentar, jugar y divertirte sin limitarte. Aun así, como cuando usas una metáfora, tienes que crear una experiencia relevante para el público. Por ejemplo, si vas a hacer un pitch sobre un nuevo cepillo para perros que aplica el champú, frota y seca, no traigas a un equipo de fútbol para que cante a coro sobre el tema (a no ser que el pitch sea para la Peña de Dueños de Perros del Manchester United).

Lo siguiente que hay que tener en cuenta es el nivel de control que tendrás en el pitch. Si el público está en un espacio que verás por primera vez cuando vayas a empezar el pitch, eso reduce drásticamente tus posibilidades de preparar el espacio. Yo no podría haber hecho el pitch de la marca de ropa ni el de la coctelería al mismo nivel si no hubieran sido en nuestras oficinas. Tuvimos que preparar el espacio y ensayar allí. Si tienes una gran idea, debes contar con la logística necesaria para sacarla adelante.

Dando por sentado que ya tienes la temática en mente, el siguiente paso es pensar en cualquier cosa que se te ocurra y que no sean diapositivas. Usa los siguientes títulos y busca ideas para cada uno. Lo más probable es que no las uses todas, pero es una buena manera de que se te ocurran diferentes ideas. Además, una idea loca a menudo nos lleva a algo inesperado que sí que podemos usar.

**Imágenes impresas:** Hablamos de paneles de cartón pluma colgados de la pared o en caballetes (siempre van bien para la curiosidad y pueden ser una sorpresa si al principio les has dado la vuelta); pósteres, collages, logos, fotos, libros, panfletos, pegatinas y pancartas. Piensa también en señalización fuera de la sala y en el trayecto del público desde la entrada del edificio hasta sentarse delante de ti.

**Imágenes digitales:** Vídeos, animaciones, infografías, cinematografías, webs, talleres virtuales y presentaciones interactivas. También ten en cuenta el tiempo que el público está presente mientras no estás haciendo el pitch propiamente dicho. ¿Quieres que haya vídeos o diapositivas de fondo mientras el público entra o se toma un descanso para el café?

**Objetos físicos:** Puede ser tu producto o prototipo, cajas de regalo, origami, Lego, flores, globos, gnomos de jardín, el Trivial Pursuit... Lo importante es que sea relevante y esté relacionado con la historia del pitch. Crea una lista de atrezo o decoración que le dé más impacto al pitch.

**Hacer el pitch en un entorno novedoso:** No siempre tienes que hacer el pitch en un lugar típico como la sala de juntas de las oficinas. Piensa en grande: ¿y si haces el pitch en una pista de hielo, en un parque eólico, en un museo, en el bosque, en una sala de recreativos o en un cine? En cualquier sitio que no sea una oficina.

**Crear un espacio inmersivo:** Intenta convertir una sala normal en algo único. No tiene por qué ser del todo realista si sumerges al público en un gran relato. Por ejemplo, unos cuantos objetos de decoración y una buena dosis de imaginación pueden convertir cualquier sala en un supermercado, un taller mecánico, una torre de control, un banco, una obra, un viñedo, el pasado, el futuro... Las posibilidades son infinitas.

**Tecnología:** ¿Existe la oportunidad de usar realidad aumentada, realidad virtual o algún otro tipo de realidad mixta? ¿Se podría usar la IA generativa como parte del pitch, IoT (Internet of Things), geoetiquetas, drones, gafas inteligentes o filtros de TikTok? ¡Mira a tu alrededor y experimenta!

**Teatro:** ¿Ayudaría a transmitir la idea adoptar un papel? ¿Podrías hacer disruptivo un pitch con un acontecimiento premeditado de algún tipo? ¿Podrías cantar o bailar? ¿Qué se podría hacer que fuera relevante, transmitiera una idea y crease una anomalía que el público fuera a recordar?

**Curiosidad:** El simple hecho de colocar en una sala algo que la gente no entienda de forma inmediata es una forma maravillosa de suscitar un aire de curiosidad. El truco es hacer que la gente mantenga ese estado de curiosidad todo lo posible antes de la gran revelación. No tienes que explicarlo todo al principio. Imagínate un objeto misterioso encima de una mesa, cubierto con una tela de terciopelo negro. ¿Quién no se moriría de ganas de saber qué hay debajo?

Estas cosas no te solucionarán un pitch entero, pero te aseguro que crearán una experiencia única o un contexto para tus cautivadoras historias y guiones.

## Provocar un cambio de paradigma

Para suscitar un cambio de paradigma, las herramientas y los recursos son los mismos, pero tienes que reflexionar bien sobre cómo puedes usarlos para convencer a alguien de que piense de otra forma. Para ello, empieza siendo muy claro contigo mismo: ¿qué piensa ahora el público y qué es lo que quiero que piense? Planea una situación en la que puedas zambullir al público para salvar la brecha y llevarlo a ese cambio de mentalidad. Tienes que hacer que se pongan en la piel de otra persona para luego sacar sus propias conclusiones. Eso se puede conseguir de varias maneras:

**Interrupción**
Una interrupción es una muy buena forma de conseguirlo. Por ejemplo, si estás en medio del pitch y te suena el teléfono o alguien entra en la sala de improviso para hablar contigo, la mayoría de la gente pensará que no forma parte del pitch, ¡porque nadie hace esas cosas! También es un buen trampolín para pasar a una experiencia inmersiva, porque participa una fuerza externa. Alguien que te interrumpe puede traer instrucciones y situaciones además de atrezo.

**Simulación**
La narración es una herramienta potente para la inmersión si logramos que el público entre dentro de la historia. Crear un espacio inmersivo, como se ha explicado antes, ayuda a darle realismo. Dentro de lo posible, queremos crear un entorno multisensorial que el público pueda sentir, ver, oler, oír e incluso degustar.

**Tecnología**
Hemos hablado de hacer cosas chulas con RA y RV, pero estas herramientas también se pueden usar

para proporcionarle a alguien una perspectiva distinta. Courtney Cogburn, una profesora asociada de la Universidad de Columbia, ha desarrollado una experiencia de realidad virtual que pone a los usuarios en el cuerpo de un hombre negro en las edades de siete, quince y treinta años. La experiencia se vive mediante las gafas Oculus, por lo que es plenamente inmersiva, con imágenes realistas de 360 grados y sonido envolvente. La experiencia está dirigida sobre todo a personas blancas, para que puedan entender mejor cómo es ser negro y las microagresiones a las que se enfrentan las personas racializadas a lo largo de su vida, en clase, en el trabajo y en los encuentros con la policía. Cogburn quiere que la gente sienta el dolor emocional y el impacto duradero que el racismo inflige a las personas.

Esta inmersión profunda busca cambiar los paradigmas de los usuarios para que formen nuevas opiniones y formas de entender el mundo. Si quieres probarlo por ti mismo, está disponible en la tienda de Oculus: *1.000 Cut Journey*.

Con la realidad virtual, aumentada y mixta, el público no es solo un espectador, sino que experimenta de verdad un mundo distinto.

## Tenemos cinco sentidos

Cuanto más multisensorial hagamos la experiencia, más real e impactante será. Cuando mostramos diapositivas de PowerPoint, solemos tratar solo lo visual y, aunque hablemos por encima de las imágenes, ¿de verdad estamos teniendo en cuenta cómo vamos a despertar el sentido del oído del público? ¿Y qué hay del olfato, el gusto y el tacto?

Un libro de 1997 de Alan Baddeley llamado *Human Memory: Theory and Practice* [Memoria humana: teoría y práctica] trata cómo procesamos y codificamos la información sensorial para convertirla en recuerdos a largo plazo. El libro concluye que involucrar varios sentidos aumenta la retención de la información. La experiencia multisensorial hará que un pitch sea más memorable, más persuasivo y más efectivo. Si vas a hacer un pitch de tu nueva y deliciosa marca de café, reparte los granos de café, deja que el público los huela y los toque. Usa imágenes bonitas, pon música emotiva y, cómo no, deja que prueben el café. Bombardea los sentidos.

Sea cual sea tu concepto para el pitch, una muy buena manera de comprobar que lo has hecho todo lo vivencial posible es repasar una lista de los cinco sentidos.

**Vista**

Ya hemos tratado los soportes visuales con algo de detalle, pero también tienes que pensar en la percepción básica del lugar. Si la sala tiene una pinta horrible, eso le restará al pitch y hará que la gente se lleve una impresión negativa de ti antes de que hayas empezado siquiera.

¿Funcionan todas las bombillas? ¿Quieres crear un ambiente acogedor o uno más quirúrgico con fuerte luz blanca? Si es necesario, ¡compra algunas lámparas y luces! ¿Están limpias las pizarras? ¿Los muebles están dispuestos de la mejor manera? ¿La moqueta está sucia?, ¿faltan paneles en el techo?, ¿están limpias las ventanas?, ¿los vasos de café han dejado manchas en la mesa?

Mira a tu alrededor. ¿Hay algo que puedas hacer para que el espacio sea más atractivo?

Como consejo extra, haz también todo lo que puedas por eliminar cualquier posible distracción. Si vas a pedirle al público que suspenda la incredulidad y, por ejemplo, viaje al año 3000, no quieres que alguien de fuera de la sala se ponga a hablar a gritos por teléfono del partido de anoche.

**Oído**

Es difícil pasarse a la hora de estimar la importancia del audio, sobre todo de la música. Imagínate una película sin banda sonora, ¿tendría el mismo impacto emocional? Decididamente no. Tenemos una inclinación natural por escuchar música y disfrutar de ella. Puede levantarnos el ánimo, alterarnos, calmarnos y asustarnos. Si incluyes vídeos en el pitch, puede que ya te pares a pensar en la música, pero ¿alguna vez has pensado en poner música mientras el público entra en la sala o durante las pausas para el café? Piensa en el público y en qué música puede llegarle o ten en cuenta la letra y elige canciones que encajen. Como siempre, evita lo cursi y lo facilón.

**Gusto**

La comida y la bebida también pueden tener un papel importante en tu pitch, igual que cuando vas al cine. Valora proporcionar algo para picar y para beber con opciones para todo el mundo, que tengan en cuenta las restricciones dietéticas y los alérgenos, y, si es posible, que tengan que ver con el pitch. Si sirves café, tienes que asegurarte de que está bueno. Si sirves alcohol, no compres la cerveza más barata, y ten siempre opciones sin alcohol. Si vas a llevar a cabo sesiones largas con actividades, como un taller, ¡que no se te olvide ofrecer algo de picar para que el público no se quede sin energía ni capacidad mental!

**Olfato**

¿Alguna vez has entrado en una panadería y has sentido que te habías muerto y habías subido al cielo? Y, por lo contrario, ¿alguna vez has pasado por una estación de tren o un paso subterráneo y te han entrado ganas de vomitar de lo mal que olía? El olor es algo primordial tanto para las personas como para los animales. Es un detector primigenio de peligro y placer. La comida comestible huele bien, la comida venenosa huele mal. Se antepone al resto de los sentidos. Por muy buena que estuviera la comida de un restaurante con estrellas Michelin, nadie querría comer si oliera siquiera ligeramente a rata muerta. Pero ¿cómo aplicamos eso a un pitch? Si vas a servir comida, piensa en qué comida llenará la sala de un aroma apetecible. Y, sobre todo, procura que la sala no huela mal. He estado en demasiados pitches en salas pequeñas en las que el olor a sudor era aplastante. Si controlas el espacio, compra unos ambientadores y abre un poco una ventana. Puede que nadie se dé cuenta de que la sala huele bien, pero, si huele mal, podrías incluso perder el pitch.

Si el pitch es en las oficinas del público, todo esto no procede. Entrar en una sala y empezar a echar ambientador suele verse como algo bastante pasivo-agresivo.

### Tacto

Como el olor, el tacto puede mejorar una experiencia o echarla a perder. Si vas a usar objetos que el público tocará, piensa en su cualidad táctil. Por ejemplo, imprime folletos en un papel grueso de alta calidad en lugar de en papel barato de impresora, reparte bolígrafos ergonómicos fuertes o usa pósits de calidad. Si vas a servir comida, evita cosas demasiado pegajosas o que ensucien mucho. Comprueba que las sillas son cómodas y las mesas están limpias. ¿Puedes añadir algún cojín para más comodidad? Piensa también en la temperatura de la sala: que haga demasiado calor o demasiado frío puede hacer que alguien pierda la concentración en el pitch.

## Localización del pitch

Si planeas hacer un pitch vivencial para el que hacen falta atrezo y cierta disposición del espacio, te será mucho más fácil hacerlo en una localización a la que tengas acceso los días previos al pitch. Si es el caso, debes proponerlo pronto. A menudo, el público insistirá en que vayas a su sede, pero, si propones un cambio de localización en cuanto te llega el *brief*, explicas que su experiencia mejorará de forma considerable y, además, les transmites cierta curiosidad e intriga, es posible que accedan.

## EN RESUMEN

Lo vivencial es uno de los aspectos más agradables, emocionantes y gratificantes de un pitch, tanto para ti como para el público. Tal vez tengas que convencer a tu equipo para que apoye tu atrevida idea, pero puede que te sorprenda lo fácil que la novedad de tu forma de pensar y tu entusiasmo los persuaden. Lo cierto es que no mucha gente se aventura por este camino, lo cual suele hacerlo más llamativo. Te hará falta valor para llevar a cabo estas ideas tan atrevidas, pero no tengas miedo al fracaso. Una presentación de PowerPoint normal y corriente también tiene posibilidades de fracasar, puede que mucho más altas en lo relativo a persuadir al público. A veces tenemos que apostar por algo nuevo, algo cuya eficacia no está comprobada. La recompensa no es solo una victoria pasajera, sino una nueva herramienta y nuevos conocimientos, además de que te proporcionará una satisfacción inmensa. Y, recuerda: todos los pitches tienen algún elemento vivencial, así que, tanto si es el olor de una sala como las imágenes de una presentación, siempre deberías pensar en cómo se vive tu pitch.

- Cuando pienses en un pitch vivencial, recuerda a Elisha Otis y cómo creó una experiencia para convencer a una multitud.
- Las experiencias no sustituyen a las historias, estructuras y guiones. Creamos un pitch a varios niveles para lograr el mayor impacto.
- Asegúrate de que la experiencia sea relevante, tenga fundamento y no sea mero sensacionalismo. Es probable que meter al público en una panadería con pan recién hecho y repartir gorros de panadero no sea relevante en un pitch para Volkswagen, por muy bien que huela el pan.
- Busca formas de que el público experimente tu producto o servicio de primera mano.
- Úsate a ti mismo como conejillo de Indias en las demostraciones más explosivas.
- Déjate inspirar por todo, ya sean películas, libros o experiencias reales que has vivido.
- Prueba la tecnología interactiva y no seas derrotista a la hora de aprender cosas nuevas, pero ensaya hasta que todo vaya como la seda.
- Decide si quieres hacer algo novedoso o cambiar los paradigmas del público y crea la experiencia en torno a eso.
- Procura tener en cuenta los cinco sentidos del público cuando estés desarrollando el pitch.
- Si quieres que el pitch sea en el lugar que tú elijas, solicítalo pronto.
- Sé atrevido, valiente y no temas al fracaso.

Pregúntate esto: ¿algún miembro del público se irá a casa y le hablará a su familia del pitch mientras cenan? AHÍ es cuando sabes que lo has hecho bien.

En fin: se han acabado los marcos, los métodos y las lecciones teóricas. Tienes todo lo que te hace falta para crear los pitches más gratificantes, persuasivos y memorables del universo. Ahora toca prepararte para el pitch propiamente dicho.

# Acto III

# FINALIZACIÓN

# 13

# Prepararse para el pitch

Al principio de mi carrera fui gerente de cuenta júnior en una empresa y trabajé en un pitch importante con el director ejecutivo y un socio principal de la empresa. Al director ejecutivo se le daban genial los pitches y, si él participaba en un pitch, estábamos tranquilos. Tenía carisma, encanto, seguridad, un conocimiento profundo del sector, historias fascinantes y valiosas y montones de experiencia.

Yo confiaba tanto en sus habilidades y me agobiaba tanto ser el que cometiera un error que, cuando ensayábamos el pitch, apenas escuchaba la parte que le correspondía a él. Me centraba por completo en mi pequeña intervención hasta tal punto que tenía ganas de oír las historias que el director contaría en el pitch.

Pero, cuando llegó el día del pitch, hubo un giro inesperado de los acontecimientos. El director empezó su monólogo mostrando en la gran pantalla que había detrás de él grandes diapositivas llenas de emoción. Su lenguaje corporal transmitía seguridad, su tono de voz era juguetón pero asertivo, y hacía pausas dramáticas en los lugares clave. Como el público, yo estaba disfrutando mucho del espectáculo. Pero, entonces, pasó a una diapositiva nueva y se bloqueó. Los segundos parecieron minutos mientras el color se le borraba de las mejillas por el pánico. Se había quedado completamente en blanco.

Todos los ojos de aquella sala de juntas llena de altos ejecutivos estaban puestos en él y él era incapaz de hacer otra cosa que no fuera mirarme a mí y a nuestro compañero en busca de ayuda. Yo me quedé mirándolo también. No tenía ni idea de qué hacer. Antes de que pudiera procesar lo que estaba ocurriendo, nuestro compañero se puso de pie, reemprendió la historia donde el director ejecutivo la había dejado y terminó de transmitir el mensaje con confianza y claridad. En ese momento aprendí que la preparación lo es todo y no consiste solo en estudiarte tu parte del pitch.

Al principio del proceso del pitch nos hace falta tener la mente abierta y el valor de explorar las ideas más extrañas y locas que se nos ocurran. Sin embargo, una vez que hemos desarrollado las ideas, hemos escrito las historias, hemos construido la estructura y hemos redactado los guiones, tenemos que centrarnos en ensayar y prepararnos a nosotros mismos —y al público— para el pitch. Tenemos que asegurarnos de que convertimos el gran trabajo que hemos hecho en una experiencia de gran impacto y muy fluida. El primer paso es procurar que todo el mundo entienda su papel en el pitch.

## Los papeles dentro del equipo de un pitch

En el capítulo 3 hemos hablado de la necesidad de contar con el equipo adecuado para construir el pitch: un experto en el producto o servicio, una persona que haga de enlace, un diseñador, etc. En el pitch en sí mismo, necesitamos papeles adicionales. Esto no significa que necesitemos más personas, sino que hay responsabilidades nuevas que deben repartirse entre el equipo. Si el equipo lo formas tú en solitario, debes sopesar cómo gestionar personalmente estas responsabilidades; son importantes. También tienes que ensayar estas responsabilidades, así como el contenido del pitch.

### *El maestro de ceremonias*

Piensa en el maestro de ceremonias como en un director de circo. Será el primero en ponerse de pie y arrancar el pitch y, luego, se encargará *de facto* de dirigirlo. Su trabajo es:

- Abrir y cerrar el pitch.
- Ser el director del pitch y proporcionarle al público la comodidad de saber que hay alguien al mando.
- Asegurarse de que el pitch siga el ritmo previsto haciendo que todo avance, con tacto, si la gente se va por las ramas.
- Gestionar las preguntas que se hacen manteniendo la conversación encarrilada y, si hace falta, pidiéndoles a diferentes miembros del equipo del pitch que intervengan.

### *El encargado del audio/los visuales/lo técnico*

Necesitas a una persona responsable de (y, por lo tanto, que entienda) toda la tecnología que pretendes usar durante el pitch. Cuando entréis a la sala, esa persona se pondrá a preparar los portátiles, proyectores, wifi, demos, luces y cables de inmediato. Comprobará que funcione el mando a distancia, que el volumen sea el correcto y que la pantalla tenga la resolución y el brillo adecuados. Cuando haya algún fallo técnico, esta persona se pondrá a arreglarlo al momento mientras el resto del equipo sigue con el pitch. Al final, recogerá todo el equipamiento técnico.

### *El encargado del atrezo/director de escena*

Si vas a usar algún objeto como pósteres, impresiones en cartón pluma, bolsas de regalo, Lego o cualquier otro objeto, esta persona debería colocarlos en su sitio en el momento de entrar en la sala. También debería recogerlo todo rápidamente cuando termine el pitch (a no ser que sean regalos para el público). Si para el pitch es necesario que pasen cosas concretas en momentos concretos, esta persona debe ser quien se encargue de que todo vaya según lo planeado. Si se tratara de una gran producción, este podría ser el único papel que tuviera esa persona en el pitch.

### *El cronometrador*

Has planificado los tiempos de forma meticulosa; sin embargo, cuando estás en una situación real, las cosas cambian; algunas personas se desvían muchísimo del tema, puede haber interrupciones o retrasos que afecten al horario y los miembros del público pueden decidir hacer intervenciones inesperadamente largas. Aunque no puedes evitar que pasen esas cosas, sí que puedes tener a alguien mirando el reloj en todo momento y buscando maneras de ir haciendo ajustes. Si alguien del equipo habla demasiado rato, el cronometrador tiene que hacerle saber que hay que seguir con el pitch usando un gesto sutil acordado con antelación. Si el público habla demasiado rato, el cronometrador tiene que hacérselo saber al maestro de ceremonias para que este pueda intervenir con educación y hacer que el pitch avance. Si os enfrentáis a retrasos e interrupciones, puede que incluso algunas secciones tengan que durar menos de lo que se había planeado; el cronometrador elaborará un nuevo plan y se lo hará saber al maestro de ceremonias (a no ser que tenga también ese papel, ya que estos se pueden combinar). No tiene por qué ser una operación encubierta. En un pitch, todo el mundo es igual, por lo que puede que hasta el cronometrador encuentre un momento oportuno para dirigirse a la sala y sugerir que se abrevie o se elimine del todo una sección del pitch.

### *El secretario*

En tu pitch debería haber mucho intercambio de opiniones. Es una oportunidad para presentar tus ideas, pero también un buen momento para escuchar qué opina el público. ¿Qué les encanta? ¿Qué les preocupa? ¿Qué temas haría falta discutir en futuras reuniones? ¿Qué acciones se acuerda tomar? Si una persona se dedica a anotar estas conversaciones y tareas, el resto puede centrarse en hacer el pitch. Siempre es buena idea, al final del pitch, dejar unos minutos para que el secretario haga un repaso de todos los acuerdos.

Cuando ensayéis, probad todo esto: el tiempo, las notas, el configurar la imagen y el sonido desde cero... y preparaos todo lo posible para el espectáculo.

## Ensayad, ensayad, ensayad. Y luego volved a ensayar

Todos somos conscientes de que, para ser buenos en algo y sentirnos seguros de que lo haremos bien, tenemos que practicar. Sin embargo, por el motivo que sea, mucha gente no aplica eso a los pitches. Puede que preparen un guion y unos visuales maravillosos, pero la primera vez que lo ponen todo en práctica de principio a fin suele ser en el mismo pitch. A veces, eso ocurre simplemente porque no han pensado en ensayar, pero, por lo general, la gente me dice que no quiere ensayar porque se está «reservando para el pitch». No es por pereza, sino por la creencia de que, de algún modo, tienen una sola gran actuación dentro y que, si ensayan, el pitch terminará saliendo deslucido y con poca energía.

Como puede que ya hayas visto porque he mencionado los ensayos en casi cada capítulo, yo no creo en eso de «reservarse para el pitch». Escribir y preparar un pitch fantástico es muy distinto a llevar realmente a cabo la actuación. Y debemos pensar en un pitch como en una actuación, aunque solo se trate de hablar mientras pasan diapositivas. El éxito de un pitch y la conexión que establecemos con el público dependen de muchos aspectos que van más allá de la historia y los visuales, entre los que están los tiempos, las transiciones entre oradores, el tono de voz, el lenguaje corporal, el funcionamiento de la tecnología, la química del equipo, la seguridad, la forma de moverse por el espacio, la interacción con el atrezo y la forma de responder a las preguntas. Hay que ensayar varias veces y desde el primer momento posible. Y, a poder ser, en el entorno en el que tendrá lugar el pitch final. También debemos estar dispuestos a aceptar críticas y hacer cambios —a veces, cruciales— durante los ensayos. Esto puede suponer grandes dificultades, no porque seamos egoístas y cabezones, sino por esos dichosos sesgos subconscientes.

### *El sesgo de existencia y el efecto IKEA*

El sesgo de existencia es extremadamente común y puede ser un asesino de pitches total. La psicología que hay detrás es simple: si algo existe, damos por hecho que es bueno o correcto; al fin y al cabo, ¿por qué iba a existir si no? El efecto IKEA es similar, pero todavía más potente. Refleja que, si algo existe y lo hemos hecho nosotros (como un mueble de IKEA que montamos en casa), casi siempre creemos que tiene valor. Si te pasas un día entero centrado en la escritura de un guion, es dificilísimo ver lo que has escrito con objetividad y concluir que no has ido por el camino correcto y tal vez deberías volver a empezar, aunque los datos (quien te escucha) te lo diga. Este sesgo nos da falsas esperanzas y nos ofusca el cerebro. Yo te imploro que escuches las críticas con la mente abierta y evites ponerte a la defensiva. Un pitch es todo percepción y, aunque no tengas por qué aceptar todas las opiniones, debes preguntarte si puede que el público del pitch tenga la misma percepción que alguien que te ha hecho una crítica en el ensayo. La intención que tuvieras es irrelevante, porque la percepción de alguien es también su realidad. Qué profundo, ¿eh?

Si de verdad quieres saber si tu pitch es bueno, busca a alguien dispuesto a ser completamente sincero y acepta sus críticas. Si hay algo que esa persona no ha entendido, recuerda que eso es cosa tuya y no suya.

### *Cómo ensayar*

Cuando ensayes, aunque sea por primera vez, haz como si fuera el pitch. Ponte de pie y haz tu discurso con convicción, tómatelo en serio y hazlo todo en el orden correcto. Cuando escuches la parte de otra persona, presta atención. No la interrumpas para hacerle una crítica; toma notas detalladas para poder transmitirle lo que piensas y opinas cuando acabe su sección. Sé sincero y constructivo. Las opiniones como «ha sido horrible» no son de mucha ayuda, por lo menos no sin propuestas positivas de mejora.

Si haces el pitch en equipo, trata al resto del equipo como tu primer público, y tú puedes ser el suyo. Lee las palabras directamente del guion; no te desvíes ni divagues. Las otras personas de la sala deberían estar escuchándote con atención y tomando notas con preguntas como estas de referencia:

- ¿Hay partes en las que se habla demasiado?
- ¿Hay fragmentos demasiado fatigosos?
- ¿Falta alguna pieza clave?
- ¿Alguna sugerencia para hacer que alguna parte sea más potente o concisa?

- ¿Hay secciones que se solapan o se repiten?
- ¿Se están transmitiendo los titulares del titán?
- Y, respecto a los soportes visuales, ¿son fáciles de comprender y aportan un valor real?

Recoged las opiniones de los demás, haced cambios y luego repetid el ensayo en equipo. Es algo que exige tiempo, pero, si se ha preparado adecuadamente al grupo, todo el mundo prestará toda su atención. Puede que parezca mucho trabajo, pero en un pitch solemos jugarnos mucho. Repasar las mismas cosas varias veces se hace largo, pero es la mejor manera de mejorar y también de empezar a recordar de forma natural los argumentos y frases para no estar pegado al guion en la presentación final. Pronto tendrás algo que empezará a tener garra y a parecer emocionante y sólido.

También debes cronometrarte desde el primer ensayo. Si has hecho el trabajo del marco titán, deberías saber exactamente cuánto tiene que durar cada parte. Durante cada ensayo, alguien debería estar vigilando los tiempos con un cronómetro. La tabla del número de palabras del capítulo 9 es solo una guía, ya que algunas personas hablan más despacio o más deprisa de forma natural y algunas palabras son más largas que otras. Nadie debería hablar muy rápido (dentro de nada ampliaré esa información), pero habrá variedad. También puede que te encuentres con que algunas secciones son más cortas, mientras que a otras les vendría bien algo más de tiempo y, ensayando, lo verás y podrás ajustar los tiempos de cada sección según las necesidades. No todas las secciones de una tríada del titán tienen que durar lo mismo.

Una vez que hayas superado el primer ensayo —que, por cierto, es probable que sea de lo más difícil—, será el momento de prepararte para el segundo. Recuerda: ¡lo estás pasando mal ahora para no tener que pasarlo mal durante el pitch!

### *Transiciones y relevos*

Queremos que la versión final del pitch sea una experiencia fluida para el público, lo cual implica que hay que practicar cómo pasar de un orador a otro. Para evitar los bloques de historias inconexas, debemos implementar transiciones. En otras palabras, tenemos que pensar lo que vamos a decir para que el público pase con naturalidad del final de la historia de una persona al inicio de la siguiente. No tiene por qué ser algo largo o complicado, solo hay que decidir quién lo hace. Lo más natural es que alguien termine su narración y luego use un gancho que proporcione una forma de que la siguiente persona empiece la suya. Podría tratarse de una afirmación o de una pregunta. Por ejemplo, imaginemos que el pitch trata sobre un cepillo de dientes y tenemos que pasar de la experiencia de usuario al lado técnico de la presentación. La persona que esté hablando sobre la experiencia de usuario podría decir algo como: «Yo os he mostrado cómo nuestro producto les cambiará la vida a vuestros clientes, pero puede que os preguntéis cómo hemos creado un cepillo con tanta potencia y precisión».

En ese momento, la persona encargada de la parte técnica se pone a explicar la potencia y la precisión. Es muy básico y corto, pero, sin eso, tendríamos historias inconexas. No hace falta presentar al siguiente orador, por ejemplo: «Y ahora Jen os hablará de los aspectos técnicos». Suena un poco a estudio de televisión. Es mejor que Jen se presente sola.

### *Quién debería estar presente en los ensayos*

La respuesta es simple: todo el mundo que vaya a estar en el pitch. Los ensayos son importantes para todo el mundo. Un buen pitch requiere tiempo y atención y, si alguna de las personas involucradas solo le dedica tiempo «entre reuniones» o le ha pedido a otra persona que le escriba el guion, podemos tener un problema, y el problema es triple:

1. Si la gente no va a los ensayos, no sabrán hacer bien el pitch, por muy buenos que se los considere a la hora de hacer presentaciones.
2. No entenderán el flujo general del pitch. Como en la historia que había al principio de este capítulo, todo el equipo tiene que saberse el pitch entero para comprenderlo, saber cómo encajan todas las partes y, si es necesario, encargarse de las partes de los demás.
3. La gente que solo acude hacia el final del proceso de creación del pitch suele ser tremendamente disruptiva y, en este caso, no en el buen sentido. Esto suele pasar con personas de perfil sénior (¡en lo que al rango se refiere, no por edad!). Dejan que el equipo haga el trabajo y luego aparecen a última hora del proceso y deciden que quieren grandes cambios. Los grandes cambios no tienen nada de malo y puede que sus propuestas sean de lo más adecuadas y ayuden a transmitir la historia que queremos, pero, si todo el mundo ha

estado ensayando otra cosa, causarán pánico y discordancias, que a menudo llevan a una bajada de moral, y eso es algo que no queremos.

### *Ensayar sin guion*

Hacer un pitch por videoconferencia nunca es preferible a estar en persona, pero a veces es inevitable. La única ventaja que tiene la situación es que puedes leer del guion. Si lo escribes tal como lo dirías hablando y lo practicas, sonará natural y el público no se dará cuenta. E, incluso si suena como si lo estuvieras leyendo, pero clavas todos los argumentos y palabras y cumples con los tiempos a la perfección, seguirá siendo una victoria. En pocas palabras: no te rayes.

Sin embargo, cuando haces un pitch en persona, leer un guion no queda tan bien. Los guiones están ahí para los ensayos, para ayudarnos a crear mejores versiones, a perfeccionar los tiempos y a obtener *feedback*. Sin guion, contamos una historia distinta cada vez que practicamos y cuesta más cronometrarnos y hacer cambios permanentes de acuerdo con el *feedback*. Sin embargo, una vez en el pitch, esas historias, argumentos y tiempos deberían estar integrados. Nada de guiones.

Eso no significa que tengas que memorizar cada palabra. De hecho, no lo recomiendo. El problema de memorizar frases es que tendemos más a quedarnos en blanco. Si se nos olvida una palabra o tenemos que lidiar con cualquier tipo de interrupción, como una pregunta o una alarma de incendios, puede que nuestro cerebro entre en pánico intentando desesperadamente recordar palabras o expresiones concretas; se nos acelera el pulso, nos entra calor, nos sonrojamos y es dificilísimo volver a encarrilarnos.

La solución es el punto medio. Usa el guion para ensayar y ensayar muchísimas veces. El flujo general y los principales temas empezarán a quedársete. A medida que se acerque el día del pitch, inténtalo sin guion. Saldrá algo un poco diferente, pero la esencia estará ahí. Si necesitas tener un salvavidas, no uses todo el guion, sino una lista de los mensajes clave que quieres transmitir en distintas fichas. Que no sean demasiadas, anota solo lo más importante. Recuerda: tú escribiste el guion, ha salido de ti, así que sigue dentro de ti. Si te toca exponer una parte del pitch que no entiendes, como explicar los aspectos técnicos sobre los que ha escrito otra persona, seguramente no eres el adecuado para hacerlo. No deberías tener nada de lo que preocuparte si de veras conoces y comprendes el contenido y las historias que vas a contar.

La otra técnica que puedes probar es un ejercicio de memoria visual. ¿Alguna vez has jugado al juego infantil en el que se cuenta por turnos la misma historia y cada vez se añade un elemento nuevo? Por ejemplo, yo podría decir: «Iba por la calle la semana pasada y vi un oso polar». Y luego tú dirías: «Iba por la calle la semana pasada y vi un oso polar y una chaqueta verde». Nos vamos turnando y añadiendo elementos hasta que a alguien se le olvida algo o comete un error y pierde. Si intentas recordar una larga lista de palabras, el juego pronto se vuelve sorprendentemente difícil. Sin embargo, si, a medida que avanza el juego, te imaginas una escena, puede ser inesperadamente fácil. Por ejemplo, te imaginas al oso polar con la chaqueta verde puesta. Ves las imágenes en tu cabeza y construyes una historia visual.

Esta técnica se puede usar en muchas situaciones y te permite recordar una gran cantidad de información. Si vas a contar una historia, imagínate la escena. Si quieres recordar unos argumentos o una información en concreto, puedes imaginártelos también. Por ejemplo, si vas a hablar sobre tu nuevo cepillo de dientes y necesitas recordar que los elementos clave son la gran duración de la batería, la velocidad a la que se mueve el cabezal y la función especial que tiene para limpiar la lengua, podrías imaginarte un cepillo de dientes enchufado a una batería enorme, volando por el cielo a gran velocidad y aterrizando en la pista de aterrizaje de una lengua enorme. Es tonto y por eso es memorable. Si cada uno de los tres elementos tuviera subelementos de información, por ejemplo, que la batería es de litio, se carga deprisa y dura doce horas, podrías ampliar la imagen mental poniendo la palabra *litio* con letras grandes en la batería, encima de un indicador que pasa de cero a cien en un segundo y una docena de huevos atados a la parte de atrás de la batería. La imagen mental puede ser cualquier cosa —y no tienes por qué contársela a nadie—, pero será mucho más fácil de recordar que una lista de palabras. Además, tiene la ventaja de que, si te interrumpen, puedes centrarte en la interrupción y luego repasar rápidamente tu imagen mental para retomar el hilo. Hasta puedes dibujarla en un papel (o usar la IA generativa) para ayudarte a cimentarla en tu cabeza.

Hay muchos otros métodos mnemotécnicos, de modo que, si te preocupa olvidarte de las palabras (una fuente clásica de ansiedad), investiga y prueba algunos. Hay una variación del que acabo de describir llamada «palacio de los recuerdos» en el que visualizas un lugar que te resulta familiar (tu casa, por ejemplo) y asocias algo a cada habitación, de forma que puedes caminar por la casa e ir recordando cada elemento que quieres contar. Usa lo que te funcione.

Por último, el soporte visual —si has decidido incluirlo— te ayudará a no perder el hilo. No deberíamos poner el guion entero en las diapositivas, pero una lista de unos cuantos elementos, unos titulares clave y algunas imágenes relevantes deberían ayudarnos a seguir por el buen camino.

### *Ensayar en la localización*

Tanto si vas a crear una experiencia como si solo vas a dar una conferencia, ensayar por lo menos una vez en el espacio en el que tendrá lugar tiene muchísimas ventajas. Si vas a dar una charla en un evento, incluso si eres solo uno de muchos oradores, llega temprano para sentir cómo es estar en la sala. Si tienes la oportunidad de repasar por completo el pitch, genial; pero, si no, limítate a plantarte en el lugar exacto desde el que hablarás y mira a tu alrededor imaginándote al público. Si no lo haces y entras en la sala por primera vez a la hora del pitch, tu cerebro empezará a interiorizar el entorno y a procesarlo todo, lo cual apartará el foco de atención de la tarea que tienes por delante.

Si has creado una experiencia inmersiva, esto es todavía más importante. Es obligatorio hacer un ensayo general completo y es preferible que sean varios. No vas a limitarte a hablar, sino que vas a moverte por un espacio en el que puede haber atrezo, interpretación, personas, interactividad, vídeos, música y más. El pitch teatral debería tratarse como una obra, sobre todo si vamos a intentar sumergir al público en un mundo creado por nosotros. Que se nos caigan cosas al suelo o que alguien no irrumpa en el momento adecuado estropearía el efecto. Piensa a lo grande, pero asegúrate de que tus grandes ideas se ejecutan como es debido mediante ensayos rigurosos. Y, si te resulta imposible acceder al lugar, pídele al público que te dé algunos detalles —el tamaño de la sala, la disposición de los muebles, la ubicación de la pantalla— o, aún mejor, pide una foto.

## Cómo incentivar el *feedback* objetivo

Para vencer el sesgo de existencia y el efecto IKEA tenemos que ser proactivos e invitar a la objetividad. Si les ponemos nota a nuestros propios deberes, siempre nos saldrán notas altas. Hay dos ejercicios excelentes que podemos usar para lograr *feedback* y una visión realista de las flaquezas de nuestro pitch. Ambos vienen del ejército y se usan en situaciones de alto riesgo para asegurarse de que los equipos están rigurosamente preparados.

### *El interrogatorio*

Se trata de una sesión bastante intensa y desafiante llamada *murder board* en inglés y diseñada para poner a prueba a un equipo. En un pitch, buscaremos voluntarios que no formen parte del equipo del pitch, pero que tengan una comprensión mínima del tema sobre el que trata la presentación. Su trabajo es presenciar el pitch y someter al equipo a un intenso interrogatorio. La idea es que hagan las preguntas más duras y difíciles posible y que vosotros os esforcéis por responderlas. También pueden ser las mismas personas del equipo las que se hagan entre ellas preguntas que en realidad esperan que el público no les haga. Puede ser incómodo, pero, si lo haces ahora, evitarás la incomodidad durante el pitch. Si no sabes la respuesta, puedes buscarla. Si fallas en una respuesta, puedes practicar para conseguir una versión mejor. Los abogados usan esta técnica cuando están preparando a un testigo para subir al estrado.

Aquí tenemos otra posibilidad de usar la IA generativa. Aliméntala con los guiones que vas a usar y pídele que se comporte como el público y te dé una lista de las preguntas más comunes o las más desafiantes.

En la mayoría de las situaciones, las dudas reales que te plantearán durante el pitch no serán tan complicadas como las de una sesión de interrogatorio, lo cual hace que el turno de preguntas sea una preocupación menos.

### *Equipo rojo*

Una sesión de equipo rojo requiere más trabajo que una de interrogatorio. Se hacen para intentar romper, derrotar e infiltrarse en un pitch o una propuesta. Después de la tragedia de las Torres Gemelas, se llevó a cabo una gran reforma de la seguridad de los aeropuertos, sobre todo en Estados Unidos. Para comprobar la fiabilidad de los cambios, el gobierno creó un equipo rojo. Su cometido era infiltrarse y hacer todo lo posible —por ejemplo, intentar colar objetos ilegales por los controles— para encontrar el modo de cometer un atentado. Cada vez que encontraban una brecha en la seguridad, informaban de ello y esta se subsanaba.

En un pitch, la tarea del equipo rojo es la misma: intentar encontrar flaquezas en la propuesta y exponerlas igual que puede hacer la competencia. Un equipo rojo necesita más tiempo para prepararse que un interrogatorio, así como más conocimientos acerca del pitch. Les hará falta el *brief* completo, tiempo para pensar y evaluar y tiempo para crear su propia propuesta de alto nivel que consideren mejor que la tuya. No hace falta que creen un pitch completo con elementos visuales, se trata más bien de imaginarse a sí mismos como la competencia para proporcionar un argumento más atractivo para tu público.

Haz el pitch delante de ellos y deja que lo destrocen y te digan cómo podrían superarlo. Admite las debilidades que expongan y ponles remedio. Recoge todas las ideas y los pensamientos novedosos y úsalos.

Para un ejercicio de equipo rojo necesitas un tipo de persona concreto. Debe estar dispuesta a responder con una sinceridad brutal, tener conocimientos de tu campo y hasta ser actor de método para meterse de verdad en el papel.

## El pozo de la desesperación

He formado parte de cientos de pitches y por muy falta de contratiempos que haya sido la preparación siempre, siempre, caemos en el pozo de la desesperación, un tiempo en el que perdemos toda esperanza y confianza en nuestro trabajo y nos planteamos seriamente decir que nos hemos puesto enfermos y no podremos hacer el pitch. No puedo explicar por qué ocurre, pero suele llegar más o menos cuando hemos superado tres cuartos del proceso de preparación. Hemos hecho la investigación y hemos creado historias y conceptos geniales pero, de pronto, parece que nada funciona. Es como si lo hubiéramos enredado todo y fuera todo tan confuso que ni siguiera nosotros entendemos nuestro punto de vista. A lo largo de los años me he ido acostumbrando a esto y, cuando ocurre, como siempre, les digo a los equipos que acepten la caída al pozo. Que sigan adelante. Que se esfuercen. La caída al pozo de la desesperación es transitoria, suele durar más o menos un día y luego todo vuelve a encarrilarse. Si experimentas este fenómeno, no dejes que te afecte, ten fe en el trabajo que estás haciendo.

## Lenguaje corporal

Cuando presentamos en persona o incluso a distancia, a través de una pantalla, el público se da cuenta de cómo ocupamos el espacio, de cómo usamos las manos cuando estamos transmitiendo una idea y de si establecemos contacto visual con ganas o nos miramos los zapatos. Puede que no estén intentando ver todas esas cosas de forma consciente, pero es algo que afecta a la percepción que tienen de nosotros y de nuestras ideas. Nuestro lenguaje corporal dice mucho y puede o bien desmerecer, o bien mejorar nuestro pitch.

Tener en cuenta el lenguaje corporal empieza por eliminar los malos hábitos y prácticamente todo el mundo tiene algo de lo que no es consciente y que hace cuando tiene público. Aquí tienes los hábitos más comunes:

- Cambiar el peso de un pie a otro constantemente.
- Meter las manos en los bolsillos y juguetear con ellas.

- Rascarse el cuello, los brazos, la cara y la cabeza.
- Quitarse legañas invisibles de los ojos.
- Agarrarse el cuello (suena raro, pero es muy común).
- Bajar la mirada para evitar el contacto visual.
- Caminar de un lado para otro.
- Volverse y hablarle a la pantalla en lugar de al público.
- Jugar con el pelo (una vez vi a una persona tirarse tan fuerte del pelo durante una presentación que tuvo la cabeza ladeada en todo momento).
- Estrujarse las manos.

No estoy juzgando a nadie, todos hacemos por lo menos una de estas cosas o más. Ni siquiera quienes se tiran del pelo y quienes se quitan las legañas son conscientes de lo que hacen, son solo los nervios y la ansiedad poniéndose de manifiesto mediante síntomas fisiológicos. Pero justo por eso quiero eliminarlos. ¿Recuerdas esas maravillosos neuronas espejo? Si estamos ansiosos, haremos que el público también lo esté, y en un pitch no queremos eso.

La buena noticia es que la mayoría de la gente solo tiene uno o dos malos hábitos y, con algo de esfuerzo consciente, no se tarda mucho en eliminarlos. Lo primero es ser consciente de ellos. Para eso, grábate a ti mismo en vídeo presentando una parte del pitch. Cuando lo veas, tus malos hábitos serán dolorosamente evidentes. La mayoría de las personas odian verse a sí mismas en vídeo, pero tienes que hacerlo. Una vez que sepas lo que haces, céntrate en no hacerlo y grábate a ti mismo ensayando de nuevo. Cada vez que lo hagas, irás limando el hábito. Si eres lo bastante valiente, pídele a alguien que te señale el mal hábito cada vez que lo hagas.

Una vez que hayas eliminado el mal hábito puedes empezar a introducir lenguaje corporal positivo. Se han escrito muchos libros acerca del tema, pero aquí tienes algunas sugerencias fáciles de implementar.

### *Cómo estar de pie*

En su libro *12 reglas para vivir*, el psicólogo Jordan Peterson nos dice que la primera regla es: «Enderézate y mantén los hombros hacia atrás». Parece básico, pero, como explica Peterson, tiene un efecto inmediato en nuestro estado mental y en la percepción que tienen de nosotros las demás personas. Además, es un cambio de postura increíblemente efectivo y fácil.

Mantente erguido, con los pies separados a la altura de los hombros y estos hacia atrás, sacando pecho. Es una posición de confianza y disposición y da a entender al público (y a ti mismo) que tienes el control y estás dispuesto a relacionarte de una forma asertiva y positiva. Tiene un efecto sobre la percepción que tiene el público de ti y su inclinación a escucharte y, al mismo tiempo, te da un chute de autoconfianza. No es algo con lo que quieras pasarte como si fueras una especie de general del ejército de dibujos animados, claro, de modo que encuentra el equilibrio que te haga sentir bien y cómodo.

### *Qué hacer con las manos*

No hay una respuesta correcta definitiva para esto (aunque hay muchas respuestas incorrectas, como se ha comentado antes). Tienes que encontrar lo que te funciona y te resulta cómodo. Intenta estas dos para empezar:

### Manos de baloncesto

Si tiendes a agitar mucho los brazos, aquí tienes una postura que te ayuda a mantenerlo todo bajo control y parecer profesional. Imagínate que estás aguantando la parte de arriba de un balón de básquet invisible. Tienes los dedos separados y las manos ligeramente separadas con las palmas hacia abajo. Puedes moverlas a tu alrededor, pero no dejes de sostener la pelota. Esta es una de mis posiciones favoritas, porque te permite mover las manos mientras hablas sin parecer uno de esos tubos hinchables que agitan los brazos. Las manos de baloncesto sirven como buena posición base desde la que moverse y a la que volver.

### Palmas abiertas

La siguiente postura son las palmas abiertas, que en realidad son unas manos de baloncesto invertidas. Imagínate que esta vez estás sosteniendo el balón desde la parte de abajo, con las manos algo separadas y las palmas hacia arriba. Se trata de un gesto muy abierto y acogedor para el público.

Si quieres pasar al siguiente nivel, puedes usar las manos para remarcar ideas concretas y ayudar al público a ver lo que quieres expresar, además de oírlo. Aquí tienes algunos gestos que me enseñó Martin Brooks, autor de *Body Language Decoder* [Decodificador de lenguaje corporal].

### El pulgar del poder

Adopta el gesto de pulgares hacia arriba y relaja los dedos índice y corazón antes de apoyar el pulgar en ellos. Es como un puño relajado y cuando lo usas para resaltar una idea le muestra al público que sabes lo que haces.

### La pizca de sal

Este es todavía más suave que el pulgar del poder y es tan fácil como imaginar que tienes una pizca de sal entre el dedo pulgar y el índice. De nuevo, usa este gesto para enfatizar una idea. No solo muestra que sabes lo que haces, sino que también da la impresión de que estás siendo extremadamente preciso a la hora de hablar, que conoces la información concreta que el público necesita.

### Señalar con el dedo hacia abajo

Coloca los dedos en la posición del pulgar del poder, pero vuelve la mano para que los nudillos queden hacia arriba. Ahora extiende el dedo índice para señalar hacia el suelo. Se trata de un gesto asertivo que dice: «Sé lo que tiene que pasar y tiene que pasar ya».

### El corte

Extiende los dedos de la mano hacia delante y el pulgar hacia arriba como si fueras a cortar algo con un cuchillo. Levanta la mano hasta la altura del hombro y bájala unos noventa grados, cortante. Puedes hacerlo a la vez que transmites una buena idea enfatizando con la mano las palabras clave o puedes usarlo al empezar el pitch para establecer credibilidad. Puedes probarlo con una mano o con ambas al unísono.

Son todos gestos muy fáciles de probar y tienen connotaciones sutilmente distintas para el público: el pulgar del poder transmite seguridad en lo que dices, la pizca de sal sirve para la precisión y la confianza, señalar con el dedo hacia abajo sirve para afirmar cómo son las cosas y el corte para remarcar ideas.

Si quieres aprender más, un buen comienzo es observar a los políticos y presentadores que salen por la tele. La mayoría de estas personas se han entrenado, de modo que casi siempre verás cosas que puedes usar y probar. Lo más importante es que apliques lo que te resulte cómodo y adecuado. Si algo no te parece natural, el público lo notará.

Cosas que evitar.

- Señalar con un solo dedo (resulta agresivo).
- Cruzarte de brazos (parece que estés a la defensiva).
- Meter las manos en los bolsillos (es demasiado informal).
- Tener los brazos rectos a los lados (queda muy rígido).
- Los gestos excesivos; intenta, por lo general, no salirte de la «caja» que rodea tu torso.

### *Cómo moverse por el espacio*

Para empezar, no tienes por qué moverte. Quedarse en un solo lugar mientras se da un pitch es perfectamente aceptable. Dicho esto, a algunas personas les gusta moverse y el movimiento puede añadir teatralidad al pitch. También puede ayudar a soltar parte de la energía acumulada que, de otro modo, podría expresarse mediante un cambio incómodo e inconsciente de peso de un lado a otro. Un recurso clásico es el que me gusta llamar el Especial Steve Jobs. Jobs fue cofundador de Apple y, a lo largo de los años, sus discursos se convirtieron en legendarios. Le recomendaría a todo el mundo que los viera en internet y tomara notas.

Jobs solía quedarse a un lado del escenario o de la pantalla y soltar una idea bomba. Luego callaba, miraba hacia abajo y se dirigía en silencio al otro lado, dejando que el mensaje calase en el público. Al cabo de un momento, levantaba la vista, miraba al público y soltaba otra idea bomba. Esa pausa y el movimiento añaden teatralidad y le dan al público tiempo para asimilar lo que acabas de decir, además de darte a ti unos valiosos segundos para ordenar los pensamientos.

Si vas a moverte, que no sea algo constante, porque eso podría distraer mucho al público (balancearse, mover las piernas, pasar el peso de una pierna a la otra, ir sacando una y otra cadera). Si vas a tener un soporte visual, ten cuidado de no tapar la pantalla con tu cuerpo mucho rato. Y, por último, que tu cuerpo siempre esté vuelto hacia el público cuando hables.

### *Hacia dónde mirar*

Cuando le hablas a un público, solo hay un lugar hacia donde tienes que mirar: directamente a sus ojos. Los humanos establecemos vínculos emocionales mediante el contacto visual en nuestra vida diaria y un pitch o una presentación no son diferentes, aunque el público sea numeroso. Escoge a una persona —la primera que veas— y háblale a ella. Al cabo de unos segundos, elige a otra. Esto tiene una potencia inimaginable. Esa persona del público sentirá una conexión íntima y prestará más atención durante el contacto visual y también después. Usa los ojos como un francotirador que mira por una mirilla y ve eligiendo a personas una a una. Si tienes un público más pequeño, repítelo una y otra vez. Si hay algo que quieres decir que sabes que será más relevante para un miembro del público en concreto, díselo directamente.

Sé que para algunas personas esto puede ser enervante. Cuando nos plantamos delante de un público, nuestra tendencia natural puede ser escondernos, pero debemos luchar contra ella de forma consciente. Como todo lo demás, te irá resultando más fácil a medida que practiques. Si bajas la mirada, no crearás lazos y puede que transmitas falta de confianza e incluso de autenticidad.

Tal vez hayas oído la sugerencia de que una buena técnica es elegir un punto al fondo de la sala, justo por encima de la cabeza del público, pero eso significa que no vas a establecer contacto visual y, en la práctica, resulta un poco raro. En un pitch, queremos conectar con el público en todos los sentidos posibles y el contacto visual es la forma más humana y simple de lograrlo.

## Elementos vocales

Los elementos vocales de nuestro discurso son tan importantes como las palabras que decimos. Podemos decir lo mismo de dos formas distintas y que el público se lleve dos experiencias completamente diferentes. Como con el lenguaje corporal, podemos ajustar los elementos vocales para mejorar mucho nuestro pitch o ignorarlo y desperdiciar el gran trabajo que hemos hecho.

Igual que con el lenguaje corporal, para mejorar estos elementos habría que empezar por erradicar los malos hábitos. Entre ellos pueden estar:

- Hablar demasiado rápido.
- Hablar sin pausas.
- Decir «eh» y «mmm» u otras muletillas.
- Hablar demasiado bajo o balbucear.
- Hablar demasiado fuerte.
- Hablar de forma monótona.
- Carraspear constantemente.

Mi recomendación para identificar los malos hábitos es, una vez más, que te grabes a ti mismo. Incluso puedes usar el mismo vídeo que grabaste para observar tu lenguaje corporal, pero, esta vez, cierra los ojos para concentrarte de verdad en tu voz. Escucha con oído crítico o, si te resulta demasiado doloroso, pídele a alguien que te dé *feedback* de los malos hábitos. Puede ser difícil deshacerse de los «eh» y «mmm», pero, con práctica, todo el mundo es capaz de conseguirlo. Si sueles usar esas muletillas, tienes ventaja por encima de las personas que hablan sin pausas. Las usamos porque nuestro cerebro se está tomando un microsegundo para resolver qué decir a continuación. Para eliminarlas, no tenemos que pensar más deprisa, solo debemos reemplazarlas por el silencio. Puro, bello, sin adulterar. Eso significa que habrá montones de pausas breves cuando hables, lo cual es genial. En un pitch no hay prisa y las pausas breves permiten que la información que comunicamos cale en el cerebro del público. Al cerebro del público le encantan esas pausas.

Si te sale hablar sin pausas de forma natural, tienes que pensar en añadir algunas a conciencia. En la etapa de crear el guion, ayuda escribir la palabra *PAUSA* después de cada frase para recordarte a ti mismo que debes parar. Si sigues practicando así, las pausas también se te quedarán cuando lo hagas sin guion.

En términos de velocidad, la respuesta no es encontrar una especie de ritmo medio perfecto, porque te arriesgas a volverte monótono. El secreto está en la variación, la velocidad de tu discurso crea textura emocional: reducir la velocidad enfatiza la profundidad; aumentarla, enfatiza la urgencia. Por lo general, cuando presentamos, deberíamos hablar algo más despacio que en una conversación normal, siendo claros y teniendo seguridad en lo que decimos. Pero, para los elementos importantes del discurso, intenta bajar todavía más la velocidad y, en los momentos en los que quieras que el público se entusiasme con tu historia, acelera. Variar la velocidad del discurso tendrá como resultado un interés óptimo del público.

El principio de variación también sirve para el tono de voz. Tanto si es bajarlo hasta casi un susurro como levantarlo para hacer una declaración estruendosa o simplemente encontrar cambios más sutiles en los espacios intermedios, variar el volumen de la voz les dará vitalidad y énfasis a tus palabras. Prueba esto cuando ensayes: baja la voz hasta susurrar en las partes más interesantes y sube el volumen en los momentos dramáticos. La maestría está en el contraste y la variación. Habla flojo y habla alto. Habla despacio y luego un poco más deprisa.

Señalaré también que debes tener en cuenta a los miembros del público que no dominen tu lengua y ajustar la velocidad acorde a eso.

Por último, recuerda sonreír. Esto forma parte tanto del lenguaje corporal como de los elementos vocales (en la voz de una persona oímos si está sonriendo). Una gran parte de convencer a un público de que te elija a ti es lo bien que les caes y, si tienes una sonrisa sincera (no se trata en absoluto de cimentarte una sonrisa forzada en la cara durante todo el pitch), las neuronas espejo del público se dispararán y el público también se sentirá feliz.

En conjunto, toda esta información puede resultarnos apabullante y hasta hacernos sentir inseguros. La clave es no intentar hacerlo todo a la vez. Primero elimina los malos hábitos y luego elige una sola cosa que mejorar. Lee el guion unas cuantas veces centrándote en ese aspecto de mejora. Luego prueba con otro. Al final verás que todo te sale natural. Piensa que es como montar en bici. Empezamos aprendiendo a no caernos. Pronto podemos montar con elegancia y velocidad y, luego, si seguimos, podemos levantar una mano del manillar y luego, las dos. A medida que progresamos, vamos dejando de pensar en las cosas básicas que antes nos costaban, se vuelven naturales. A no ser que solo vayas a hacer un pitch en toda tu vida, cada vez irás mejorando.

## El pitch por internet

En la actualidad, es frecuente que nos pidan que hagamos el pitch a través de una plataforma de videoconferencias en línea como Zoom o Microsoft Teams. Ahí también podrían incluirse presentaciones, clases o entrevistas de trabajo. Si ocurre esto, aquí tienes algunas cosas que preparar y practicar antes del pitch:

- Accede a la plataforma los días antes del pitch. Asegúrate de que has descargado cualquier aplicación o actualización necesaria y de que las habéis probado en equipo de modo que todos os sintáis cómodos usándolas. Comprueba que sabes usar las funcionalidades que vas a necesitar, como compartir la pantalla o crear salas, y las más básicas, como el micrófono y la cámara.
- Elige bien el fondo. Tanto si se trata de una estantería llena de libros elegidos con mucho cuidado como si es un mundo blanco estéril o un fondo virtual, transmitirá un mensaje al público sobre ti y tu personalidad. Huelga decir que deberías evitar que el público viera una cama por hacer detrás de ti (eso lo he visto yo en la vida real). Tampoco estés en un espacio en el que puedan molestarte. Las mascotas y los niños corriendo por ahí a veces pueden ser adorables, pero es mejor evitarlo si podemos.
- Asegúrate de tener buena iluminación. No deberías tener la cara en sombra, así que busca un buen lugar con luz natural delante o instala tu propia luz. Obtendrás los mejores resultados si compras un aro de luz o

un difusor, y no son caros. Habrá una gran diferencia en lo profesional que parecerás.

- Cuando esté presentando otro miembro del equipo, apaga la cámara o presta atención a la pantalla. Recuerda: que no estés encima de un escenario no significa que no te estén observando. Salir de plano, responder a una llamada o relajarte tanto que sin darte cuenta te hurgues la nariz (eso también lo he visto) son cosas incomodísimas.
- Nunca apagues la cámara mientras hablas. Es mucho más difícil establecer vínculos emocionales cuando no estás con alguien en persona y que te vean la cara es muy importante.
- Ajusta el ordenador para tener la cámara a la altura de los ojos. La gente no quiere tener que mirarte desde abajo o verte solo la coronilla. Usa una pila de libros para levantar el portátil si hace falta.
- Como cuando estás en persona, recuerda sonreír, pasártelo bien y estar presente.

## La IA como *coach* para el pitch

Además de usar la IA generativa para ayudar a crear y a mejorar tu contenido, también hay herramientas que pueden ayudarte con la presentación del pitch. Usando cámaras y reconocimiento de voz, la IA puede analizar muchos de los elementos de los que hemos hablado, como el lenguaje corporal, el tono de voz, el ritmo y la claridad del mensaje, y darte *feedback*. Aunque a mí no me parece una alternativa mejor al *feedback* humano, puede ayudar si vas a crear el pitch o a presentarlo tú solo.

## Preparar el público para el pitch

Antes de que *El proyecto de la bruja de Blair* se estrenase en cines, los creadores de la película publicaron una web en la que se contaban los acontecimientos de la película como si hubieran ocurrido de verdad. Incluyeron noticias falsas, informes policiales y vídeos, y la web se hizo viral. Cuando salió la película, la gente acudió en masa a la web para saber más sobre la leyenda.

En un pitch puedes hacer lo mismo, sobre todo si vas a crear un mundo ficticio en el que construir una experiencia inmersiva. Antes del pitch inmersivo de *Parque Jurásico* para la marca de ropa, mandamos invitaciones con vídeos de realidad aumentada entre los cuales había uno en el que aparecía la propia Seraphina. Crea el mundo para el pitch y hazle pequeños avances al público antes de que se adentren en él.

Incluso para una presentación o discurso estándares, piensa en cómo puedes crear una sensación de intriga previa. Si vas a mandar invitaciones, sopesa bien el contenido, usa la narración y los ganchos para captar la atención del público. Dales la información suficiente para que se emocionen y quieran saber más. También puedes plantearte mandar material de lectura anticipada para establecer las bases o los precedentes del pitch y poder ir directo al grano.

Si el pitch requiere la participación del público, puede que te convenga informarles de ello por adelantado y también puede ser interesante mandarles un orden del día para que sepan qué esperar. Esto no arruinará la sorpresa, sino que los preparará para la experiencia que estás a punto de proporcionarles, de modo que, cuando estés en la sala, te encuentres con un público ya intrigado y abierto, en lugar de un grupo con cara de póker al que deberás obligar a participar.

## EN RESUMEN

Tener la mejor idea del mundo para un pitch y luego no planearlo, ensayarlo y mejorarlo es una forma de tirar esa gran idea a la basura. Estoy convencido de que Elisha Otis se plantó en su plataforma e hizo que su ayudante cortase la cuerda muchas veces en privado antes de atreverse a hacerlo delante de la multitud. Sé con certeza que Peter Marsh y su equipo ensayaron el pitch a British Rail una y otra y otra vez (he tenido en mi pódcast al «hombre del paraguas», Graham Thomas). Sigue los consejos de este capítulo y te sentirás preparado, seguro y con ganas de ejecutar el pitch delante del público.

- Establece todos los papeles que necesitarás que se representen en el pitch; por ejemplo, alguien que lleve los tiempos, una persona encargada del montaje audiovisual y un maestro de ceremonias.
- Empieza a ensayar lo antes posible y trata cada ensayo como si fuera el pitch.
- Haceos críticas claras y concisas entre vosotros, mejorad el pitch y luego volved a ensayar.
- Prepara las transiciones y relevos entre oradores.
- Intenta que todas las personas que participan en el pitch estén también en todos los ensayos.

- Cuando tengas claros los tiempos y el guion, ensaya de memoria. Puedes usar métodos mnemotécnicos o tarjetas con puntos clave.
- Si es posible, haz por lo menos un ensayo en la ubicación real del pitch.
- Prueba herramientas como el interrogatorio o el equipo rojo para conseguir el mejor *feedback* para el equipo antes del pitch.
- Mejora tu lenguaje corporal: elimina los malos hábitos y empieza a formar otros positivos.
- Mira al público a los ojos.
- Introduce variaciones vocales, en la velocidad y el volumen, sin hablar nunca demasiado rápido.
- Prepara al público con información relevante y emocionante antes del pitch para crear intriga.

Si haces todo esto, estarás listo para ejecutar la mejor versión de tu pitch. Es normal que te sientas nervioso de todos modos, pero no te preocupes, eso lo abordaremos en el siguiente capítulo: el pitch.

# 14

# El pitch

Rory Sutherland, vicepresidente de Ogilvy, parece tener un catálogo infinito de las mejores y peores anécdotas de pitches que he oído en mi vida. Una de las que más vergüenza ajena da entre las que me ha contado trata de una agencia de publicidad que hacía un pitch para un cliente importante. Durante el pitch, una de las personas de la agencia escribió una notita en un trozo de papel y se la pasó de forma sutil a su compañero. Al cabo de poco, les pidieron a las personas de la agencia que salieran de la sala para que el cliente pudiera discutir algo en privado. Por supuesto la nota se quedó en la mesa y el cliente la abrió para ver qué había escrito. Decía: «El gilipollas de las gafas parece que nos dará problemas».

Solo había un miembro del equipo del cliente que llevaba gafas. Ay, dios. El día del pitch es tanto una oportunidad maravillosa para llevar a cabo la actuación de tu vida como un terreno pantanoso en el que son muy frecuentes los fallos tontos, los errores de cálculo y las meteduras de pata. En este capítulo exploraremos cómo abrirse camino por ese paisaje a menudo tan desafiante para poder salir de la sala con la sensación cálida y hormigueante del éxito.

## Gestionar los nervios

Es el día del pitch. Tus formidables esfuerzo y energía, creatividad y destreza, investigación y ensayo, estudio y narración han sido todos para este día, estas pocas horas y minutos fugaces.

¿Estás nervioso? Deberías. No porque no estés listo ni porque tu pitch no sea magnífico, sino porque eres humano. Tu sistema nervioso no es una especie de broma pesada de la evolución, es un ingenioso mecanismo de defensa evolutivo. Cuando nos ponemos nerviosos es porque nos sentimos amenazados, lo cual dispara una reacción fisiológica en nuestro cuerpo. Liberamos adrenalina y cortisol, que hacen que aumente el ritmo cardíaco y se nos seque la boca. Puede que estemos temblorosos, nos pongamos a sudar y notemos que comenzamos a respirar más deprisa. Nos resulta difícil centrarnos y recordar cosas. No es una situación agradable, pero significa que nuestro cuerpo está preparado para hacer lo necesario cuando nos enfrentemos al peligro. Todos los recursos disponibles de nuestro cuerpo se destinan a prepararnos para o bien tener que luchar, o bien tener que huir.

Cuando nos plantamos delante de un público, nuestro cerebro racional sabe que nuestra vida no está en peligro, pero eso no ayuda en absoluto a apaciguar los síntomas. Viv Groskop, periodista, cómica y autora de *How to Own the Room: Women and the Art of Brilliant Speaking* [Cómo adueñarse de una sala: las mujeres y el arte de la buena oratoria], tiene una muy buena explicación para todo esto. Cuando hablamos, me dijo: «Todo viene de un impulso tribal que todas las personas tenemos tras miles y miles de años de evolución de que no nos separen de la tribu. No nos gusta estar solos y, por mucho que evolucionemos, por más que nos eduquemos y leamos y por más que nos hagan socializar, no parece tener ninguna importancia para el mundo moderno. Nuestro instinto primitivo es evitar el escrutinio y evitar que nos rechace la tribu».

Sin duda, ella ha experimentado esta sensación en carne propia, sobre todo cuando empezaba a hacer monólogos. En pocas palabras: cuando se nos separa de nuestra tribu y nos vemos rodeados de depredadores, nos preparamos para salir corriendo o luchar. En un pitch, el público se convierte en los depredadores. No son nuestra tribu; para nuestro cerebro primitivo, suponen una amenaza real. Conviene señalar que este es otro de los motivos por los que construir relaciones con el público antes del pitch, si es posible. Si nos enfrentamos a caras familiares y amables, este instinto será menos prevalente, aunque nunca desaparecerá del todo.

Es muy probable que esta no sea la información que esperabas obtener. Es razonable que te preguntes: entonces, ¿cómo puedo superar los nervios? La respuesta radica en lo siguiente:

1. Debemos cambiar de mentalidad y dejar de pensar «los nervios son malos» para pensar «los nervios son buenos».
2. Debemos aprender a controlarlos para que no nos consuman.
3. Debemos aumentar de forma proactiva la confianza en nosotros mismos y la preparación.

Recuerda: no estás solo. Lo cierto es que es de lo más inusual que alguien no sienta por lo menos algo de nervios delante de un público. Hay muchos ejemplos de artistas ultrafamosos y aparentemente seguros de sí mismos que siempre han sufrido de nervios, entre los cuales están Ella Fitzgerald, Luciano Pavarotti, Stephen Fry, Adele (quien al parecer vomita antes de sus actuaciones), Rihanna... Y la lista sigue. Los nervios no tienen nada que ver con el talento o la capacidad, son solo un indicativo de que tu sistema central nervioso funciona.

### *Cambiar la mentalidad nerviosa*

Simon Sinek veía entrevistas a deportistas olímpicos en televisión antes de sus pruebas. A menudo les preguntaban si estaban nerviosos y su respuesta siempre era la misma: «No, estoy emocionado». Cuando cogemos perspectiva y observamos los síntomas de los nervios, la verdad es que, por lo general, también son los síntomas del entusiasmo, la excitación, la emoción. Se nos acelera el pulso y la respiración, temblamos, pero nos sentimos bien. En lugar de entregarte a las emociones negativas, cuando estés nervioso, acepta los síntomas, siéntelos, sé consciente de ellos y luego dite a ti mismo: «Estoy emocionado».

Sinek quería poner a prueba esta teoría y tuvo la oportunidad de hacerlo después de ver a los deportistas olímpicos. Iba en un vuelo en el que empezó a haber turbulencias graves. Según me dijo: «Estaba sentado en el avión y las turbulencias eran horribles. De las que hacen que te agarres al asiento, ¿sabes? Y me di cuenta de que me estaba poniendo nervioso, me estaba tensando y el corazón me latía con fuerza al pensar en el futuro. Entonces me susurré a mí mismo: "Qué emocionante". Y fue instantáneo. Por eso recomendaría a la gente cuyo estado por defecto antes de entrar en una reunión son los nervios que se dijese a sí misma: "Qué emocionante"».

Es más, ¡DEBERÍAMOS estar emocionados por un pitch! Piensa en todo lo positivo: puedes llevar a cabo la experiencia creativa que tanto has estado ensayando y transmitir emociones positivas al público. Les traes algo único y especial que recordarán durante mucho tiempo. Y, cuando termines el pitch, la presentación, el discurso o la entrevista, tanto si ha salido a la perfección como si no, tu cuerpo te dará una maravillosa dosis de dopamina y te sentirás genial.

Como los nervios son algo de lo que sufrimos todos, es un tema sobre el que me gusta preguntar a todos los invitados a mi pódcast. Ben Williams, autor de *Commando Mindset* [Mentalidad comando], me respondió con una de mis analogías favoritas: «Es como ponerte en la cola de una montaña rusa. Nos ponemos de lo más nerviosos por la montaña rusa. Subimos a la montaña y, cuando bajamos, decimos: "Ha sido lo mejor del mundo". Pero a la gente se le olvida que esa parte está al otro lado del éxito».

## *Controlar los nervios*

Tengo noticias maravillosas para la gente que se pone nerviosa: todo el mundo puede controlar sus nervios, lo dice la ciencia. La doctora Kimber Shelton, psicóloga, escritora, oradora y docente, desvela que es tan simple como respirar. La respiración está íntimamente conectada con nuestro sistema nervioso, el sistema que transmite mensajes entre el cerebro y viceversa. Respira deprisa y con fuerza y enseguida te notarás más ansioso, incluso si no hay nada de qué preocuparse. Respira despacio y de forma regular y verás como tu mente se relaja. «Ser capaces de frenar nuestro sistema nervioso con respiraciones profundas significa que frenamos el ritmo cardíaco», me explicó la doctora cuando hablamos. «Nos es imposible respirar hondo y que el corazón nos siga latiendo deprisa: es fisiológicamente imposible. De modo que podemos ralentizar el sistema nervioso y luego frenar esas reacciones físicas de ansiedad que tenemos. Podemos ralentizar nuestros pensamientos para que, cuando entremos en la sala o en la llamada de Zoom, estemos listos para hacer ese pitch o presentación.»

No llegaremos a la ausencia total de nervios, pero tampoco lo queremos. La adrenalina de nuestro cuerpo también nos da energía y una capacidad aumentada de percepción. Nos da cierta aura, cierta «vibra», cierto aire que no teníamos en los ensayos.

Existen muchas técnicas de respiración. A Ben Williams le gusta más la respiración cuadrada, que también es una de mis favoritas. Es una técnica que usan la unidades del Cuerpo de Marines Reales en situaciones de vida o muerte y, si para ellos es buena, para mí también. Además, es de lo más simple.

1. Respira hondo por la nariz durante seis segundos.
2. Aguanta el aire seis segundos.
3. Suéltalo por la boca lentamente durante seis segundos.
4. Aguanta la respiración seis segundos.

Repite estos pasos centrándote en la respiración y no en tus pensamientos.

Esta técnica es simple pero efectiva, y puedes usarla en cualquier momento. Si un día estás estresado, nervioso o ansioso, tómate un momento para respirar.

### *Aumentar la confianza en ti mismo*

La mayoría de nosotros tenemos pensamientos poco útiles, molestos, despectivos o desmerecedores cuando nos acercamos a un momento de vulnerabilidad. Muchas veces, cuanto más importante es el momento, más fuertes resuenan estos pensamientos en nuestra cabeza.

«Vas a cagarla, se te olvidará lo que tienes que decir, no eres lo bastante bueno, eres un impostor.»

Todo se reduce al miedo al fracaso. Cuando analizamos estos pensamientos, solemos ver que son irracionales y ese es el siguiente método para vencer los nervios. Cuando tengas un pensamiento negativo, anótalo. Una vez que lo hayas anotado, escribe una respuesta racional al lado. Por ejemplo:

- «Vas a cagarla.» Respuesta: lo he practicado y sé muy bien lo que hago.
- «Se te olvidará lo que tienes que decir.» Respuesta: lo he practicado, tengo atrezo y tengo métodos nemotécnicos. Si se me olvidan algunas palabras, tampoco es importante.
- «No eres lo bastante bueno.» Respuesta: me he ganado mi lugar en este equipo porque soy lo bastante

bueno. Sé que puedo hacer la parte que me toca porque la he ensayado.
- «Eres un impostor.» Respuesta: no soy un impostor, formo parte de este equipo, he hecho un buen trabajo durante la preparación y lo he ensayado todo varias veces.

Date cuenta de que hay un tema recurrente: la práctica. Todas estas técnicas se basan en la suposición de que te has preparado adecuadamente. Si no es así y vas a dejar que decida la suerte, sí, las cosas podrían salir mal. No te adentres en lo desconocido: la preparación exhaustiva es esencial para controlar los nervios.

Además de combatir los pensamientos negativos, también sería bueno ser proactivo y añadir pensamientos positivos. En su forma más simple, podemos hacernos afirmaciones positivas. Esto empieza por descubrir qué afirmaciones positivas necesitas oír. Una técnica es pensar en el pitch y el público y buscar tres calificativos que resuman cómo quieres que te perciban. Variarán según el pitch. A veces querrás que te perciban como un entendido, seguro de ti mismo y con experiencia. Otras veces puede que quieras que el público te perciba como enérgico, perspicaz y divertido.

Hay estudios que demuestran que el método más efectivo para hacerte afirmaciones positivas a ti mismo es el siguiente:

### 1. Usa tu propio nombre y háblate a ti mismo

En lugar de decir: «Soy un entendido, estoy seguro de mí mismo y tengo experiencia», yo diría: «Danny, eres un entendido, estás seguro de ti mismo y tienes experiencia». La psicología nos dice que esto nos permite relacionarnos con nosotros mismos como si fuéramos un amigo y reducir la autocrítica. Aumenta la autorreflexión y es más convincente.

## 2. Háblate delante de un espejo

Cuando nos vemos a nosotros mismos haciendo afirmaciones positivas, añadimos un estímulo visual a lo que oímos. Esto aumenta nuestra concentración en las palabras y hasta activa las neuronas espejo, lo cual crea una conexión emocional con nosotros mismos.

## 3. Hazte una pregunta

Tu cerebro racional sabe que eres capaz de hacer un pitch genial. En momentos de duda, cuando los pensamientos te digan: «No puedes», busca un espejo y en lugar de decir: «Danny, tú puedes», pregúntate con sinceridad: «Danny, ¿puedes hacerlo?». Y luego piensa bien la respuesta antes de confirmar que «Danny, sí que puedes». En lugar de intentar convencerte a ti mismo, estás afirmando algo que sabes que es verdad. Si te hacen falta afirmaciones positivas, hay un millón de webs y vídeos con propuestas. Como siempre, encuentra las que te funcionen a ti.

### *Vuelve a sentir emociones positivas*

Como hablamos en el capítulo 5, traer recuerdos a la mente también trae las emociones que sentimos en el momento del recuerdo. Eso nos proporciona una herramienta efectiva a fin de prepararnos mentalmente para un pitch. Prueba lo siguiente:

1. Cierra los ojos.
2. Piensa en un momento de tu vida en el que conseguiste algo especial. Podría ser un ascenso en el trabajo, un premio, haber competido en un deporte, haber ayudado a alguien que lo necesitaba, haber terminado un proyecto grande, haber hecho un buen pitch y muchas cosas más. Tú piensa en un momento en el que sentiste que triunfabas, que estabas satisfecho. Imagínate que vuelves a ese momento.
3. Ahora, recuerda lo que sentiste y permítete volver a sentirlo. Disfruta de la gloria.

Hazlo antes del pitch y llévate la emoción contigo al entrar en la sala.

### *Poses poderosas*

La psicóloga social Amy Cuddy popularizó el concepto de las poses poderosas en su TED Talk titulada «Your body language may shape who you are» ('Tu lenguaje corporal podría cambiar quién eres'). Cuddy afirma que adoptar poses poderosas durante unos minutos puede comportar cambios hormonales que aumenten las sensaciones de poder, incrementen nuestra confianza y reduzcan los niveles de estrés. Aquí tienes dos poses que probar:

**La pose de Wonder Woman**
Ponte de pie, con los pies separados a la altura de los hombros, la cabeza alta, los hombros hacia atrás y sacando pecho, igual que en el último capítulo. Ahora llévate las manos a las caderas como haría Wonder Woman en lo alto de un rascacielos, con la capa ondeando al viento, después de derrotar a las fuerzas del mal.

**La pose de la victoria**
Adopta la misma postura, pero esta vez levanta los brazos con las manos cerradas en puños, como si acabaras de ganar una medalla olímpica.

Prueba cuál te parece más poderosa y hazla. En esa posición, te percibirás a ti mismo como más seguro y poderoso y esa sensación te acompañará cuando entres a dar el pitch.

## Juntarlo todo

La verdadera capacidad de controlar los nervios y sentirte preparado para hacer un pitch llega cuando combinas todas estas técnicas: la respiración, los pensamientos positivos y las poses poderosas. Si quieres sentirte siempre en tu mejor momento, puedes hacerlo todas las mañanas cuando te levantes y, sin duda, deberías hacerlo el día del pitch. Yo lo hago lo más cerca posible al comienzo del pitch. Si no tienes un lugar privado, enciérrate en un cubículo del baño durante cinco minutos. Si todo el mundo está dispuesto, podéis hacerlo juntos, en equipo, aunque, tal vez no en un cubículo del baño.

1. Colócate en la pose poderosa.
2. Cierra los ojos.
3. Practica la respiración cuadrada en intervalos de seis segundos.
4. Vuelve a sentir las emociones de los logros de los que estás más orgulloso.

Al cabo de unos minutos deberías sentirte tranquilo, seguro y listo para enfrentarte al mundo. Entrarás en esa sala o subirás a ese escenario con una sensación increíble.

## Las horas previas al pitch

Para poder centrarte y ser la mejor versión de ti mismo para el pitch, tienes que tratarte como si fueras de la realeza. El día del pitch, cancela el resto de las reuniones y tareas. Procura dormir lo suficiente y luego regálate tu desayuno favorito. Deberías estar organizado y preparado en lo relativo a la ropa que llevarás y al transporte que usarás para llegar al lugar del pitch temprano. Ir a los sitios corriendo antes de un pitch, estresado y sudoroso, no te ayudará a entrar en el estado mental adecuado.

### *Arengar a las tropas*

Tienes que llegar lo bastante pronto para tener tiempo de estar con el equipo del pitch. Si no tenéis vuestro propio espacio, convócalos en un lugar cercano. Debéis estar juntos antes del pitch para crear un verdadero sentimiento de camaradería, para comprobar cómo se encuentra mentalmente todo el mundo, para reconfortaros los unos a los otros y para tener una charla de equipo.

No tienes por qué ser William Wallace, pero reunir al equipo y pasaros unos minutos inspirándoos y motivándoos unos a otros antes del pitch es muy útil. Recuerda: TODO EL MUNDO estará nervioso. Tienes que hacer que se centren en la tarea que tienen por delante y que entren en modo equipo. De lo contrario, tendrás a un grupo de individuos paseándose por una sala y repasando el pitch mentalmente. Tienes que hacer que todo el mundo esté en el presente. Una muy buena forma de hacerlo es contar una historia. Podrías hablarles de lo que significan para ti y recordarles el camino que han recorrido para llegar hasta donde están. Podrías hablarles de una experiencia anterior y de que no te habías sentido nunca tan preparado, motivado y emocionado. Podrías dibujarles una imagen mental gloriosa del futuro que viviréis juntos o contar una historia metafórica.

Uno de mis ejemplos favoritos de esto es algo que me contó J Schwan, antiguo CEO de Kin + Carta. Al principio de su carrera, su equipo tuvo la oportunidad de hacer un pitch para conseguir un encargo que era lo bastante grande para transformar la situación económica de su empresa de la noche a la mañana. El pitch fue bien, pero el cliente decidió darles a dos empresas la oportunidad de demostrar lo que valían desarrollando una parte diferente de una aplicación cada una. Quien hiciera el mejor trabajo se quedaría el resto del enorme encargo. El problema era que la empresa de Schwan estaba formada por unas sesenta personas nada más y se enfrentaban a una multinacional con miles de empleados. Schwan se sentó en la sala de juntas con su equipo y, al mirar a su alrededor, vio sus expresiones nerviosas, cansadas y escépticas. Entonces contó la historia de la película *300*. Dos ejércitos se preparan para la batalla: un grupo de trescientos espartanos que vigilaba una estrecha entrada a Grecia y la legión de un millón de persas que quería pasar por el estrecho. Los espartanos protegieron el paso durante días gracias a su estrategia superior, su disciplina y entrenamiento, su valor y el liderazgo del rey Leónidas. Una de sus tácticas características era proteger al hombre que tenían al lado con el escudo.

«Esa —dijo Schwan a su equipo— es la situación en la que nos encontramos hoy. Podemos ganar, pero será solo si nos apoyamos unos a otros y protegemos a la persona que tenemos al lado. Puede que nos lleven al límite, pero, si nos mantenemos unidos como equipo, podemos salir victoriosos.»

Esa batalla se ha convertido en un símbolo de valentía, resiliencia y trabajo en equipo, y el discurso de Schwan fue lo que necesitaba el equipo para convencerse de que podían conseguir lo imposible. Y lo lograron.

## Entrar al pitch

Antes de que te des cuenta estarás dentro de la sala. Lo que ocurra a continuación dependerá de la situación en la que te encuentres.

### *El pitch en su terreno*

Si formas parte de un equipo que va a hacer un pitch ante un público reducido en la sede del cliente, puede que os inviten a todos a sentaros e incluso que os hagan pasar a la sala antes de que entre el público. Si es así, no os sentéis todos juntos a un lado de la mesa. Es mejor evitar que la situación parezca un «nosotros contra ellos». Esparcíos para que el público quede repartido entre vosotros cuando se siente. Si el público está allí primero, recuerda sonreír, darle un apretón de manos a todo el mundo y respirar. Asegúrate de que la persona encargada de lo audiovisual y la persona encargada del atrezo se ponen a montarlo todo enseguida. Empieza a cronometrar.

Cuando todo el mundo esté instalado, habrá llegado el momento de que el maestro de ceremonias se levante y empiece el espectáculo.

### *El pitch en vuestro terreno*

Si el público va a vuestras oficinas, la actuación empieza antes. Ejecuta el plan de dar la bienvenida al público en la puerta y de guiarlo hacia el lugar del pitch procurando ofrecerles refrigerios y que se sienten donde tú quieres. Asegúrate de que saben dónde están los baños y dónde tienen que ir si hay un incendio.

Cuando todo el mundo esté instalado, habrá llegado el momento de que el maestro de ceremonias se levante y empiece el espectáculo.

### *La presentación a un gran público encima de un escenario*

Sube al escenario y que empiece el espectáculo.

## El pitch propiamente dicho

Cuando te levantes delante del público, date un momento. No empieces a hablar de inmediato porque puede que, con la adrenalina corriéndote por las venas, te falte el aliento. En lugar de eso, mira al público. Respira. Sonríe. Esto no solo te proporciona un momento final de preparación, sino que añade un poquito de teatralidad. El público no pensará que es extraño, solo crearás una pizca de anticipación.

Y luego empiezas. Hazlo todo exactamente como lo has ensayado. Disfruta. No corras. Y recuerda que las emociones son muy contagiosas.

### *Vive en el presente*

A menudo, estamos tan pero que tan centrados en nuestro texto y en lo que diremos a continuación que no logramos estar mentalmente presentes en la sala. No escuchamos como es debido al público, no leemos su lenguaje corporal y nos sentimos incapaces de desviarnos de nuestra estructura planeada minuciosamente. Eso es terrible.

Lo mejor que puedes hacer para volver al momento que estás viviendo y sentirte presente es respirar. Mira a tu alrededor y asimila dónde estás. Toca la mesa o la silla para volver al espacio físico y confía en que eres capaz de lidiar con las preguntas y los debates. Robin Dreeke, ex reclutador de espías para el FBI y autor superventas, conoce estas estrategias tal vez mejor que nadie. Cuando le pregunté qué consejos le daría a alguien que va a hacer un pitch, me dijo: «Lo mejor que puedes hacer en todo momento, y esto aplica tanto a reclutar espías como a entrevistar a alguien en un pódcast, es abandonar cualquier tipo de segundas intenciones que tengas. No te aferres a nada de eso y céntrate en la otra persona. Estate en el presente por ella. Escucha todas y cada una de las palabras que diga porque todo lo que salga de su boca es importante para ella. Eso es lo que has ido a descubrir. Estar presente es lo único que importa. Escucha más de lo que hablas, incluso en un pitch».

Estás ahí por el público, así que deja ir las preocupaciones por hacer una actuación impecable —para eso ya te has esforzado en los ensayos— y céntrate en estar en el presente. Cuando el público hable, escúchalo, y reacciona ante lo que dicen, no te limites a decir lo que tenías planeado. Puedes volver al guion en cualquier momento, pero debes escuchar de forma activa al público y dejarle espacio para hablar.

### *Presta atención a tu alrededor*

Sí, tienes guiones bien ensayados y los tiempos ajustados al segundo, pero también debes prepararte para cambiar de rumbo si el público muestra señales de desinterés. El éxito de un pitch no está en haber impartido información, sino en el interés que has generado y el impacto que has tenido sobre el público. Busca lo siguiente:

#### Lenguaje corporal

Señal: Los miembros del público no establecen contacto visual, miran el móvil, miran por la ventana o, por lo general, muestran desinterés en el pitch.

Acción: Termina los elementos clave de la sección y pasa pronto a una parte más dinámica del pitch.

#### Sensibilidad temporal

Señal: Los miembros del público se miran el reloj de muñeca o miran el reloj de la pared, se vuelven hacia la puerta o reorganizan los papeles y recogen las cosas de la mesa.

Acción: Resume tu sección y pasa a otra, sobre todo si no has llegado todavía a la idea principal. Acelera la exposición del contenido resumiéndolo, pero ¡no hables más deprisa!

### Expresiones faciales

SEÑAL: Expresiones faciales de confusión o desdén.

ACCIÓN: Hazle al público algunas preguntas clarificadoras, invítalos a dar su opinión o presenta un soporte visual que simplifique cualquier complejidad del tema que estás tratando. ¡Puede que incluso tengas que hacer un dibujo en una pizarra!

### Falta de interacción

SEÑAL: El público no pregunta ni se suma a ningún debate que intentas facilitar.

ACCIÓN: Pasa a un contenido más interactivo o cambia de soporte visual, de la pantalla a la pizarra. Invita al público a participar en una actividad.

### Refuerza aquello que reciba *feedback* positivo

Cuando estés prestando atención a lo que ocurra en la sala, no solo verás señales negativas. Fíjate en lo que ilusiona al público, en lo que le hace reír o sonreír, e intenta hacer más de esas cosas que consiguen reacciones positivas.

## No hagas gilipolleces

La historia de Rory Sutherland sobre la nota, sin duda, no es una anécdota aislada. En un pitch, la gente hace gilipolleces de distintas magnitudes a todas horas. El principio general que hay que seguir para evitarlo es ser siempre profesional.

La adrenalina es una droga muy potente. Puede hacerte sentir contento, excitado y hablador. Puede hacernos decir cosas de las que, a toro pasado, puede que nos arrepintamos. Por ejemplo:

- Mostrarnos más familiares de la cuenta con un público al que acabamos de conocer.
- Interrumpir a la gente.
- Tener una idea repentina y alejarnos del guion.
- Hacer bromas y comentarios inapropiados.
- Hacer comentarios despectivos sobre el público o tu propio equipo (incluso si los presentamos como una broma).
- Ponernos a la defensiva respecto al pitch.
- No escuchar al público.
- Ser arrogantes.
- Decir sí a cosas que no son ciertas.
- Pasar notitas inapropiadas.

Ninguna de estas cosas ocurrirá si te recuerdas a ti mismo ser profesional.

### *Cuando las cosas van mal*

Es probable que algo vaya mal en algún momento del pitch. Es lo normal.

Si tienes un problema técnico, sigue adelante. No lo conviertas en un problema mayor y no te pases diez minutos intentando arreglarlo. Sigue adelante.

Si se te olvida una palabra, una frase o incluso un párrafo entero, sigue adelante. El público no sabe qué es lo que «se supone que tienes que decir», así que haz como si nada. Si te dejas por decir algo que el público quiere saber, te lo preguntará.

Si entras en pánico, tómate un momento. Respira hondo. Si te has quedado en blanco, tienes dos opciones.

La primera es ser sincero con el público. Recuerda que la vulnerabilidad es muy potente. Carl Hewitt, cofundador de Hewitt Matthews, a quien hemos conocido brevemente en el capítulo 4, sufre depresión y ansiedad desde muy joven y una vez tuvo que lidiar con ello de forma directa durante un pitch. Era la primera oportunidad de su agencia con Google Ads, el encargo estaba valorado en 250.000 libras y él sentía la presión. Durante el pitch, mientras hablaba al público, Hewitt tuvo un ataque de pánico. Sabía que podía intentar continuar a trancas y barrancas o bien solucionar el problema. Detuvo el pitch. Entonces le contó abiertamente al público que estaba en pleno ataque de pánico y les dijo que, si no les importaba, iba a salir un momento de la sala. Todo muy británico. El público confirmó que no les suponía un problema, de modo que él salió, hizo unos ejercicios de respiración, se tranquilizó y, luego, cuando estuvo listo, volvió a entrar en la sala y terminó el pitch. Se hicieron con el encargo.

La segunda forma de lidiar con la mente en blanco, como ya hemos descubierto antes, es mirar a uno de nuestros compañeros. Si el equipo ha ensayado como debería, cualquier miembro tendría que estar listo para ofrecerse a intervenir. Pero la palabra clave es «ofrecerse». No sirve de nada empujar a otra persona a la piscina si no sabe nadar. Si consigues recuperarte, puedes volver a coger el testigo en un momento apropiado. Parecerá que esté planeado y demostrará que sois un equipo bien engrasado.

### *Lidiar con miembros del público difíciles de tratar*

Casi siempre, el público querrá que el pitch te salga bien, pero de vez en cuando te toparás con alguien que te lo pone difícil. Puede que esté de parte de la competencia, que necesite demostrarle a todo el mundo lo importante que es o, simplemente, que tenga un mal día. Estas situaciones pueden ser incómodas, pero tú respira, recomponte e intenta uno de estos métodos para lidiar con el problema.

#### Interrupciones

Que te interrumpan cuando estás en medio de un discurso fluido puede ser frustrante, sobre todo si pasa repetidas veces. En ese momento, haz una pausa y escucha con atención la interrupción antes de responder de forma directa. No la ignores y no intentes que pase pronto, podría ser algo importante como que alguien exprese una preocupación o una duda, te informe de algo o haga una pregunta relevante.

Todas estas son interacciones válidas del público. Sin embargo, si las interrupciones son irrelevantes, nos alejan del tema del pitch o son demasiado frecuentes, debes reconocer su existencia, dar las gracias y luego, de forma firme pero educada, volver a encarrilar el pitch en la respuesta. Por ejemplo:

«Gracias por la pregunta, pero me parece que está fuera del ámbito de esta conversación. Me encantaría retomar el tema una vez que haya terminado el pitch».

«Gracias por participar en la conversación, pero sé que tenemos el tiempo limitado y debemos pasar al siguiente tema.»

«Gracias por el comentario; trataremos este tema más adelante en el pitch.»

«Gracias por las preguntas. Animo a todo el mundo a apuntarse las que tenga para que podamos responderlas todas en la sección dedicada a ello que vendrá a continuación.»

Recuerda: sé profesional. Otra buena idea es tener un «aparcamiento» en la pizarra. Cuando surja algo con lo que lidiarás más adelante, anótalo ahí. Eso le demuestra al público que has escuchado y que estás dispuesto a volver a ese tema en algún momento.

## Falta de interés y disrupción

Esperamos que al público no le falte interés, porque tu pitch ha sido creado para llamar la atención y mantenerla con historias y emoción. Sin embargo, si tienes un detractor en el público, puede que sienta la necesidad de demostrarte lo poco interesado que está. En el mejor de los casos, jugará al Candy Crush en el móvil. En el peor de los casos, intentará distraer a los demás hablando, haciendo bromitas, moviéndose por la sala o incluso contestando a una llamada.

El problema con esas situaciones es que no sabrás lo que le pasa realmente a ese tipo de personas. Se comportan como niños traviesos solo para ser disruptivos, pero todos sabemos que los niños traviesos suelen tener un motivo oculto, como que quieren atención, comprensión o se sienten inferiores. Reñirles o ponerlos en evidencia solo empeorará las cosas.

En lugar de eso, intenta incluirlos en la conversación. Hazles preguntas de respuesta larga para que puedan responderte incluso si no han prestado atención. Por ejemplo: «Sue, como encargada de la tecnología, ¿cuáles son tus mayores preocupaciones sobre la integración técnica?». A menudo, darle a la gente una salida positiva es la mejor respuesta a su falta de interés.

## Juego de poder

Si alguien quiere hacerte saber lo importante que es hablando por encima de ti, siendo escandaloso o despectivo, debes ser firme. En esa sala, todos somos iguales. Estamos intentando ayudar al público y nos han invitado porque necesitan ayuda. Si alguien está siendo maleducado, háblale como a un igual. Reconoce su pasión, pero pídele que se abstenga de hacer lo que sea que esté provocando la disrupción.

Lo extraño es que, a menudo, eso se ganará su respeto. Muchas personas con rangos superiores en empresas grandes están acostumbradas a hacer lo que quieren con los demás, están acostumbradas a que los demás siempre les digan que sí. Aunque eso ocurre porque se comportan como matones, a menudo son conscientes de que alguien debe desafiarlos de vez en cuando, por lo que, cuando alguien les dice que no, esa persona puede resultarles muy atractiva para una relación comercial.

Y, si alguien se pasa y cruza uno de tus límites éticos o morales, infórmale de que no aceptas ese lenguaje o comportamiento. Si sigue así, abandona el pitch con el equipo. Por suerte, eso es algo que nunca me ha pasado, pero si estuviera presente en un pitch en el que, por ejemplo, un miembro del público insultase a uno de mi equipo o hiciese comentarios racistas o misóginos, le diría que no estoy interesado en hacer negocios con él, lo cual sería cierto. El pitch es lo que nos consigue el inicio de una larga relación, de modo que debes asegurarte de que sea una relación en la que te sientas cómodo. Hay cosas en la vida más importantes que el dinero.

Mantén la calma y sé siempre profesional. Se trata de una fina línea: el pitch es para el público, pero sigue siendo tuyo y debes tener el control.

## Salir del pitch

Una vez que haya terminado el pitch, sé asertivo a la hora de irte. No te quedes ahí plantado en un silencio incómodo esperando a que el público te diga qué hacer. Has acabado de decir el guion, has contestado a las preguntas, habéis tratado los próximos pasos que daréis y ahora llega el momento de dar las gracias, recoger tus cosas, darles un apretón de manos y marcharte. Si estás en un escenario, en una entrevista o dando un discurso, se aplican las mismas reglas. Sin embargo, lo que ocurre cuando hayas salido por la puerta puede ser incluso más importante.

Me han contado historias de pitches que se pierden tan rápido como se han ganado. El pitch no termina cuando dejas la sala. Ha llegado a mis oídos cada una de estas situaciones:

- Un equipo se va de la sala y se pone a hablar enseguida del pitch, del público y de sus pensamientos más íntimos. El público lo oye y cambia de opinión sobre el equipo. Esto ocurre sobre todo si estás en las oficinas del público. Aunque este se haya quedado en la sala y vosotros estéis veintitrés plantas por debajo, saliendo de la recepción, sigues estando al alcance del oído de trabajadores de la empresa, y la gente habla.
- Un equipo vuelve del pitch a casa en transporte público. Empiezan a hablar del pitch, del público y de sus pensamientos más íntimos. Un trabajador de la empresa del cliente está en el mismo medio de transporte, oye la conversación, la comunica al cliente y este cambia de opinión sobre el equipo.
- Un equipo se va al bar más cercano, se emborrachan y hacen tonterías. El público o uno de sus compañeros acude al mismo bar tras la jornada laboral, ve al equipo del pitch borracho y haciendo tonterías y cambia de opinión sobre el equipo.

Te animo a hablar del pitch, del público y de tus pensamientos más íntimos. Te animo a organizar eventos sociales con tu equipo. Pero asegúrate siempre de estar en un lugar privado para no contrarrestar todos tus esfuerzos.

## EN RESUMEN

El pitch es el momento de poner en práctica tu esfuerzo y creatividad y deberías disfrutar de asombrar, sorprender y entretener al público. Una vez que ves que al público le gusta y los nervios se han calmado, es una sensación genial. Recapitulemos:

- Cambia la mentalidad para estar emocionado y no nervioso.
- Antes del pitch, tómate algo de tiempo para ti y respira. Hazte afirmaciones positivas, recuerda un momento de gran orgullo y vuelve a sentir esa emoción. Elige una pose poderosa al mismo tiempo.
- El día del pitch, trátate como si fueras de la realeza y asegúrate de que no vas a los sitios corriendo.
- Si formas parte de un equipo, junta a todo el mundo y habla sobre lo especial que es este momento o cuenta una historia alentadora.
- Cuando te toque hablar durante el pitch, tómate un momento para respirar antes de hacer o decir nada.
- Confía en que te sabes el pitch y estate en el presente. Escucha al público.

- Olvídate de la jerarquía y trata a todo el mundo como a un igual.
- Sé profesional en todo momento.
- Si algo va mal, ¡sigue adelante!
- Mantén el control cuando te topes con un miembro del público difícil de tratar.

Y no hagas gilipolleces antes, durante ni después del pitch.

Enhorabuena.

# 15

## Después del pitch

Durante el taller final del pitch de los cócteles, tuvimos a alguien grabando. La persona fue muy discreta y se colocó en los rincones para no interferir con los miembros del público que caminaban por el bar que habíamos montado o salían a escribir en la pizarra. Filmó todo el día, desde el público recorriendo el pasillo, las charlas durante el desayuno y los talleres hasta la preparación de cócteles y el discurso del chef. Durante el día, también fuimos apartando a algunos participantes para hacerles breves entrevistas. Esa noche, empezamos a editar el metraje y, en veinticuatro horas, teníamos un vídeo de veintitrés minutos que capturaba las mejores partes del día, el audio de las entrevistas y —algo muy importante— todas las interacciones y emociones que compartimos. Pusimos música por encima y era inevitable sonreír mientras lo veías. Mientras el público seguía decidiendo a quién elegiría, recibieron el vídeo como recordatorio del día, un mecanismo para volver a vivir y volver a sentir esas emociones de alegría, ilusión y unión.

Eso supuso que tuviésemos que grabar todo lo que hicimos, tanto las cosas que salieron bien como las que no funcionaron tanto. Es un recurso muy bueno del que aprender y con el que mejorar para futuros pitches.

## El pitch no termina cuando termina

Lo has conseguido. Se ha acabado el tiempo y has ejecutado el pitch, le has dado un apretón de manos a todo el mundo y te has despedido. La ansiedad y la presión que puede que hayas sentido deberían aliviarse en cuanto sales de la sala. Te sentirás feliz y agotado tras semanas de preparación, ensayos y esfuerzo seguidas por una intensa actuación en la que has respondido preguntas y has ido sintiendo grandes descargas de adrenalina. Puede que te apetezca hablar de la experiencia con tus compañeros de equipo o que solo quieras derrumbarte en una habitación a oscuras tú solo. Como siempre, haz lo que te haga sentir bien, pero te desaconsejo encarecidamente que pases enseguida a reuniones sobre otros temas. Tu cerebro necesita tiempo para procesar lo que acaba de ocurrir. Trátate bien y asegúrate de tener la agenda vacía antes y después del pitch.

Pero, aunque el pitch haya terminado, el trabajo no está hecho. En este capítulo trataremos lo que tienes que hacer después del pitch para ayudarte a cerrar el trato, prepararte para los siguientes pasos y aprender lecciones para hacerlo mejor a la próxima.

### *Recuérdale al público la alegría que sintió*

Hacer un seguimiento con el público después del pitch es esencial y puede marcar la diferencia entre ganar y perder.

En la mayoría de las situaciones de pitch, el público se tomará un tiempo para reflexionar y comparar todos los pitches que han visto antes de tomar una decisión. Puede que te hayas sacado de la manga algo brillante, pero tal vez tus competidores han hecho lo mismo. Puede que el tuyo haya sido el primer pitch de muchos que le quedan por ver al público. En otras palabras, si el público no se ha decidido todavía, en cuanto dejes la sala del pitch, puede que otras personas lo alejen de ti. Además, por muy bien que te haya salido, el público no lo recordará todo, porque son personas. Si tu pitch o presentación dura una hora, el público recordará los puntos clave que le han llamado la atención, que no tienen por qué ser los mismos que tú quieres que recuerden. Piensa en cómo sería si tú tuvieras que pasarte días oyendo largas presentaciones sobre el mismo tema; habría momentos en los que te sentirías estimulado, pero también te aburrirías y, desde luego, tendrías una sobrecarga de información. Es muy probable que la información de diferentes pitches se mezcle.

Después del pitch, tienes la oportunidad de recordarle al público lo brillante que eres y ponerles delante los puntos clave para que tomen la decisión final.

Lo que hagas dependerá del contexto, el público y, posiblemente, las normas establecidas por Adquisiciones; sin embargo, elige una sola cosa. Tampoco quieres bombardearlos o molestarlos.

## Un correo

Debido a la situación y a las directrices que recibimos, a veces no podemos hacer más que mandar un correo después de un pitch. Esto pasa más si el pitch es en un campo con mucha regulación, como el gubernamental, el financiero o el sanitario. Dicho eso, un correo puede dar para mucho. No les mandes un texto larguísimo, crea un mensaje conciso en el que:

- Les das las gracias por su tiempo.
- Ofreces reuniones de seguimiento por si quieren hacer más preguntas o tratar más temas.
- Recapitulas los puntos destacados del pitch centrándote en los beneficios y el valor que les puedes aportar (no en lo bueno que eres).
- Respondes rápidamente a las preguntas que te hicieron en el pitch y que dijiste que te llevabas a casa.

Y, cuando digo conciso, lo digo de verdad. Si mandas un correo largo, no tendrá ningún impacto. Ya han oído la versión larga, ahora toca mandar un par de párrafos y una lista con un puñado de elementos.

### Un vídeo

Esto requiere previsión durante la planificación del pitch, dentro de la cual entra obtener el permiso explícito del público para grabar. Pero, si lo consigues, será una forma potentísima de recordarle al público lo que ha experimentado. Lo ideal sería que la grabación la hiciera un cámara cuyo único trabajo durante el pitch fuera grabar de forma discreta desde los mejores ángulos posibles. En la mayoría de las situaciones, puede que quieras crear una versión abreviada resumiendo las mejores partes.

Puedes escribir el correo como hemos planteado antes, pero incluir un enlace al vídeo. Y especifico «enlace» porque no queremos arriesgarnos mandando ficheros adjuntos muy grandes y que el correo nunca llegue a su destino. Dicho esto, también debes tener muy en cuenta la confidencialidad y la privacidad y asegurarte de que el vídeo está alojado en un espacio privado y protegido con una contraseña para que nadie más tenga acceso a él.

## Souvenirs

Otra opción de gran impacto es mandarles un souvenir; de nuevo, si está permitido en el proceso. Debes tener siempre presentes y actualizadas las leyes anticorrupción, así como las normas de Adquisiciones del cliente. No digo que le mandes un Rolex a cada miembro del público, pero la mayoría de las empresas tienen su propio umbral para el valor de los objetos que pueden recibir como regalos. Últimamente, suele ser una cantidad muy baja y algunas empresas tienen una política de cero regalos. Por supuesto, la idea de un souvenir no es en ningún momento gastar dinero en el público, sino volver a compartir el mensaje clave y recordarles la emoción que les hicimos sentir durante el pitch.

Un souvenir podría ser algo simple como una postal con una nota escrita a mano o algo más profundo como un libro impreso que destaque tus mensajes más importantes o contenga fotos del pitch. Hasta podría ser un pequeño regalo que esté relacionado con alguna historia que contaste. Si usaste la metáfora de que tu servicio se parece a construir un coche y conectar todas las partes en el orden correcto, un pequeño set de Lego de un coche podría ser un bonito recordatorio de lo que significaría trabajar contigo. Sé astuto, ingenioso y elocuente.

Si te decantas por una representación ocurrente de una metáfora del pitch, también podrías plantearte dársela al público en una bolsa de regalo antes de salir de la sala.

Veo bolsas de regalo por todos lados, a menudo llenas de libretas, bolis y memorias USB con la marca de la empresa. Y a mí no me gusta nada. Esos objetos no tienen ningún lazo emocional con el público ni con el pitch y, puesto que lo más probable es que terminen en la basura, también son un despilfarro. Es mucho mejor incluir recuerdos de las historias que has contado para que signifiquen algo de verdad.

### *Reflexiona y pregunta*

Es importante reflexionar sobre el pitch poco después de que ocurra, ya sea ese mismo día o el día siguiente. Habla con tu equipo sobre lo que funcionó y qué mensajes calaron en el público. Trata las partes sobre las que crees que el público tuvo más inquietudes y piensa en cómo lidiar con ellas durante el seguimiento. También debes tener un plan de acción si se decantan por ti.

He estado involucrado en pitches que han tenido éxito, pero luego se han quedado estancados por nuestra parte porque no estábamos listos para llevar a cabo el trabajo. Haz un plan en el que das por sentado que te quedarás con el encargo. Coloca a la gente en su sitio y empezad a prepararos. Eso no significa que empecéis a hacer el trabajo que esperáis que el público pague, solo que os preparéis para la decisión. ¿Está todo listo para empezar si la decisión es rápida? ¿Cuánto estás dispuesto a bajar si te piden que recortes los precios? ¿Qué incentivos extra puedes ofrecerles? Si hablas de dinero en el pitch, la cifra que des nunca tiene que ser tu mejor oferta final. Guárdate algo y conoce bien tus límites. Piensa mientras tienes el lujo de tener tiempo, no esperes a que el público te busque con preguntas que requerirán luego un esfuerzo. ¡Todo esto es directamente aplicable a una entrevista de trabajo! Estar listo para poder ponerte manos a la obra de inmediato también puede ser un gran factor diferencial respecto a la competencia. Una vez perdí un pitch porque, aunque teníamos el plan para crear un equipo, la competencia ya tenía el equipo listo.

### *Tras la decisión*

En algún momento te llegará la decisión final. No hay una garantía de éxito, pero, si sigues todo lo que se dice en este libro, estarás maximizando las opciones y terminarás encontrando el éxito. Si consigues el encargo, pídele al público un *feedback* sincero: ¿qué ha sido exactamente lo que les ha hecho elegirte a ti y qué podrías haber hecho para ser todavía más convincente y persuasivo?

Si el pitch no ha tenido éxito, pedir ese *feedback* sincero es todavía más importante. Pídele al público una reunión para que puedan transmitir sus ideas, aunque solo sea por teléfono. Prepárate las preguntas y asegúrate de que no estás nada a la defensiva. Es duro oír que no has tenido éxito, pero llega un momento en el que el público no va a cambiar de parecer y el único camino ventajoso que te queda es la aceptación. Además, nunca se sabe: si las cosas no funcionan con su primera opción, puede que vuelvan a contactar contigo en el futuro, pero eso no ocurrirá si les montas un pollo. Sea como sea, debes aprovechar la oportunidad para aprender y poder hacer cambios y ajustes en el próximo pitch. No te desanimes. Registra el *feedback* en algún lugar destacado para poder compartirlo y visitarlo de nuevo antes del próximo pitch. Con el tiempo, acumula un repositorio de aprendizajes y tus pitches cada vez serán mejores. Si haces los ajustes necesarios, empezarás a tener éxito. Si has presentado encima de un escenario o delante de una clase, plantéate repartir formularios de valoración al final de la sesión.

Después del *feedback* final del público, llega el momento de hacer la última retrospectiva interna. Debería ser un trabajo de equipo en el que se escuchen todas las voces y se tengan conversaciones abiertas y sinceras. Preguntaos:

- ¿Qué fue bien?
- ¿Qué fue mal?
- ¿Qué se puede hacer mejor la próxima vez?
- ¿Hay acciones inmediatas que se puedan tomar a fin de prepararnos para el próximo pitch?

Esta retrospectiva debe ocurrir tanto si te quedas con el encargo como si no. He visto equipos que lo han hecho genial, han ganado un pitch y luego se han puesto a crear otros olvidándose del trabajo tan bueno que habían hecho y de los motivos por los que habían tenido éxito.

Recuerda: cada pitch individual necesita completa atención, entusiasmo y esfuerzo.

## EN RESUMEN

Es esencial hacer un seguimiento con el público después del pitch. El objetivo no es repetir el pitch, sino recordarles tus mensajes clave y las emociones que sintieron cuando estuvisteis juntos. Es tu última oportunidad para influir en la gran decisión. Prueba lo siguiente:

- Manda un correo bien elaborado en el que recapitulas tus principales argumentos, respondes cualquier pregunta que te hayas llevado a casa o aportas cualquier tipo de información que te hayas comprometido a dar.
- Manda un vídeo corto del día del pitch.
- Manda un recuerdo físico relevante que le recuerde al público tu mensaje principal.
- Reflexiona con el equipo y elabora un posible plan de actuación.
- Tras la decisión final, pídele al público *feedback* sincero.
- Haz una retrospectiva, bien por tu cuenta, o bien en equipo, si lo tienes, y registra los aprendizajes para poder hacerlo todavía mejor en el próximo pitch.

Y, pase lo que pase, siéntete orgulloso. Cuando somos valientes y atrevidos, destacamos entre la gente. Eso puede llevarnos a conseguir nuestros objetivos y convencer al público, pero a veces puede ser demasiado. Probamos cosas con la intención de triunfar, pero, aunque no lo logremos, siempre podemos aprender algo. Y también podemos dormir bien por las noches sabiendo que hemos intentado ser diferentes, hemos dado lo mejor de nosotros y no nos hemos conformado con otra presentación de PowerPoint de cien diapositivas. Nueve de cada diez veces, el público nos lo agradecerá.

# Epílogo

## Poner en marcha el experimento

Hemos tratado una cantidad increíble de información en este libro. La verdad es que no necesitarás toda esta información en todo momento. Tómate este libro como una caja de la que puedes ir sacando herramientas cuando estés trabajando en distintos aspectos de un pitch. Como he dicho varias veces, cada pitch es distinto y no puedes lidiar con un encuentro de cinco minutos con una sola persona del mismo modo que abordarás una presentación larga ante cientos de personas. Dicho esto, los principios del capítulo 1 deberían ser siempre los mismos.

1. Una presentación de PowerPoint no es un pitch.
2. El único límite de un pitch son tus ideas.
3. Piensa antes de actuar.
4. Crea anomalías.
5. Empieza cada pitch nuevo como un nuevo pitch.
6. No pienses como si tuvieras las de ganar.
7. Encuentra tu verdadero factor diferencial.
8. Emociónate.
9. Sé auténtico.

10. Recibe el fracaso con los brazos abiertos.
11. La salud mental es más importante que el éxito.

Y, aunque no hay un patrón o una proforma replicable para lograr un pitch perfecto, mi esperanza es que ahora tengas la mentalidad y los métodos necesarios para crear los pitches, presentaciones, clases y discursos más interesantes, persuasivos y únicos del mundo. Si de verdad quieres ser el mejor, te aconsejo que pruebes tantas técnicas de este libro como puedas; no es necesario que sea todas a la vez y no es necesario que sea en un pitch importantísimo. Encuentra maneras de practicar y probar técnicas antes de que te hagan falta en una situación de gran presión. He sido mentor de muchas personas que quieren mejorar sus habilidades de pitching y mis consejos siempre son los mismos:

**Elige un tema que te encante o que te despierte interés y crea una presentación o pitch de cinco minutos.** No tiene por qué estar ni remotamente relacionado con tu trabajo. Tal vez sea sobre un libro que has leído o un vídeo que has visto. Si lo prefieres, elige un producto o servicio que te encante y que ya esté en el mercado. Encuentra una marca que te represente —ya sea Apple, Amazon o una marca de mermeladas— y crea un pitch. Usa las técnicas de este libro para resumir la información y contarla de una forma ilusionante. Prueba un poco de pitch teatral o un relato emotivo o una experiencia inmersiva. Intenta usar nuevas tecnologías o visuales emotivos. Experimenta con diferentes tipos de lenguaje corporal y tonos de voz. Comprueba cómo cambia el pitch si le añades música. De hecho, deberías ponerte a ti mismo el reto de conectar con los cinco sentidos del público. Encuentra maneras de crear cambios de paradigma y establecer lazos emocionales.

**Luego pídeles a unas cuantas personas que te miren y te escuchen.** Podrían ser amigos o compañeros de trabajo. La mayoría de la gente suele estar más que dispuesta a darte cinco minutos de su descanso para comer o de su tarde para escucharte hablar de algo interesante. Y, luego, estarán entusiasmados de haberte dicho que sí. Experimenta, pide su opinión sincera, aprende y repite. Acostúmbrate a plantarte delante de un grupo y conquistar esos nervios debilitantes antes de llegar a un pitch de verdad. Cuanto más practiques, mejor se te dará, más fácil te resultará y más aprenderás. Y, si no te sientes preparado para presentar delante de nadie, hazle el pitch a tu perro/gato/pez/osito de peluche. En serio.

Todo el mundo es capaz de cautivar a un público. No tienes por qué ser un artista nato ni ser extrovertido para que se te dé genial esto. De hecho, a menudo las personas más introvertidas y tímidas pueden ser los mejores oradores, en parte porque hay menos expectativas puestas en que maravillen o entretengan al público y, por lo tanto, es más sorprendente cuando lo hacen. Si puedes ser auténtico y emocionarte, no hace falta que seas atrevido y descarado, solo tienes que ser tú mismo.

Este libro es una colección de aprendizajes de varios campos que he ido acumulando con mis propias experiencias vitales. He intentado escribir el libro que me hubiera gustado leer hace muchos años, cuando empecé a hacer pitches y no tenía ni idea de lo que hacía. Pero, querido lector, como esta es una colección de mis aprendizajes y experiencias personales, es imposible que contenga todas las partes relevantes de tu vida que puedes usar para crear un pitch brillante. No te tomes estas palabras como un manual de instrucciones terminado, deja que despierten recuerdos e ideas de tu propia vida y te inspiren a usar tus propios intereses y experiencias en un pitch. Usa tu propia personalidad, pasión, humor e ingenio a tu favor.

Yo no pienso en un pitch como en un discurso de ventas, lo trato como la creación de una experiencia que a mí, personalmente, me encantaría vivir, como cuando planificas una sorpresa de cumpleaños épica para alguien y te mueres por ver su cara cuando entre. Piensa: «¿Qué tipo de pitch o presentación me gustaría presenciar a mí? ¿Qué sería lo que me encantaría?». Mis pitches de más éxito han sido también los que más he disfrutado trabajando y ejecutando. No es que los haya disfrutado porque hayan tenido éxito, sino que han tenido éxito porque los he disfrutado.

Los mejores pitches requieren valor, porque, por definición, son únicos y diferentes a aquello con lo que el público ya tiene experiencia. Si presencias un pitch genial más de una vez, cada vez te parecerá menos atractivo. Siempre tenemos que estar pensando en nuevas ideas y probando cosas nuevas y eso significa, porque no podemos predecir cómo reaccionará el público, que también nos estamos colocando en una posición de vulnerabilidad. Cuando hacemos un pitch, debemos tomar riesgos, lo cual nos exige ser valientes y adentrarnos en lo desconocido. Cree en tus propias ideas y llévalas a cabo con convicción. No escuches a los que te rodean y quieren ir sobre seguro, porque ir sobre seguro nunca estará a la altura de innovar.

Y, cuando las cosas no le lleguen al público como esperabas, no desesperes. Registra lo que funciona y lo que no y esfuérzate por seguir evolucionando y creando mejores versiones de tus ideas.

Y, por último, no lo sufras solo. Además de ser mentor de otros, siempre he tenido mis propios mentores; personas con más experiencia y conocimientos que yo que me guían y aconsejan cuando lo necesito. He entrevistado a muchos profesionales consolidados y de renombre de todos los sectores y todos me han dicho lo mismo: encuentra un mentor. Haz una lista de personas de las que te encantaría recibir consejo. Podría ser alguien del trabajo o de tu familia, pero también podría ser alguien a quien no conoces; el CEO de una empresa al que admiras, un representante político, un escritor, un académico o, simplemente, alguien a quien sigues por redes. Ignora cualquier voz que suene en tu cabeza para hacerte dudar y mándales un correo a esas personas preguntándoles si tendrían un momento que dedicarte. Puede que te sorprenda cuántos acceden a hablar contigo. Por lo general, creo que las personas son buenas y que la mayoría están dispuestas a ayudar a los demás cuando lo necesitan.

Si te ha gustado el libro, compártelo con un amigo. Estas lecciones no solo son aplicables a los negocios, pueden usarse también en muchas otras facetas de la vida para comunicarnos mejor con los demás y para ganar confianza en nosotros mismos.

Mi gran esperanza es que mis palabras te inspiren y creen una nueva oleada de pitches, presentaciones, conferencias, clases, discursos, talleres y webinarios brillantes. Si quieres compartir conmigo anécdotas de pitches, estaré encantado de escucharlas. Ponte en contacto conmigo y visita todos los enlaces a los recursos de este libro, el pódcast de Pitch Masters y la *newsletter* en <pitchguy.co.uk>.

No dejes de aprender, sé siempre valiente y sé siempre tú mismo. Feliz pitch.

# Agradecimientos

Este libro no habría sido posible sin el apoyo, la orientación y la opinión de las siguientes personas increíbles:

Mi mujer, Sareta: por soportar que me haya encerrado con el portátil cada minuto libre del día que he tenido durante un año. Me has animado a seguir adelante cuando pensaba que no podía, me has hecho reír cuando más lo necesitaba y has creído en mí en todo momento. #TeamFontaine.

Mis maravillosos hijos, Dylan, Zach y Ziggy: gracias por la paciencia, la comprensión y la curiosidad.

Mi agente, Jeff Shreve: por creer en mis ideas y ayudarme a compartirlas con el mundo.

Mi editora, Louisa Dunnigan: por tu pasión y tu fe en este proyecto, por organizar mis lluvias de ideas y ponerlas en un formato legible y por hacerme uno de los mejores pitches que he visto en mi vida.

Mis invitados del pódcast: me habéis dado vuestro tiempo y habéis compartido ideas de valor incalculable sobre el mundo del pitch. En orden de aparición: Rory Sutherland, Tommy Schaff, Jeremy Connell-Waite, Adam Morgan, Helle Williams, Doug Hall, Martin Brooks, Robin Dreeke, la doctora Kimber Shelton, Jeff Gothelf, Viv Groskop, Thomas Erikson, Simon Sinek, Ben Williams, Matt Batten, J Schwan, Neil Mullarkey, Jeb Blount, Nancy Duarte, Jim Highsmith, Carl Hewitt, Hilary Salzman, Peter Coughter, Oren Klaff y Graham Thomas (el hombre del paraguas).

George Smith: por introducirme en el mundo del pitch y mostrarme lo divertido que puede ser. Las lecciones que me enseñaste son los cimientos de una gran parte de este libro.

Rahul Kalia: tu fe en lo que hago y tu apoyo en el desarrollo del Experiential Selling Team han sido cruciales para mi crecimiento y mi éxito. Gracias por proporcionarme los recursos y la autonomía de crear algo especial.

El maravilloso equipo creativo de Experiential Selling Team: gracias por ayudarme a crear algunos de los pitches más cautivadores y persuasivos del mundo.

Denys Loveiko y Michael Lopes: las dos personas más creativas que conozco.

Shabazz Shillingford: por guiarme cuando más lo necesitaba.

Mi madre, Jane, mi padre, Steve, y mis hermanos, Sam y Will: gracias por animarme siempre a perseguir mis sueños y a creer en mí mismo.

Y, por último, a Andrew Burns, supongo.